W0197870

MERIAN

erzählt

Berlin

Herausgegeben von
Andreas Hallaschka

Hoffmann und Campe

1. Auflage 2014
Copyright © 2014 by Hoffmann und Campe Verlag, Hamburg
www.hoca.de
Einbandmotiv: travelstock44/Look-foto
Satz: Pinkuin Satz und Datentechnik, Berlin
Gesetzt aus der Utopia und der Trade Gothic
Druck und Bindung: GGP Media GmbH, Pößneck
Printed in Germany
ISBN 978-3-455-40483-8

HOFFMANN
UND CAMPE

Ein Unternehmen der
GANSKE VERLAGSGRUPPE

INHALT

Andreas Hallaschka: Vorwort 7

Mein Berlin – Liebes- und andere Erklärungen

Jakob Hein: Liebe Leser, in der Hoffnung,
dass wir unter uns sind 11
Katharina Hacker: Neues Land gleich nebenan 17
Heinrich Jaenecke: Berlin, Berlin 23
Günter de Bruyn: Es war immer leicht, Berliner zu werden 34

Geteilt – West-östliches Dasein

Wolfdietrich Schnurre: Der Zwiespalt 49
Günter Grass / Günter de Bruyn: Heimat –
das sind immer beide Teile. 59
Rolf Schneider: Berliner Augenblicke. 76
Peter Härtling: Aufstieg zur Provinz. 88
Peter Bamm: Mister Antrobus vom Koppenplatz.. 93
Annemarie Weber: Nachtstücke. 99

Vereinigt – Ach, du neues Deutschland

Wladimir Kaminer: Kaminer, du musst putzen! 107
Lena Kugler: Das alte Haus in der Zionskirchstraße 111
Florian Illies: Die Hauptstadt brummt.. 116
Henryk M. Broder: Mittwoch ist immer Damentag.. 119
Helge Timmerberg: Die Gegenwelt.. 129
Horst Evers: Die Schrippenpredigt 137

Alexa Hennig von Lange:
Wer wie ich kurz nach dem Fall der Mauer 139
Egon Bahr: Mit Geld läßt sich Glanz nicht kaufen 145

Berlin viertelsweise – Stadtteilgeschichten

Sibylle Berg: Kreuzbergballade 153
Judith Holofernes: Neulich bei mir in Kreuzberg................. 159
Ingeborg Drewitz: Meine Ortschaften 166
Richard Wagner: Im bayerischen Viertel 171
Henryk M. Broder: Onkel Gustavs Erben....................... 175

Berliner Historien – Begegnungen mit der Geschichte

Wolf Jobst Siedler: Das Schloß soll wieder her! 181
Günter Kunert: Berliner Gemäuer................................ 201
Julia Franck: Im Dickicht der verwilderten Gräber.............. 208
Gert Heidenreich: Arkadien an der Havel 212

Berliner Petitessen – Gedichte und Gedanken

Sarah Kirsch: Der Schnee liegt schwarz in meiner Stadt 227
Durs Grünbein: Berliner Runde.................................. 228
Oskar Pastior: Rotazismen..................................... 231
Cees Nooteboom: Warten 232
Jens Sparschuh: Dunkle Geschäfte 234
Péter Esterházy: Der Ost-Westdieb 236

Autorenverzeichnis 241
Nachweise 251

Andreas Hallaschka

VORWORT

Berlin gibt es gar nicht. Jedenfalls nicht das eine, einzige Berlin. Nicht, wenn man den MERIAN-Autoren aus nun fast sieben Jahrzehnten folgt. Sie beschreiben das Berlin der Kaiserzeit, die Weltkulturmetropole der zwanziger Jahre, die Führerstadt, die Ruinenlandschaft der Nachkriegszeit, die geteilte Doppelstadt und die wiedervereinigte Bundeshauptstadt, die erneut auf dem besten Wege ist, das zu werden, was sie schon einmal war: eine Metropole mit einer ungeheuren Strahl- und Anziehungskraft auf kreative Köpfe, eine Brücke auch nach Osteuropa.

Es gibt auch keine geborenen Berliner – so witzelte man vor dem Krieg –, wohl aber echte. Sie kamen damals aus Schlesien, und heute sind es echte Berliner Migrantenkinder, die mancherorts den Ton angeben. Die echten Berliner waren schon immer Russen, Polen, Juden, Balten – Zuwanderer von überall. Ohne ihre Impulse ist Berlin nicht vorstellbar. Auch heute nicht.

Der Verleger Kurt Ganske kannte das mondäne Berlin der Weimarer Zeit. Im eleganten Westend war er Nachbar von Max Schmeling und Anny Ondra, Paul Hindemith, Joachim Ringelnatz und Veit Harlan. Und als die Weltstadt zur Weltruine geworden war, gründete Ganske 1948 MERIAN und ließ die besten Autoren darüber schreiben, was gewesen war und was Berlin zu erwarten hätte.

Seitdem haben sich immer neue Generationen von Schriftstellern in MERIAN an Berlin versucht, in literarischen Beschreibungen, resignierenden Resümees oder hoffnungsvollen Ausblicken. Und als eine der ganz wenigen Publikationen hat MERIAN auch in den Zeiten der deutschen Teilung Berlin immer als eines begriffen und selbstverständlich auch mit Autoren aus dem Ostteil der Stadt gearbeitet – auch wenn das nicht immer ganz einfach gewesen ist.

Das ist die Spannbreite, die wir in diesem Band der Reihe *MERIAN erzählt ...* abdecken möchten. Lesen Sie, wie Günter Grass und Günter de Bruyn, Peter Härtling und Wladimir Kaminer, Julia Franck und Katharina Hacker, Ingeborg Drewitz und Judith Holofernes, Wolf Jobst Siedler und Günter Kunert diese Stadt erlebt und begreifbar gemacht haben.

MEIN BERLIN

Liebes- und andere Erklärungen

Jakob Hein

LIEBE LESER, IN DER HOFFNUNG, DASS WIR UNTER UNS SIND …

I ch bin Berliner von ganzem Herzen, schreibt der Arzt und Schriftsteller Jakob Hein. Aber schon die Tatsache, dass ich gerne hier lebe, macht mich den anderen Berlinern verdächtig.

… in der Hoffnung, dass keiner von Ihnen Berliner ist, kann ich es hier ruhig einmal sagen: Ich lebe gern in Berlin, sehr gern. So, jetzt ist es raus. Ich fühle mich leichter. Irgendwann musste ich das mal sagen dürfen, aber in Berlin selbst darf man das auf keinen Fall tun. Man würde sich damit automatisch als Zugereister zu erkennen geben. Aber eins nach dem anderen.

Meine Berliner Eltern studierten einige Jahre im schönen Leipzig. Kurz vor dem Ende ihres Studiums wurde ich im dortigen Universitätsklinikum geboren. Als ich fünf Monate alt war, zogen meine Eltern wieder zurück nach Berlin. Seitdem habe ich hier meinen Hauptwohnsitz. Ich bin in Weißensee aufgewachsen und lebe im Prenzlauer Berg. Wenn ich nicht aufpasse, berlinere ich wie Günther Pfitzmann in einer Vorabendserie. Ich trinke gern Pils und schätze eine gute Currywurst. Ich kann Ihnen sagen, wo Sie den besten Döner der Stadt bekommen. In den Semesterferien habe ich früher bei der Berlinale (!) gearbeitet. Ich kenne zwei geheime und den teuren Weg zum Flughafen Tegel. Bin ich also Berliner?

Niemals! In den Augen eines echten Berliners könnte ich das Rote Rathaus auf- und wieder abbauen, den Ku'damm retten oder als großer Ballon über dem Potsdamer Platz schweben, aber ein Berliner könnte ich niemals werden.

Wäre ich hingegen im Waldkrankenhaus Berlin-Spandau geboren, kurz bevor meine Leipziger Eltern wieder mit mir zurückgezogen wären, würde ich heute Fettbemmen auf dem Hauptbahnhof verkaufen, Fan des VfL Leipzig sein und sächseln, die meisten Berliner würden zwar bedenklich den Kopf wiegen, durch den Geburtsort in meinem Ausweis wäre ich letztendlich aber akzeptiert. Auch John F. Kennedy wird allgemein als Berliner akzeptiert. Dabei wäre niemand sonst mit seinem berühmten Satz »Ich bin ein Berliner« durchgekommen. Probieren Sie es bitte gar nicht erst aus.

Ich habe diese Auseinandersetzung, diese Scham sogar täglich bei mir zu Hause zu ertragen. Mittlerweile wohnen in meiner Wohnung zwei echte Berliner und machen hinter meinem Rücken ihre Witze: meine Frau und unser zweijähriger Sohn. Ich habe mir vorgenommen, dass ich bei der nächsten Schwangerschaft meine Frau bei den ersten Anzeichen von Wehen in ein Krankenhaus vor die Tore der Stadt fahre, damit ich nicht mehr der einzige Rucksack-Berliner in meinem Haushalt bleibe. Dieses Wort ist einmalig, ich habe noch nie von einem Rucksack-Hamburger oder Rucksack-Ulmer gehört. Damit soll auch nicht zum Ausdruck gebracht werden, dass sich die betreffende Person einst mit einem Rucksack in Berlin eingefunden hat, sondern dass sie wie ein schwerer Rucksack auf den Schultern der echten Berliner lastet.

Das Ganze hat mit einem Phänomen zu tun, das wohl auch einzigartig für diese Stadt ist. Jeder, der sich hier länger als drei Wochen aufhält, möchte gleich Berliner sein. Der bajuwarischste Bayer und die schwäbischste Schwäbin, die hier ein zweimonatiges Praktikum machen, nach kürzester Zeit sagen sie alle: »Ich bin Berliner.« Und dagegen sind die Eingeborenen etwas allergisch. Eigentlich ist es ein Kompliment an die Stadt, dass die Menschen sich gern mit ihr identifizieren. Aber mit Komplimenten tun Berliner sich schwer.

Seien Sie froh, dass ich kein richtiger Berliner bin. Zwar lehne ich diese Ablehnung der Berliner normalerweise ab. Ich empöre mich, dass ich waschechter Berliner sei, dass diese Festlegung lächerlich ist, dass ich ja wohl kein Sachse bin. Wenn ich die Stadtgrenze verlassen habe, dann behaupte ich sogar einfach, dass ich Berliner sei. Aber dann denke ich, wenn ich ein echter Berliner wäre, würde ich jetzt nicht hier sitzen und Ihnen etwas über diese Stadt aufschreiben. Für einen echten Berliner wäre das unter seiner Würde. Wenn ihn ein Reisender zu seiner Stadt fragen würde, käme als Antwort nur ein freundliches: »Dann bleibt doch zu Hause!«

Womit wir bei einem wichtigen Thema wären: der berühmten Berliner Unfreundlichkeit. Sie ist eine Fehleinschätzung, nicht existent. Sicher, die Umgangsformen sind rau. Ich erinnere mich, wie ich nach einem längeren Aufenthalt im leisen Stockholm wieder in einer Schlange vor einer Berliner Kasse stand, plötzlich von hinten angebellt wurde, zurückschreckte und noch sah, wie ein Mann an mir vorbei den Laden verließ. Als der Schock nachließ, registrierte ich, dass er mich mit »Kann ick mal bitte durch?« angebrüllt hatte. So ist es: Die Form ist rau, aber der Inhalt ist pure Höflichkeit. Folgende Situation: Ein Bus steht an der Haltestelle, von hinten kommt ein Passagier angehetzt. In Köln schließt der Bus die Türen und fährt ab. In Berlin wartet der Busfahrer mit offener Tür, und wenn der abgehetzte Fahrgast sich dann im Bus befindet, beschimpft ihn der Busfahrer, dass er so nie beim Berlin-Marathon mitlaufen könne und dass er nun ja nicht wagen solle, das Fahrgeld nicht passend zu haben. Aber ich frage Sie: Wer hat es besser, der Kölner an der Haltestelle oder der Berliner im Bus? Die Berliner lieben es zu meckern und nehmen dafür alles in Kauf.

In dieser Stadt kann sich deshalb jeder wohlfühlen. Das liegt insbesondere daran, dass die Berliner Definition »normal« erheblich von der woanders abweicht. Wenn man in einer silberglänzenden Leggins mit bauchfreiem T-Shirt, Lockenwicklern in den Haaren und rosa Plüschpantoffeln eine Zeitung kaufen geht, könnte man in Gera oder Münster vielleicht Aufsehen erregen, in vielen Berliner Bezirken würde man nur eine Menge Leute im Zeitungsladen treffen, die genauso aussehen. Die gepiercte Oma, der überschminkte Transsexuelle oder der langhaarige Mittvierziger, der auch im November barfuß mit Jesuslatschen und kurzen Jeans umherläuft, sie fallen in Berlin nicht auf. Daher zieht es viele Menschen hierher, die woanders als Außenseiter gelten würden. Manche aber kommen mit diesem neuen Zustand der Normalität dann nicht zurecht. In ihnen erwacht der Ehrgeiz, weiterhin aufzufallen, der Individuellste in dieser Stadt von Individualisten zu sein. Das ist schwer. Um ein Berliner Original zu werden, braucht man viele Ideen und Durchhaltevermögen.

Wie um Himmels willen, soll ich mich nun in dieser Stadt bewegen?, werden Sie sich jetzt vielleicht ängstlich fragen. Ganz natürlich!, rufe ich Ihnen zu. Kommen Sie zahlreich, steigen Sie in den Bus und kommen vorbei! Wenn Sie Lust haben, setzen Sie sich einen lustigen Hut oder eine bunte Sonnenbrille auf, Sie können sich auch gern noch schnell die Haare azurblau färben. Versuchen Sie bloß nicht, sich unauffällig oder schlicht zu kleiden! Denn mit nichts werden Sie sich unpassender gekleidet fühlen als mit einem mausgrauen Mantel oder Anzug. Sie würden jedem unangenehm auffallen und die prüfenden Blicke der anderen auf sich ziehen.

Aber tun Sie sich und uns bitte einen Gefallen: Sehen Sie bitte davon ab, einen Berliner zu spielen. Stellen Sie sich ruhig in die Mitte einer viel befahrenen Kreuzung, entfalten Sie Ihren Riesenstadtplan und schauen fragend in alle Himmelsrichtungen. Nehmen Sie Ihren Fotoapparat und knipsen Sie mit den Japanern um die Wette! Studieren Sie mit gerunzelter Stirn stundenlang das Tarifsystem der Berliner Verkehrsbetriebe! Niemand kann es verstehen, aber die Berliner haben sich damit abgefunden. Und vor allem: schwäbeln, sächseln und plattdeutschen Sie, wie Sie nur können. Nichts ist den Berlinern unangenehmer als getarnte Touristen. Aber das Allerschlimmste ist, wenn ein Tourist so wenig Tourist sein möchte, dass er zu berlinern probiert. Machen Sie das nicht!

Es gibt keinen Grund, sich als Tourist zu verstecken. Freuen Sie sich doch einfach, Tourist zu sein, die Berliner freuen sich gern mit Ihnen. Die Stadt ist nämlich auf zwölf Generationen hinaus verschuldet, und wenn nicht in nächster Zeit eine Ölquelle unter dem Zoo gefunden wird oder sich eine Diamantmine unter dem Alexanderplatz öffnet, sind und bleiben Sie unser wichtigster Wirtschaftsfaktor auf Jahre hinaus. Fast jeder in dieser Stadt ist Künstler, und nicht einmal alle sind schlecht. Aber dadurch gibt es an jedem Abend ein solches Überangebot an Lesungen, Konzerten und Vernissagen, dass es ohne Touristen gar nicht gehen würde. Künstler, die woanders ansehnliche Hallen füllen, begrüßen Sie an der Eingangstür mit Handschlag und freuen sich, dass ausgerechnet Sie in den kleinen Club gekommen sind, wo sie heute Abend auftreten. Die Berliner selbst nutzen das kulturelle Angebot der Stadt nämlich sehr selten. Eigentlich gehen sie nur in die Museen und Theater, wenn sie Besuch von außerhalb haben, dem sie anderes zeigen wollen als ihre Eckkneipe. Die Berliner gehen aus unerfindlichen Gründen lieber zu Ereignissen, die auch in jeder Kleinstadt stattfinden könnten. So bekommt man hier jederzeit Opernkarten, aber wenn mal ein neuer S-Bahnhof mit Blasmusik, Wurst und Freibier eingeweiht wird, dann findet man keinen Stehplatz mehr.

Kommen Sie also gern vorbei, es gibt hier unendlich viel zu entdecken. Jeder Hinterhof erzählt Geschichten, der Abend geht erst nachts los, dafür aber bis in den Morgen, und ein letztes Bier kann man rund um die Uhr trinken. Lassen Sie sich nicht von den grimmigen Gesichtern der Berliner abhalten, das ist nur unser Versuch, Sie anzulächeln. Aber finden Sie es lieber selbst heraus, denn ich kann mich auch täuschen. Ich bin ja kein richtiger Berliner.

Katharina Hacker

NEUES LAND GLEICH NEBENAN

Es gibt Orte, an denen nichts hält. Berlin ist das Gegenteil. Hierher kommen Menschen mit Träumen und Fantasie. Sie erfinden und verändern die Stadt. Schon das nächste Viertel ist eine andere Welt.

Als ich ankam, waren es sechzehn Grad minus. Ich fuhr in der U2, der langsamsten aller U-Bahnen, zum Alexanderplatz. Wo sind die Menschen?, hatte meine alte Jerusalemer Freundin zwei Jahre zuvor gefragt, als wir abends mit dem Auto durch die Stadt fuhren. Bis 1966 hatte sie in Berlin gelebt. Wo waren die Menschen?

Der Wind war schneidend, er pfiff durch die breiten Straßen, es half nicht, sich zu krümmen.

Beugte ich mich aus dem Fenster meiner Wohnung, sah ich den Fernsehturm und das Hotel »Forum«. Es war das Jahr 1996.

Dort hinten ist der Alexanderplatz!, antwortete ich dem alten Mann, der mich wenige Tage später nach dem Weg fragte. Er sah mich abwägend an. Ich meinte, erwiderte er, den Alexanderplatz von früher.

Die Straßenbahnen fuhren nicht. Döblins Zitate standen noch nicht an den Fassaden der Häuser zu lesen.

In einem der Gänge der U-Bahn-Station war ein kleines

Lädchen für Strumpfhosen, ein Schild lehnte im Schaufenster: Gefallene Maschen werden aufgenommen.

Während der ersten Wochen in Berlin fuhr ich U-Bahn. Die Stationen kannte ich, wie es oben aussah, wusste ich nur, wo ich aussteigen musste, ins zuweilen gleißende Licht, es hatte geschneit, der Landwehrkanal war zugefroren.

Abends saß ich still in meinem Zimmer und schaute der Dämmerung zu, die Tage wurden länger, das Licht hielt sich, wurde blau.

Dann fing der Frühling an, ich kaufte mir ein Fahrrad, und die Entfernungen wurden sichtbar, sie waren längst nicht so groß, wie ich befürchtet hatte. Allein radelte ich durch die Abende, kehrte nachts zurück, am Licht des Fernsehturms orientierte ich mich wie an einem Leuchtturm, einmal fand ich mich im Westhafen wieder.

Ein Taxifahrer erklärte mir den Weg, fuhr schließlich vor mir her, im Schneckentempo durch menschenleere Straßen, es ging auf drei Uhr morgens.

Nachts hörte man im Sommer die Nachtigallen. Die Linden duften.

Den Berlinern sagt man nach, sie seien unfreundlich. Ich konnte mir nicht leisten, dass jemand unfreundlich zu mir war, ich war ja einsam, sprach mit kaum mehr als zwei Menschen am Tag. So strahlte ich die an, die mir begegneten.

Vielleicht ist es das Wichtigste, das ich hier gelernt habe: zu lächeln, den harschen Kommentar nicht mit gleicher Stimme zu beantworten, weiter zu lächeln. In keiner anderen Stadt habe ich so viel Freundlichkeit, Hilfsbereitschaft erfahren.

Wie man einander hilft oder Hilfe verweigert, gehört zu einer Stadt, wortkarg, wortreich, mit großer Geste oder wie nebenher, selbstgefällig, demütig. Die Berliner helfen so nebenher, verpassen dem anderen eher einen Schubs, sodass er sich selber helfen kann. Lieber, als sie geben, strecken sie etwas hin, damit man sich selber nehmen kann, und freut sich eine, dass sie helfen konnte, geschieht das auch unbemerkt und allenfalls nebenher. Nirgendwo sonst habe ich Fahrradhändler, Handwerker heraufhandeln müssen, und nie bin ich hier daran erinnert worden, dass mir jemand einen Gefallen getan hatte.

Mit der Einsamkeit war es also bald vorbei. Da es auf eine mehr oder weniger nicht anzukommen schien, wurde ich rasch dazugeladen. Denn groß ist nicht nur die schiere Fläche der Stadt, groß sind auch viele Wohnungen, bis vor ein paar Jahren waren sie oft billig. Es gab Wohnungen, die Leute wie ich bezahlen konnten, und in denen doch lange Tische standen. Genug Platz für alle. Der Ärger, der aus Enge entsteht, bleibt einem in Berlin erspart, und Verhältnisse zwischen Menschen sind oft von dem Platz bestimmt, den sie einander zugestehen.

Deshab vielleicht passen zu dieser Stadt all die akkurat bebauten Plätze nicht, und man bedauert mit Recht, was an Brachen, Leerräumen, was an Unbestimmtem, Unklarem allmählich verschwindet, bedauert es in Sorge, dass die Grundlage dessen geschmälert wird, was Berlin ausmacht. Platz, der zur Verfügung steht, Platz, den man zur Verfügung stellen kann, ohne eigens etwas geben zu müssen.

Zu diesem Geben gehört es, dass Leute nehmen, unauffällig oder selbstverständlich, und wo es gelingt, ist dies Nehmen nicht eines, das anderen wegnimmt, sondern das teilhat. So konnte vielleicht an keinem anderen Ort etwas derart Hinreißendes gelingen wie im September 2000: die Waschmaschinen von Victor Kégli, hundertundvier Waschmaschinen über einen Zeitraum von vier Wochen auf dem Schlossplatz, vor dem Palast der Republik, allesamt angeschlossen, auf Paletten, bei Tag und Nacht zugänglich für jeden. Wasser und Strom umsonst angeboten, und die Bürger kamen mit ihrer Schmutzwäsche, füllten Trommel um

Trommel. Wäscheleinen gab es, wir wuschen, warteten, bis die Wäsche trocken war, bewachten fremder Leute Wäsche, plauderten, während die Schleudergänge die Maschinen auf ihren Holzpaletten rumpeln ließen, an sonnige Tage erinnere ich mich, an die weiße, die bunte Wäsche, ein Fest war es, und wer angenommen hatte, die Berliner seien unwirsch, mürrisch, wortkarg, konnte sehen, was sie auch sind – zugewandte Leute, begabt fürs Öffentliche, bereit, eine gute Idee anzuerkennen und zu nutzen.

Und so bleibt auch, was nicht öffentlich sein darf und keineswegs privat ist: das große Picknick im Preußenpark, die Thaiwiese, diese Ansammlung bunter Sonnenschirme über dem saubersten, grünsten Rasen, auf dem freundliche Leute hocken, die Fisch frittieren, Spieße braten, Nudelgerichte und Salat gibt es und Obst, zu trinken sowieso, thailändische Familien sind es, die wie zufällig auf ihren Decken noch Platz für andere haben, ein bisschen zahlt man auch, kleine Garküchen mit gutem Essen, unweit ist ein Spielplatz, ein Flohmarkt auch, und still ist es, als wäre man nicht mitten in der Stadt, sondern anderswo.

Vielleicht ist die Zeit vorbei, da es so viel Platz gab, da Brachen, Baustellen ebenso dazugehörten wie die neuen Häuser, Plätze, die frisch gestrichenen Fassaden. Das Unfertige hatte angezeigt, dass man sich noch etwas ausdenken konnte.

Inzwischen sind letzte Einschusslöcher verspachtelt, Fassaden abgeklopft, Fenster getauscht, die Dächer sind neu gedeckt, Straßen sind bunt geworden und ansehnlich. Die Spuren der Zeit verschwinden, Krieg und Kalter Krieg haben sich in letzte Winkel verzogen. Aus den Baustellen sind Gebäude gekrochen, die manchen weniger gefallen als die Baustellen. Billig ist auch nichts mehr.

Vom Prenzlauer Berg bin ich mit unzähligen anderen weggezogen: Es war zu teuer. Friedrichshain war 2001 noch billig, am Osthafen war noch kein Hotel, ein kleiner Kran fuhr auf kurzen Schienen hin und her. Die Modersohnbrücke über die Gleise, östlich des noch neuen Ostbahnhofes, war im Bau. Hinüber konnte man schon, und auf den Brüstungen saßen bei schönem Wetter abends junge Leute, saßen da wie Vögel auf einer Überlandleitung, warteten auf den Sonnenuntergang. Küssten sich. Warteten auf die Dämmerung, schauten zu, wie der Himmel sich verfärbte, heller wurde, fast türkis und schließlich dunkel, unendlich behutsam.

Der Himmel hat über Berlin viel Platz, und sogar über den Höfen bleibt etwas. Die Höfe gehören zu Berlin dazu. Fatal, wenn man den Stillen Portier nicht kennt, der anzeigt, wo die Hausbewohner wohnen, verteilt auf Vorderhaus, Seitengebäude rechts und links, Quergebäude, Gartenhaus. Mindestens vier Treppenaufgänge, die man bis in den vierten Stock hinaufklettern kann, vergeblich. Und das nur, wenn es bloß einen Hof gibt, zuweilen gibt es aber den zweiten oder dritten Hof.

In den Höfen geht es nicht weiter, wie es vorne aussieht. Manchmal sieht man noch Schienen, Tore, Reste von Stallungen, je nachdem, ob eine kleine Fabrik oder eben Pferde dort untergebracht waren.

Jetzt sind es Ateliers, Werkstätten, Büros, Loft-Wohnungen, Kitas, Ballettschulen, Handwerksbetriebe. In einer kleinen Garage mit deutschem Namen fand ich einen Automechaniker, dessen Vater aus der Türkei eingewandert war. Im Hof war ein Gehege, darin saß ein riesiger Hase, die Sonne schien warm, große Tore öffneten sich, man hörte die Stimmen herausklingen, ich musste warten, fütterte den Hasen, bekam einen Tee angeboten. Von der Straße hörte man nichts. Zwischen den Pflastersteinen wuchs Gras, ein Apfelbaum stand da.

Höfe können aber auch graue Schächte sein, die nichts tun, als den bösen Hall der Bewohner zu verstärken, wer glaubt, zum Hof schliefe man ruhiger, wird dann unsanft aus seiner Illusion geweckt.

Die Höfe können den Himmel so klein machen, dass man an nichts mehr glaubt.

Dabei ist es in Berlin gerade der Himmel, der einen glücklich machen kann und die Kraft gegen die Kälte im Winter gibt.

Überhaupt lenkt Berlin den Blick eher weg von einem selbst, als dass es zum Spiegel taugte, außer vielleicht in Mitte, in manchen Straßen Kreuzbergs oder Friedrichshains, Durch andere Stadtviertel läuft man nicht, um gesehen zu werden, um sich selbst zu sehen, schlendert nicht, stolziert nicht vor gerade diesen Häusern, zwischen gerade diesen Menschen (zwischen Parisern, ja! aber Berlinern?). Man geht, weil man irgendwo hinwill. Unterwegs fällt einem etwas zu, gerade da, wo man nicht zuerst hinguckt. Und es gehört dazu, einander nicht zu beachten, bloß wahrzunehmen aus den Augenwinkeln, kaum erstaunt über Hunde, Kleidung, Gewohnheiten.

Das Geschenk ist, in einer Stadt zu leben, in der die Leute bleiben wollen. Wir stellen uns das hier nicht vor, aber es gibt Orte, da wollen alle weg, und Witz, Fantasie, lebendige Vorstellung werden der Stadt entzogen,

Nach Berlin kommen Leute, weil sie sich ausmalen, was sie tun könnten, wer sie hier sein wollen. Vorweisbarer Gewinn ist nicht die Währung.

Und vielleicht ist das Beste, dass einen Berlin nicht aufs Gelingen verpflichtet.

Vielleicht liegt es daran, dass in Berlin das nächste Viertel schon Terra incognita ist, dass man nicht reisen muss, um anderswohin zu gelangen, sich nicht in den Zug setzen muss.

Man kann bleiben. In Berlin kann man bleiben.

Heinrich Jaenecke

BERLIN,
BERLIN

N och ist Berlin geteilt, vom Mauerfall ist nichts
zu ahnen, als Heinrich Jaenecke 1989 für ME-
RIAN eine großartige Momentaufnahme der
geteilten Stadt verfasst. Sie endet: »Berlin wartet auf seine Zukunft.«

Berlin – was ist das? Ein Ort, eine Stadt? Häuser, Straßen,
Kommerz, Verkehr? Der Kurfürstendamm? Kreuzberg?
Hunderttausend Studenten und fünftausend Kneipen?
Hundertzwanzigtausend Türken, Wasserwerfer. Barrikaden?
Die Mauer? Zwei Millionen Menschen auf der einen, andert-
halb Millionen auf der anderen Seite? Ist das Berlin? Oder
einfach Lachen, Lieben, Weinen – wie überall auf der Welt?
Und der Himmel darüber, der weite Himmel des östlichen
Nordens, von eisigem Grau im Winter und zartestem Blau
im Sommer? Kiefernduft und Havelwind?
　Berlin ist all das und ist es doch nicht. Berlin – das ist ein
Wort für vieles. Ein schwieriges Wort. Das klingt so hell und
wiegt so schwer. Das ist beladen mit Gefühlen und Ressen-
timents, mit Erinnerungen, Ängsten, Hoffnungen, mit dröh-
nenden Phrasen und beißendem Witz, mit Tränen und mit
Poesie. Berlin – das ist gar keine Ortsbestimmung, sondern
eine Chiffre für deutsches Dasein.
　Es ist unmöglich, über diese Stadt zu schreiben wie über
Frankfurt, Köln oder München. So wie es unmöglich ist, in

dieser Stadt zu leben wie an irgendeinem anderen Ort. Das hat nichts mit der Gegenwart zu tun, das war schon immer so.

Berlin war nie eine Stadt, die sicher und behaglich in sich ruhte wie ein alter Baum, der Ring um Ring ansetzte im Lauf der Jahrhunderte. Berlin war immer mehr als die Stadt dieses Namens.

Berlin als Ort, als bloßes Gehäuse – was wäre das? Ein äußerst prosaisches Stadtwesen, einförmig hingebreitet in flacher Landschaft, von einen schmalen Fluß und mehreren Kanälen durchzogen, ohne rechtes Zentrum, ohne Verankerung um urbane Plätze oder historisch Verwurzeltes: weder Notre-Dame noch Montmartre, nichts wirklich Monumentales, geschweige denn Anmutiges. Berlin als Ort, das war trotz aller lokalpatriotischer Bemühungen nie viel mehr als eine seltsam konturlose Zusammenballung von Menschen und Steinen, allerdings die größte zwischen Paris und Moskau. »An wenigen Stellen nur habe ich in Berlin das Raumhafte empfunden, das mit zur Form des menschlichen Daseins notwendig zu gehören scheint. Sonst habe ich das Gefühl, auf Flächen projiziert zu sein«, schrieb 1931 der süddeutsche Schöngeist Wilhelm Hausenstein in einem scharfsinnigen Essay über die Stadt. »Es ist, als ob Berlin auf nichts stünde. Man fühlt keinen Boden. Berlin existiert in keiner Abgestandenheit, in keiner Geschichte, gleichsam überhaupt in keiner Herkunft. Ich meine nicht das Fehlen der Patina. Ich meine vielmehr das überhaupt Unbasierte Berlins, das Grundlose ... Und allerdings meine ich damit zugleich das Fabelhafte der Leistung.«

Selten ist der Spannungsbogen, der das Wesen Berlin ausmacht, so klar bezeichnet worden. Das »Grundlose« seiner Existenz und zugleich das »Fabelhafte der Leistung«: Das war das irritierende Paradoxon dieser Stadt, und das unterschied sie von allen anderen Städten Europas. Darin lag ihr

»Seelenreiz«, wie ihr Biograph Walter Kiaulehn es nannte. Berlin, diese wurzellose und doch so kraftstrotzende Stadt, diese voraussetzungslose und keine Voraussetzung verlangende Metropole, war das vollkommen Andere – eine Herausforderung, ja eine Provokation für das ganze Land wie für jeden einzelnen, der sich auf diese Stadt einließ. Dies ist so geblieben bis heute, wenngleich sich die Bezugspunkte der Provokation verschoben haben. Berlin war auch zu seinen besten Zeiten weder schön noch gemütlich, und es hat in dieser Hinsicht seit der großen Zerstörung nicht viel dazugewonnen. Das Rohe, Unbehauene ist der Stadt geblieben. Dennoch hat sie zu allen Zeiten die empfindsamsten Gemüter ergriffen. Vermutlich sind auf Berlin, die kalte Megalopolis, mehr Gedichte geschrieben worden als auf irgendeine andere deutsche Stadt. Es waren selten Liebeserklärungen der naiven Art. Sie besangen weniger die Stadt als die Verwundungen der Stadt – und die Verwundungen, die sie ihren Bewohnern zufügte. Sie handelten (und handeln immer noch) von den Grundbedingungen menschlicher Existenz, von Unbehaustsein und Verlorenheit, von Hybris und Trauer, von Berlin als der großen Parabel des Lebens. Wo hätten Benn und Becher, Döblin, Zuckmayer, Tucholsky und Kästner so schreiben können, wenn nicht in dieser Stadt, die sich auf »nichts« gründete, und in der gerade deshalb die Zeit ihren krassesten Ausdruck fand. Auch das ist so geblieben bis heute. »Berlin, du deutsche, deutsche Frau / Ich bin dein Hochzeitsfreier«, sang Wolf Biermann, ehe sie ihn drüben hinauswarfen, »Ach, deine Hände sind so rauh / Von Kälte und von Feuer.«

Deutschland hat diese »deutsche, deutsche Frau« nie sonderlich geliebt. Es gab immer einen unsichtbaren Graben zwischen der Metropole und dem Reich, Berlin war nie die Kapitale in Sinn eines unangefochtenen Zentrums, welches das geistig-politische Klima im Land bestimmte. Berlin war zu verschieden vom deutschen Westen und Süden, aber auch vom preußischen Osten. Seitdem es kometenhaft zur Weltstadt aufgestiegen war und die eigenen Ursprünge hinter sich gelassen hatte, bildete Berlin einen Kosmos für sich, ohne innere Beziehung zu dem alten, bezopften Deutschland, dessen Hauptstadt es war. »Berlin«, schrieb Hausenstein, »scheint mit einer besonderen Substanz ein anderes Zeitalter, eine andere Lehensphase, einen anderen Status, ja, gleichsam überhaupt ein anderes Wesen auszumachen.«

Vielleicht war dieses proletarische und zugleich kosmopolitische Berlin weniger deutsch als die traditionsschwangeren Zentren der Provinz. Aber es war zugleich deutscher als sie alle zusammen, denn mehr als sie alle hat es deutsche Geschichte getragen und erlitten. Stuttgart, Mainz, Bremen existieren aus anderen Wurzeln und haben ihr eigenes historisches Bewußtsein. Sie sind auch für sich, ohne Deutschland, denkbar. Berlin nicht. Es ist unmöglich, diese Stadt ohne die deutsche Geschichte der letzten 120 Jahre zu sehen, wie es unmöglich ist, die deutsche Geschichte ohne diese Stadt zu sehen. Berlin ist ihr Schauplatz und ihr Opfer: Deutschland hat sich in Berlin ausgetobt, und Berlin ist fast daran zugrunde gegangen. Es hat für alle bezahlt, und es bezahlt immer noch.

Man kann durch diese Stadt wie durch ein archäologisches Grabungsfeld gehen. Die Schichten treten scharfkantig zutage, übergangslos miteinander verbunden und auf seltsame Weise ins heutige Leben integriert, so wie die konservierte Ruine der Kaiser-Wilhelm-Gedächtniskirche, die – wer hätte dies je gedacht! –zum Wahrzeichen der westlichen Halbstadt wurde. Sie stand keine fünfzig Jahre, als sie zerbombt wurde. Und gerade solange standen der Reichstag, der Berliner Dom und viele andere Prachtbauten der wilhelminischen Ära, die heute – nach nur einem Menschenalter – im Bewußtsein der Stadt versunken ist wie ein sagenhaftes

Vineta im Meer der Zeit: Die Brüche waren zu hart und es waren zu viele. Berlin sei »dazu verdammt, immerfort zu werden und niemals zu sein«, klagte einst Karl Scheffler, der kritische Chronist der Stadt, vor dem Ersten Weltkrieg. Er sah das Fiebrige, die Stadt schoß damals explosionsartig empor. Alle zwanzig, dreißig Jahre verdoppelte sie ihre Einwohnerzahl. Sie war die schnellstwachsende, dröhnendste, rücksichtsloseste Hauptstadt des Kontinents, und sie begrub das alte preußische, das fritzische Berlin unter sich, im buchstäblichen wie im geistigen Sinn. Die Stadt geriet in ein permanentes Delirium. Das Hektische, Rauschhafte wurde ihr Lebenselement. Auf den Zusammenbruch des Kaiserreiches folgte eine neue Ekstase. Für einen kurzen historischen Augenblick war Berlin der Nabel der Welt, das intelektuelle und kulturelle Zentrum nicht nur Deutschlands, sondern Europas: die Inkarnation eines neuen Lebensgefühls, die vorweggenommene Zukunft.

Die Stadt zehrt noch immer von dieser glücklichen Weltsekunde. Berlin war der deutschen Wirklichkeit damals weit voraus. Aber mit dem 30. Januar 1933 holte die deutsche Wirklichkeit die Hauptstadt ein. Da nützte es nichts mehr, daß die Mehrheit der Berliner noch bei der Terrorwahl vom März 1933 Rot wählte. Die Stadt mußte nun den Weg des ganzen Landes gehen. Zwölf Jahre später war sie eine rauchende Trümmerwüste: die größte Ruinenlandschaft Europas – selbst im Untergang noch ein Superlativ. Die archäologische Spurensuche führt zurück zu jener Stunde Null und an jenen Ort, der die Gegenwart Berlins – und die Gegenwart beider Deutschlands – bis heute bestimmt. Er liegt im Osten der Stadt, in Karlshorst, dem einstigen bürgerlichen Villenviertel: eine stille Straße, belebt nur von russischen Offizieren und Ordonnanzen, die bei den Dienststellen der »Gruppe der sowjetischen Streitkräfte in Deutschland« arbeiten. Am Ende der Straße, vor einem eingezäunten Gelände, ein dop-

pelstöckiges Gebäude mit Säulenvorbau im Stil der dreißiger
Jahre, einst das Stabsgebäude einer Wehrmachtskaserne.
Hier war es. Hier wurde der Schlußpunkt unter das größte
Massaker der Weltgeschichte gesetzt. In diesem Gebäude, in
dem Marschall Schukow, der Eroberer Berlins, sein Haupt-
quartier aufgeschlagen hatte, unterzeichnete Wilhelm Keitel
in der Nacht vom 8. zum 9. Mai 1945 die bedingungslose
Kapitulation. Hier hörte das Deutsche Reich *de facto* auf zu
bestehen.

Der Saal, in dem die Zeremonie stattfand, kann besichtigt
werden. Das ganze Haus ist heute ein Kriegsmuseum der
Sowjetarmee. Es ist jedermann zugänglich. Täglich kommen
Schulklassen aus Ost-Berlin. Freundliche russische Führe-
rinnen geleiten die deutschen Kinder durch die Räume. Der
Rundgang endet vor einem großen Diorama, das den Sturm
auf den Reichstag darstellt. Ein junger Sowjetsoldat, der hier
Wache hält, knipst die Deckenbeleuchtung aus und stellt
ein Tonband an, und über den Lautsprecher kommt der
Originalton der Schlacht. Es ist das Brüllen des Infernos: das
unaufhörliche, alles Denken auslöschende Kreischen der
Detonationen, das Hämmern der Maschinengewehre und
das Schreien aus menschlichen Mündern, wahnsinniges,
besinnungsloses Schreien in Todeswut und Todesangst. Es
dauert nicht lange, vielleicht eine Minute oder zwei. Länger
wäre es auch kaum zu ertragen. Dann stellt der Soldat das
Band ab und knipst das Licht wieder an. »Ja, so war das«, sagt
die Führerin. »Das haben sowjetische Kriegsberichterstatter
mitten in Berlin aufgenommen. Das war die letzte Schlacht
des Krieges.«

Die Kinder nicken brav. Für sie ist das wie Dreißigjähriger
Krieg, eine unvorstellbar lange Zeit her. Aber für die Stadt
war es gestern.

Berlin hat bis heute keinen Frieden gefunden. Es ist nie
zur Normalität zurückgekehrt. Es führt seit fast fünfzig Jah-

ren ein Inseldasein zwischen den Fronten des alten Krieges, ein Niemandsland, das noch dazu seit bald dreißig Jahren durch eine Mauer geteilt ist, ein geteiltes Bruchstück. Welche Stadt könnte das aushalten?

Berlin hat das ausgehalten, aber es ist eine andere Stadt geworden. Niemand kehrt unverändert aus dem Inferno zurück, wenn er denn zurückkehrt. Das Rauschhafte ist verflogen, die Unrast ist geblieben. Sie trägt nur andere Vorzeichen. Aus der extrovertierten Weltmetropole wurde die introvertierte Insel, in der die Spannungselemente wie unter Laborbedingungen aufeinanderprallen. Linke und Rechte, Alternative und Konservative, Ausländerproblem und Studentenprotest – alles tritt in Berlin unverhüllter und schärfer zutage. Die deutschen Verhältnisse finden in Berlin ihren deutlichsten Ausdruck, einschließlich des Besatzungsregimes, unter dem die Stadt fast ein halbes Jahrhundert nach Kriegsende immer noch lebt.

Berlin, das Deutschland einst um Lichtjahre voraus war und sein stolzes Sonderleben führte, ist zum Konzentrat deutscher Wirklichkeit geworden. Es gleicht einem ruhenden Vulkan, von dem feine seismische Beben nach Westen wie nach Osten laufen, und noch die geringsten Erschütterungen werden von den politischen Wetterstationen zwischen Washington und Moskau sorgfältig registriert. Argwöhnisch blickt man auf den ummauerten Krater, von dem hin und wieder kleine Wölkchen aufsteigen und an die latenten Spannungen in der Tiefe erinnern.

Man liebt die Stadt immer noch nicht im Westen, aber man sorgt sich um sie. Seitdem sie keine Hauptstadt mehr ist, bringt man ihr sogar eine gewisse Zärtlichkeit entgegen: wie einem Kind, das unverdientermaßen ein schweres Los zu tragen hat. Man kann es nicht im Stich lassen, ja man braucht es sogar um der eigenen Identität willen. Ironie der Geschichte: Berlin, das immer so anders war als das übrige

Deutschland und immer noch so anders ist, gibt dem geteilten Deutschland Halt.

Es ließe sich auch sagen: Die Mauer gibt dem geteilten Deutschland Halt, so wie sie paradoxerweise der geteilten Stadt Halt gibt als inneres Widerlager. Denn sie läßt sich nicht ignorieren in Berlin, weder im Westen noch im Osten. Sie ist immer da, sie bestimmt das Leben, Denken und Fühlen der Stadt. Sie ist die geheime Herrscherin Berlins – eine ständige Provokation und deshalb eine ständige Aufforderung zu ihrer Überwindung. Sie ist durchlässiger geworden im Lauf der Zeit. Die Jahre der härtesten Abriegelung sind langst vorbei. Die Berliner können ihre Halbstädte gegenseitig besichtigen. Man kommt wieder zueinander, man stellt fest, daß man noch die gleiche Sprache spricht und daß man am Prenzlauer Berg nicht soviel anders lebt wie in Kreuzberg, daß im Westen nicht alles gut und im Osten nicht alles schlecht ist.

Es gibt keinen Ku'damm drüben, Luxus und Glamour fehlen, aber auch die Hektik und Nervosität des Westens. Das Leben ist gelassener, Freundschaft wichtiger als Geld. Man ist aufeinander angewiesen, lebt in engerer Nachbarschaft und größerer Wärme als im Westen der Stadt. Und im Osten leidet man nicht unter dem Insel-Syndrom, man kann jederzeit hinaus ins Grüne, das der Berliner braucht wie die Luft zum Atmen.

Dennoch: Die jahrzehntelange Absperrung voneinander hat tiefe Spuren hinterlassen. Die beiden Hälften der Stadt sind auseinandergedriftet, nicht nur innerlich, sondern auch ganz konkret als Kommunen. West und Ost kehren sich heute städtebaulich den Rücken zu. Ihre Zentren wanderten von der Mauer, der einstigen Mitte, weg nach außen. Es gibt keine gemeinsame Zukunftsplanung, nicht einmal mehr Kontakte auf unterer Ebene, wie sie zum Mauerbau bestanden. Auch der Westen hat die gesamtstädtische Kon-

zeption stillschweigend aufgegeben. Aus den beiden ampu-
tierten Halbstädten, die einst nicht leben und nicht sterben
konnten, wurden im Lauf der Zeit »zwei selbständige, in
sich funktionstüchtige Stadtorganismen«, wie man im westlichen Stadtentwicklungsamt in einer Mischung aus Stolz
und Melancholie feststellt. Beide Städte werden von einem
neuen Selbstbewußtsein getragen, das sie mehr und mehr
zu Rivalen werden läßt. West-Berlin hat die Stagnation über-
wunden. Es sieht sich nicht mehr Schrumpfungs-, sondern
Wachstumsproblemen gegenüber. Es hat die Zwei-Millio-
nen-Grenze überschritten und ist, dank starker Zuwanderung aus dem Westen, auf dem Wege, eine der jüngsten
Großstädte Europas zu werden.

Aber auch das andere Berlin ist im Kommen. Die Hauptstadt der DDR ist längst eine Hauptstadt ohne Anführungs-
striche. Milliarden wurden und werden immer noch in den
Wiederaufbau des Bezirks Mitte, der alten Berliner Innenstadt, gesteckt. Gleichzeitig entstanden in den östlichen
Randbezirken riesige Neubauviertel, und schließlich werden seit einigen Jahren die heruntergekommenen Wohnquartiere rund um den Stadtkern saniert. Zwanzig Prozent
der gesamten Baukapazität der DDR werden von Ost-Berlin
absorbiert, was die alte Animosität der Provinz gegen die
bevorzugte Hauptstadt wieder aufflammen ließ. Aber das
politische Ziel hat Vorrang: Ost-Berlin soll zu einer Metropole ausgebaut werden, die den Systemvergleich mit dem
Westen nicht mehr zu scheuen braucht. Berlin als Ganzes
tut das gut. Die Stadt bekommt allmählich ihr altes Zentrum
zurück – eine Wiederaufbauleistung ersten Ranges.

Berlin hat sich wohl oder übel eingerichtet diesseits und
jenseits der Mauer. Aber es ist ein Schwebezustand, in dem
es sich eingerichtet hat, kein Dasein in sicherer Perspektive,
eben kein Friede, sondern nur »weggeräumter Krieg«, wie es
auf einer Schautafel im Museum der Hugenottengemeinde

am alten Gendarmenmarkt heißt. Man geht die Linden entlang in einem Gefühl der Unwirklichkeit. Einst war dies der
Salon der Stadt, die herrschaftlichste Straße in Deutschland,
Alles ist wiederaufgebaut, bewundernswert. Sogar der Alte
Fritz steht wieder auf seinem Platz. Und doch wirkt alles
wie Kulisse, seltsam kalt, museal. Das Leben fehlt – Berlins
prächtigster Boulevard ist eine Sackgasse.

Nirgends wird das Schwebende des Stadtschicksals so
deutlich wie auf dieser Seite des Brandenburger Tors, am
Pariser Platz – einst der Schnittpunkt von Politik und großer
Welt, jetzt eine kahle Fläche, ein Nichts zwischen der vor-
deren Absperrung und der Mauer, die das Tor verschließt.
Dieser Ort ist das Stärkste, was Berlin zu bieten hat: ein Panorama grandioser Absurdität, wie von einem großen Sur-
realisten entworfen. Es zeigt die deutsche Realität in ihrer
ganzen Fragwürdigkeit. Das Künstliche, Verkorkste und Ver-
quere der Situation – hier ist es meisterhaft dargestellt. Man
muß hier eine Weile stehen und die stumme Zwiesprache
in sich aufnehmen, die an diesem Ort stattfindet. Zwiesprache zwischen den Steinen, den Zeiten, den beiden Welten.
Zwischen den stummen Wächtern und den stummen Be-
trachtern der Szene. Von rechts ragt der Koloß des Reichstags über die Mauer, und die beiden Fahnen – die auf dem
Brandenburger Tor und die auf dem Reichstag – liefern sich
tagein, tagaus ein Duell im Wind, und die auf dem Reichstag
übertrumpft die andere, denn sie ist dreimal so groß: eine
Trotzgebärde der Mauerumgürteten. Nach links geht der
Blick ins Leere, als stünde man auf freiem Feld, wo früher
das Regierungsviertel war, das Nervenzentrum des Deutschen Reiches von Bismarck bis Hitler. Alles ist abgeräumt
bis hinunter zur Leipziger Straße, wo Görings Luftfahrt-
ministerium groteskerweise den Untergang überlebt hat.

Gottlob ist alles abgeräumt. Von hier ging das Unheil aus,
hier ging es zu Ende. Da unten, tief unter dem gelben Sand,

müssen die Reste des Bunkers liegen. Die Bagger wühlen immer noch. Jetzt werden hier Wohnblocks errichtet, die ersten stehen schon. Seltsamer Gedanke, an dieser Stelle zu leben und lieben, aber auch eine versöhnliche Vision. Kitschiges Ende eines Horrorfilms. Über die Wüstenei der einstigen Wilhelmstraße tastet sich der Blick an der Mauer entlang, zurück zum Brandenburger Tor, wo eben eine Schulklasse Ost neben einer Schulklasse West Aufstellung nimmt, um sich vom Lehrer fotografieren zu lassen, mit dem Tor und der Mauer im Hintergrund. Und der Blick – nicht nur mein Blick, sondern auch der Blick des Lehrers – weiß: So kann das nicht bleiben, so wird das nicht bleiben. Eines Tages wird man hier wieder durchgehen können.

»Das Brandenburger Tor ist sehr schön«, schrieb Clemens Brentano Anfang des vorigen Jahrhunderts, als er Berlin besuchte. »Aber es ist mir, als halte es die Stadt nicht recht warm.«

Nein, es hält die Stadt immer noch nicht warm, dieses Tor. Aber es hält sie zusammen. Es wartet geduldig wie die ganze Stadt: Berlin wartet auf seine Zukunft.

Günter de Bruyn

ES WAR IMMER
LEICHT, BERLINER
ZU WERDEN

Berlin war und ist eine Stadt des Aufbruchs, *schreibt Günter de Bruyn 1992 und ordnet die Wiedervereinigung in ihren historischen Rahmen ein: vom Welttheater des Kalten Krieges zur Probebühne der Zukunft.*

Nirgendwo in Deutschland war im November 1989 bei Öffnung der Mauer der Freudentaumel so groß und heftig wie in Berlin. Die Welt sah auf dem Bildschirm die Berliner lachen, Freudentränen vergießen und ihr sprachlos machendes Glück »Wahnsinn!« nennen – und sie nahm es wie selbstverständlich als Äußerung deutscher Befindlichkeit.

Daß die Berliner stellvertretend für die Nation agierten, hing nicht nur damit zusammen, daß hier die Mauer so viele auf engem Raum zusammenlebende Menschen getrennt hatte, sondern auch mit der schon von mehreren Generationen gemachten Erfahrung, daß Berliner Geschichte seit Bismarcks Zeiten deutsche Geschichte in Kleinformat war. Die Revolution in Berlin von 1848 war noch eine fast ausschließlich preußische Sache gewesen, die von 1918 aber bestimmte schon die Geschicke ganz Deutschlands mit. Die Weimarer Republik hätte mit mehr Berechtigung Berliner Republik heißen können. Hitler wurde nicht in München, sondern erst in Berlin zum deutschen Verhängnis; sein

Ende in dieser Stadt wurde zu dem seines Reiches, dessen Kapitulation hier unterzeichnet wurde; und die Aufteilung Deutschlands unter die Siegermächte wurde in Berlin im Duodezformat wiederholt. Das Welttheater des Kalten Krieges hatte in Berlin seine Probebühne und bevorzugte Spielstätte; und nie wurde in Deutschland wohl ein Bauwerk mit soviel politischer Symbolik beladen wie in den letzten Jahrzehnten das Brandenburger Tor.

Diese Rolle als Stellvertreter war der Stadt zwar erst spät zugewachsen, doch hatte ihr die Geschichte dafür gute Grundlagen geliefert, von ihren mittelalterlichen Anfängen an. Nicht in einem ethnisch einheitlichen Stammesgebiet war Berlin entstanden, sondern in Kolonisationsräumen, in die Zuwanderer vom Rhein und aus Flandern, aus Niedersachsen und Franken strömten, sich mit den slawischen Autochthonen vermischten und auch in den nachfolgenden Jahrhunderten Toleranz gegen Fremde ausbilden mußten, da Einwanderung immer nötig blieb.

Es kamen Verfolgte aus Salzburg, Böhmen und Frankreich; und als aus der Residenz der Markgrafen und Kurfürsten die der preußischen Könige wurde, sie also nicht mehr nur das märkische Umland beherrschte, sondern für den sich ständig vergrößernden, arg zerrissenen Besitzstand der Hohenzollern maßgeblich wurde, mußte sie sich auf eine ost-westliche Vielfalt einstellen, die von Memel und Schlesien bis an den Niederrhein reichte, und sie mußte diesen unterschiedlichen Einflüssen offen sein.

Anziehungspunkt war Berlin nicht nur für die Leute aus den Provinzen, die Brandenburger, Rheinländer, Pommern, Ostpreußen, Schlesier, Wenden, Polen und Juden, sondern auch für die Soldaten, die in den Anrainerstaaten zum Militärdienst gepreßt worden waren. Das galt auch für die Beamten und Offiziere, die von der funktionstüchtigen Verwaltung und der ruhmreichen Armee angelockt wurden, wie später, im 19. Jahrhundert, für Massen von Proletariern, denen die expandierende Industrie Arbeit bot.

Schon im Laufe des 18. Jahrhunderts war Berlin räumlich auf das Zweieinhalbfache gewachsen, und die Bevölkerungszahl hatte sich um das mehr als Dreifache vermehrt. Doch beschleunigte sich dieser Prozeß im 19. Jahrhundert. 1870 gab es schon fünfmal soviel Berliner wie 1800; eine Million waren es zehn Jahre später; und als 1920 die lange schon ineinandergewachsenen umliegenden Städte und Dörfer zum Berliner Stadtgebiet kamen, wurde die Grenze von vier Millionen Einwohnern erreicht. Man war hier also immer gewohnt, mit Zugereisten zu leben, und da diese in der stets wachsenden und sich wandelnden Stadt mit ihrer Vielfalt an Lebensformen schnell heimisch wurden, war es immer leicht, zum Berliner zu werden. Nicht in Berlin geboren zu sein, war nie ein Problem. Die Redensart der Jahrhundertwende, daß der richtige Berliner aus Schlesien stamme, gab in witziger Übertreibung eine Wahrheit wieder. Sie hatte auch noch für das geteilte Berlin Geltung, setzte man für die Schlesier einerseits Sachsen und Mecklenburger, andererseits Niedersachsen und Schwaben ein. Das einst zweigeteilte Berlin hat von seiner Einwohnerschaft her also durchaus gesamtdeutschen Charakter, der nun noch verstärkt wird durch den strapaziösen Prozeß des Zusammenwachsens; denn nur hier, als einzigem Fall im deutschen föderativen Staatengebilde, kommen Ost und West unter einer Länderregierung zusammen. Auch das ein Modell für das Ganze, das sich nach rascher Erreichung der staatlichen Einheit unter Irrtümern und Sorgen um Einigung und Vereinheitlichung müht.

Wieder wird die unruhige Stadt sich verändern, und wieder werden deutsche Tendenzen sich an den berlinischen ablesen lassen – unabhängig davon, ob die Bundesregierung in ihrer ruhigen Abseitigkeit das bemerkt und wahrhaben will oder nicht. Der schwere Entschluß, die Regierungssessel aus dem vertrauten Bonn an die Nahtstelle gesamtdeutschen Geschehens zu rücken, kann vielleicht durch die Erkenntnis erleichtert werden, daß Berlin jeden Provinzler im Handumdrehen zum Groß- und Hauptstädter macht.

Auch beim Umgang mit jüngst Vergangenem ist Berlin kein Bundesland unter anderen. Denn hier konzentrieren sich auf engstem Raum die Probleme, die sich aus dem, was man Vergangenheitsbewältigung nennt, ergeben. Eine Abrechnung mit der gescheiterten Diktatur muß erfolgen, aber nicht so, daß vierzig Jahre ausgelöscht und geleugnet werden. Wie auch immer man das Vergangene be- oder verurteilt, es gehört zur Geschichte, die das Heute hat werden lassen, dazu. Jede Erinnerung an DDR-Zeiten im Ostteil der Stadt zu tilgen, wäre so falsch, wie alles unter Denkmalschutz stellen zu wollen – wie es mit den Bauten der Stalinallee schon geschah. Ein Beispiel für den richtigen Umgang mit ungeliebtem Gewesenen ist vielleicht die Ruine der Kaiser-Wilhelm-Gedächtniskirche, die nicht nur Erinnerung an Kriegsschuld und -zerstörung, sondern auch Mahnung ist.

Obwohl die Geschichte Berlins schon häufig Situationen des Um- und Aufbruchs kannte, ist es schwer möglich, historische Parallelen zur heutigen Lage zu finden und Lehren daraus zu ziehen. Die Geschichte scheut Wiederholungen, und ihre Gesetzmäßigkeiten, die in der DDR jeder Staatsbürgerkundelehrer zu kennen glaubte, haben sich mit der sozialistischen reinen Lehre in Rauch aufgelöst. Man braucht Abstraktionsvermögen, um historischen Vergleichen das Hinken abzugewöhnen; und doch ist es erforderlich, auf Geschichtserfahrung zurückzugreifen, weil es passendes Anschauungsmaterial sonst nicht gibt.

Es lohnt angesichts des baulichen Nachholbedarfs in den östlichen Stadtbezirken, sich an das durch die industrielle Revolution ausgelöste hektische Baugeschehen der zwei-

ten Hälfte des vorigen Jahrhunderts zu erinnern, durch das
wichtige Stadtviertel einen Charakter erhielten, der sie noch
heute prägt. Da die Arbeiterheere, die besonders aus den armen östlichen Landesteilen gekommen waren, Wohnungen
brauchten, wurde 1862 vom Stadtbaurat James Hobrecht
(dem Berlin auch seine Kanalisation verdankte) ein Bebau-
ungsplan entworfen, der für die nächsten Jahrzehnte galt.
Es war ein großzügiger Plan, der mit breiten Alleen, großen
Parzellen, auflockernden Grünflächen, prächtigen Vorder-
und bescheidenen Hinterhäusern das Zusammenleben von
Reichen und Armen in humanen Wohnverhältnissen hatte
erreichen wollen. Doch am Ende war es dieser Plan, da sein
Initiator die staatliche Sorge für das Gemeinwohl zu hoch
angeschlagen und die Durchsetzungskraft kapitalistischen
Profitstrebens nicht genügend berücksichtigt hatte, der Berlin zur größten Mietskasernenstadt der Welt machte. Denn
langfristig förderte er die Bodenspekulation und führte dazu,
daß das überteuerte Bauland eng und hoch mit Fluchten
von Hinterhäusern und winzigen Höfen bebaut wurde, in
die kein Sonnenstrahl fiel. Die gräßliche Hinterhauswoh-
nungsmisere, bekannt als das »Milljöh« Heinrich Zilles, war
also einer Sozialpolitik zu danken, die zwar gutgemeint, aber
nicht stark genug war. Die entfesselten Marktkräfte konnten
zwar in kürzester Zeit Stadtteile aus dem Boden stampfen,
die der Einwohnerzahl nach jeweils Großstädte hätten sein
können; aber soziale Belange, die ihnen Fesseln gewesen
wären, berücksichtigten sie nicht. Die Dynamik der Wirtschaft folgt nicht moralischen, sondern profitablen Gesetzen; sie braucht Moralisten, die kritisieren und mahnen, und
sie braucht einen Gesetzgeber, der dem Eigennutz Grenzen
setzt.

Aber der Aufbruch im letzten Viertel des vorigen Jahrhunderts, der Berlin zur Haupt-, Kaiser-, Industrie- und Millio-
nenstadt machte, die Adelsgesellschaft in eine bürgerliche

verwandelte und die düsteren Wohnquartiere am Kreuzberg, am Prenzlauer Berg und am Wedding baute, war gleichzeitig auch ein Abbruch in großem Stil. Nie hat die Stadt, die immer von Zugewanderten lebte, starke Traditionsgefühle entwickelt. Nun aber schien es, als ob sich die Neureichen der armen Vergangenheit schämten und nur die wilhelminische Gegenwart etwas gelte.

Im Zentrum wurden ganze Straßenzüge verändert, Stadttore und Wasserläufe beseitigt, wertvolle Gebäude, wie der Schinkelsche Dom, abgerissen und durch protzige Monumentalbauten ersetzt. Als Julius Rodenberg, der Flaneur und Chronist jener Jahre, durch die Friedrichstadt und den westlichen Teil der Straße Unter den Linden spazierte, kamen ihm viele Häuser in den Sinn, die ihm in seiner Jugend etwas bedeutet hatten und die es nun nicht mehr gab. Die überdimensionierten Kaiser- und Bismarckdenkmäler sollten die nach menschlichen Maßen geformten von Schadow und Rauch in den Schatten stellen. Die Architektur, als Stein gewordene Geschichte, sollte mit dem pompösen Dom und dem Reichstag bekunden, daß nun für die Reichshauptstadt und für das Reich herrlichere, glanzvollere, imperialere Zeiten als die bescheidenen preußischen anbrechen würden. Sieht man, wie hier alle Maßstäbe mißachtet wurden, die durch Schloß, Oper und Zeughaus gesetzt und von Schinkel respektiert worden waren, dann kann man die Liebe des alten Fontane zur Schlichtheit des klassischen Preußen und seine Verachtung des »Borussismus« seiner wilhelminischen Gegenwart besser verstehen.

Als der Kaiser ging und die Generäle blieben, vom kaiserlichen Reichstag aus die Republik ausgerufen wurde, die zwar Weimar in ihrem gängigen Namen führte, Berlin aber als Regierungssitz und Schicksalsort hatte, war der Umbruch, den Berlin, wiederum stellvertretend, erlebte, zwar abrupter als der der Gründerjahre, aber er dokumentierte sich mehr im Wandel des politischen, sozialen und kulturellen Lebens als in der Architektur.

Kein Bildersturm richtete sich gegen Schlösser oder gegen die Denkmäler der vergangenen Epoche. Die Straßen trugen weiter die Namen von Kaisern, Kaiserinnen, Prinzen oder siegreichen Schlachten. Das Zentrum blieb in seiner klassischen Schönheit aus preußischen Zeiten und in seiner kaiserlichen Pracht vollständig erhalten. Das neue, vorwiegend sozial ausgerichtete Bauen, das so vorbildliche Beispiele hervorbrachte wie Bruno Tauts Britzer Hufeisensiedlung, konzentrierte sich auf die Außenbezirke der nun zu ihrer heutigen Ausdehnung angewachsenen Stadt. In Kunst und Literatur wurde Berlin bahnbrechend für die Moderne. Für die Wissenschaft war es schon vorher zum deutschen Zentrum geworden, und die Technik schritt hier besonders stürmisch voran. Deutlicher als anderswo aber zeigten sich in Berlin auch die Negativseiten der neuen Freiheit: die sozialen Zerrissenheiten, die politischen Feindschaften, der Trend zur Gewalt.

Die Duldsamkeit gegenüber der vergangenen Epoche trug nicht nur tolerante, sondern auch konservative Züge. Da die republikanischen Freiheiten mit Privilegienverlusten und sozialen Unsicherheiten verbunden waren, liebte man in weiten Kreisen die Demokratie nicht und träumte von festen Herrschaftsstrukturen, von glorreichen Kaisern, charismatischen Führern oder der Diktatur des Proletariats. Der Parlamentarismus, dem eine solide Mitte fehlte, wurde von rechts und links angefeindet und als Herrschaft der Monopole oder als Judenstaat diffamiert. Den revolutionären Erhebungen von linksaußen folgten die terroristischen Morde von rechtsaußen; es floß also Blut in Schloßnähe und im Zeitungsviertel, im Tiergarten, wo Rosa Luxemburg und Karl Liebknecht ermordet wurden, und später, beim Anschlag auf Walther Rathenau, auch im Grunewald. In den späten

Jahren der Republik gab es Tote bei den Straßenschlachten der Nazis und Kommunisten. Die Namen der Opfer tauchten auf Straßenschildern wieder auf, nach 1933 die von den einen, nach 1945 die von den anderen.

Von den Um-, Auf- und Abbrüchen, die Berlin in der Neuzeit erlebte, war der Umbruch von 1933 mit seinen blutigen Folgen der radikalste und schlimmste. Wäre die Hitlerdiktatur nicht nach zwölf Jahren zu Ende gewesen, hätte Berlin nicht nur seinen guten Ruf und sein Erscheinungsbild, sondern auch seinen Namen verloren; die Pläne für den Umbau zur europäischen oder gar globalen Hauptstadt Germania lagen schon vor. Hitlers Machtfülle und Deutschlands Größe sollten durch neoklassizistische Monumentalbauten verewigt werden. Mit den dazu notwendigen Abrissen wurde Ende der dreißiger Jahre begonnen; und auch im ersten Kriegsjahr gingen die Arbeiten daran noch weiter; dann legten Bomben die Stadt in Trümmer, und die Erstürmung der Stadt durch die Rote Armee vollendete das Vernichtungswerk.

Als die Siegermächte 1945 Berlin vierteilten und damit zum Miniaturmodell Deutschlands machten, wiederholte sich die für Berlin typische Verbindung von Aufbruch und Abbruch, die man als Jungbleiben oder auch als Traditionsmangel bezeichnen kann. Der Bruch mit der jüngsten Vergangenheit mußte so rigoros wie möglich erfolgen; auch die historischen Wurzeln des Nationalsozialismus sollten vernichtet werden, und da dazu auch alles Preußische zählte und die Siegermächte Preußen, seines Militarismus wegen, durch Dekret aufgelöst hatten, war es anfangs schwer, in Berlin an Traditionen zu erinnern oder für die Erhaltung von historisch Wertvollem zu plädieren; man setzte sich leicht dem Verdacht aus, von gestern zu sein.

Wieder hatte die Einwohnerschaft, die durch den Krieg und die Vernichtung der Juden dezimiert worden war, sich

erneuert. Vertriebene waren aus den verlorenen Ostgebie-
ten gekommen. Die Angehörigen der politischen Führungs-
schichten stammten aus den verschiedensten Gegenden
Deutschlands. Im Ostsektor begann die Zuwanderung von
Parteipersonal, besonders aus Sachsen. In den Westsekto-
ren wurde in den nächsten Jahrzehnten der Zuzug von West-
deutschen gefördert, und es strömten viele Ausländer ein.
Wie die Ostjuden in den zwanziger Jahren im Scheunenvier-
tel, konzentrierten sich nun die Türken in den alten Miets-
kasernenvierteln am Kreuzberg. Die Vielfalt des Lebensstils
stellte sich wieder her.

Der Wiederaufbau Berlins vollzog sich von vornherein
unter den Bedingungen der Spaltung, und wenn auch
beide Seiten anfangs betonten, daß alle städtebaulichen
Maßnahmen auf die Gesamtstadt ausgerichtet sein sollten,
wurde dieser Vorsatz doch bald vergessen, und als dann
die Mauer beide Stadthälften trennte, baute man, als wäre
man auf ewig getrennt. Aus verschiedenen Motiven, aber
mit dem gleichen Ergebnis, wurden Berliner Bautraditionen,
hier unter dem Diktat einer Ideologie, dort unter dem der
Moderne, in beiden Teilen zeitweilig wenig beachtet. Doch
diese Geschichtslosigkeit wirkte sich im Ostsektor, zu dem
der Kern des alten Berlin gehörte, verheerender aus. Nicht
Wiederaufbau, sondern Neugestaltung war oft die Devise.
Die südliche Friedrichstraße mit dem Mehring-Platz (der
alte Belle-Alliance-Platz) wurde auf diese Weise verschan-
delt, die einst lebendige Gegend um den Alexanderplatz in
autogerechte, fußgängerfeindliche Leere verwandelt, das
alte Sperlingsgassenviertel und der Fischerkiez abgerissen
und voll häßlicher Wohnblocks gestellt. Während im Westen
einflußreiche Architekten ihre nicht immer berlingemäßen
Lösungen durchsetzen konnten und städtebauliche Ge-
samtkonzepte viel zu wünschen übrig ließen, war im Osten
eine Parteilinie maßgebend, die erst stark von Stalinschen

Architekturvorstellungen, später dann von denen Ulbrichts und Honeckers abhängig war. Sie schwankte ständig, war in sich glücklicherweise auch widersprüchlich und gliederte sich in verschiedene Etappen. Die erste, die vom Bau der Stalinallee und vom Abriß des Schlosses gekennzeichnet wurde, war am stärksten von starrer Ideologie geprägt. Die zweite, von Großplattenbauweise und Ulbrichts Vision einer sozialistischen Stadt bestimmt, hatte das unsägliche Staatsratsgebäude, das Außenministerium an Stelle von Schinkels Bauakademie, den Fernsehturm neben der Marienkirche und die Trostlosigkeit des Alexanderplatzes auf dem Gewissen. Die dritte, mit dem Namen Honecker verbundene, war sowohl für die Unwohnlichkeit der östlichen Trabantenstädte und die betonierte Pseudogemütlichkeit des Nikolaiviertels zuständig als auch für die Wiederaufstellung des Rauchschen Friedrich-Denkmals Unter den Linden und die Wiederherstellung des Gendarmenmarktes. Eine ideologische Lockerung unter Hinwendung zu dem, was man Erbe nannte, war also unverkennbar; die Sünden der Ulbricht-Ära, die im Abriß des wiederaufbaufähigen Schlosses gegipfelt hatten, wurden nicht wiederholt. Berlin wurde um Vorzeigeobjekte bereichert, auf Kosten des übrigen Landes, in dem manche wertvolle Altstadt zerfiel. Insgesamt aber läßt sich über die Zeit, in der Ost-Berlin Hauptstadt der DDR war, sagen, daß die Planer wie eh und je dahin tendierten, politische Umbrüche als Anlaß zum Umbau der Stadt zu nehmen. Dadurch wurde Berlin zwar nie schöner, aber es blieb lebendig. Der vorletzte Umbruch dieses Jahrhunderts vollzog sich also in zwei konkurrierenden Zentren; die Aufgabe des letzten, der 1989 begann, ist es, aus der Doppelstadt wieder eine Einheit zu machen. Der Abbruch der trennenden Mauer ging schnell vonstatten, der Aufbruch in die wirkliche Einheit aber läßt sich noch Zeit.

Der Potsdamer Platz, einst die verkehrsreiche Mitte, zeigt

mit seiner gähnenden Leere die Größe der Aufgabe, die
sich aber nicht in Bauproblemen oder denen von Straßen-
wiederumbenennungen und möglichen Thälmann-Denk-
malsbeseitigungen erschöpft. Ein Bundeswehrkommandeur
antwortete auf die Reporterfrage, was mit dem Denkmal für
den kommunistischen Namenspatron der Kaserne geschehen solle: das bekümmere ihn weniger als die fehlenden
Duschen für die Soldaten – und bewies damit ideologieun-
belasteten Wirklichkeitssinn. Momentan geht es noch um
die Lebensnotwendigkeiten. Ökonomische Zwänge machen
eine rasche Angleichung der beiden Stadthälften nötig; soziale und psychologische Gründe sind dem aber gegenläufig
und benötigen sicher eine langsamere Gangart des Ineinan-
derwachsens, weil die in Jahrzehnten auf beiden Seiten gewachsenen Mentalitäten sich doch mehr unterscheiden als
man vermutet hat.

Die ärmeren und gegängelten Ostberliner, denen man
lange eingeredet hatte, sie seien dazu bestimmt, die Sieger
der Geschichte zu werden, sehen sich nun als deren Ver-
lierer – worin sie manche Siegerpose der westlichen Brüder
bestärkt. Sie wurden von heute auf morgen mit neuen Gesetzen, Existenzunsicherheiten konfrontiert, einem kom-
plizierten Bürokratismus und ungewohnter Selbständigkeit
unterworfen. Sie fühlen sich hilflos und unterlegen und
retten sich daraus in Trotzreaktionen, die oft wie nach-
geholtes DDR-Staatsbewußtsein wirken, in Wirklichkeit aber
wohl eher Fluchtversuche des stark angeschlagenen Selbst-
bewußtseins in das Gefühl einer Schicksalsgenossenschaft
sind. In den Köpfen ist die Trennung noch lange nicht über-
wunden. Noch hat man im Osten andere Überlebensproble-
me, liest andere Zeitungen, schickt seine Kinder zur Jugend-
weihe. Auch die Wahlen fallen anders aus als im Westteil der
Stadt – und das nicht nur der vielen in Berlin versammelten
ehemaligen Parteifunktionäre wegen, die in der PDS der

SED nachtrauern. Wahrscheinlich wird sich das bei einem wirtschaftlichen Aufschwung des Ostens (mit West-Lohnniveau) bei Arbeitern und Angestellten, die sich jetzt noch wie Arbeitnehmer zweiter Klasse vorkommen, relativ rasch ändern. Bei ideologisch mehr durchwirkten Berufen wird das wohl länger dauern, weil man mehr Ballast abzuwerfen, mehr zu betrauern und mehr zu bereuen hat. In wirtschaftlichen, sozialen und kulturellen Bereichen die richtigen Relationen zwischen Marktgesetzen und staatlichen Eingriffen, Vereinheitlichungsbestrebungen und Übergangslösungen, Besserwissen und Geltenlassen zu finden, erfordert in Berlin soviel Besonnenheit, Fingerspitzengefühl und Demokratieverständnis wie in ganz Deutschland – für das die Stadt immer noch steht.

Ost-Berlin als Beitrittsgebiet West-Berlins zu bezeichnen, ist noch keinem Senatssprecher eingefallen. Auch die Bundespolitiker werden diesen distanzierenden Begriff bald vergessen haben, wenn sie ihren besonderen Beitrag zur Vergangenheitsbewältigung leisten, indem sie den Ostdeutschen das Gefühl von Fremdbestimmung nehmen, also ihr Wort halten, sich die Reisen zwischen Regierungssitz und Hauptstadt sparen, ihr Provisorium verlassen, an Spree und Havel regieren und endgültig begreifen werden, daß Berlin notfalls ohne sie auskommen könnte, sie aber auf Dauer nicht ohne Berlin.

GETEILT

West-östliches Dasein

Wolfdietrich Schnurre

DER
ZWIESPALT

Else steht am Fenster und wartet auf Walter. Wolfdietrich Schnurre erzählt 1959 von einer Frau,
die sich entschließt, aus dem steppengrauen Osten in den Westen Berlins zu gehen. Doch dann
nimmt die Geschichte eine überraschende Wendung.

Sie stand am Fenster und wartete auf Walter. Es war dunkel,
vom Marx-Engels-Platz wehten Mörtelstaub- und Holzgas-
geruch herüber, und in der teerschwarzen Spree unter ihr
spiegelten sich zittrig die paar Laternen von der Burgstraße
wider. Sie hätte es ihm auch schreiben können, sogar ein Zettel auf dem Tisch hätte genügt, denn so war es nicht, daß er
sie nicht verstünde. Nein, er verstand sie sehr gut. Aber verstehen nützte hier nichts, auf den Kopf kam es hierbei nicht
an. Vielleicht aufs Herz. Doch sein Herz *hing* ja gerade an
dem, was sie forttrieb; also was war es nun, worauf sie noch
hoffte. Sie nahm an, daß es die jetzt fast zwanzig Jahre waren, die sie zusammenlebten. Sicher, die waren es. Zwar, was
hieß schon zusammenleben, wenn er von früh bis abends
in der Setzerei war und nach dem Dienst auch noch angeln
ging an die Spree, und sie täglich gut ihre zehn Stunden lang
im HO bediente; trotzdem, man konnte sich aufeinander
verlassen, man hörte es atmen neben sich nachts, und sonn-
tags fiel sogar manchmal ein Ausflug zu zweit in den Plenter-
wald oder an den Müggelsee ab. Das verband natürlich, und

hätte er fünfundvierzig, als ihr das mit dem Soldaten wider-
fuhr, nicht darauf bestanden, daß sie zu einem Arzt ging,
wodurch sie nun weder das fremde noch ein eigenes Kind
haben konnte, die Verbindung wäre bestimmt noch sehr viel
fester gewesen. Rechts kroch fern jetzt eine glühende Raupe
über die Spree. Die S-Bahn. Das war Jannowitzbrücke dort
drüben, dann kam Alexanderplatz, dann kam Marx-Engels-
Platz, dann kam Friedrichstraße. Manchmal, wenn der Wind
günstig stand, hörte sie den Zugabfertiger »Letzter Bahnhof
im demokratischen Sektor« durch den Lautsprecher sagen;
die Stimme kam schon in ihren Träumen vor, und heute nun
würde sie sie seit langem wieder einmal ganz aus der Nähe
und dann in Wirklichkeit nie wieder hören. Nie wieder, nein.
Sie wollte etwas wie Erschütterung spüren nun, wenigstens
eine Gänsehaut; aber nicht einmal ihr Pulsschlag beschleunigte sich, als sie sich das Niewieder noch einmal klarzumachen versuchte. Komisch, dachte sie, und dabei kenn ich die
Ecke hier jetzt – zweiundvierzig Jahre hätte sie weiterdenken
müssen, aber sie dachte nicht gern an ihr Alter, es hätte nicht
gut zu ihrem Vorsatz gepaßt; seit ich'n Kind war, dachte sie
daher zu Ende. Doch sie war wohl einfach zu fertig mit allem hier, als daß sie der Gedanke, in West-Berlin jetzt neu
zu beginnen, noch aufgeregt hätte; außerdem hatte sie es
sich schon viel zu oft vorgestellt, damit war keine Gänsehaut
mehr zu erzeugen.

Die Tür knarrte, sie fuhr herum, und Walter trat ein, sie
hatte ihn gar nicht aufschließen hören. »'n Abend, Else«, sagte er. Jetzt kam das Herzklopfen nach. »'n Abend, Walter.« Er
schien kein Licht gemacht zu haben auf der Treppe, sonst
hätten seine Augen sich unmöglich so schnell an das Dunkel
im Zimmer gewöhnen und gleich auch das Köfferchen auf
der Couch erkennen können. »Willste verreisen?« Er lehnte
sich neben ihr aus dem Fenster, und sie nahm wieder den
Duft von Druckerschwärze wahr, der von ihm ausging, sie

roch es immer noch gern. »Ich wollt warten mit'm Weggehn,
bis du kämst.« Er schwieg und starrte auf seine gefalteten
Hände, oder vielleicht sah er auch an ihnen vorbei und ins
reglos um die Anlegepfosten stagnierende Wasser hinab,
es war sein Anglerblick, das einzige an ihm, was sie haßte.
»Komm, red was.« Er hielt einen Augenblick den Atem an,
sie hörte es; doch er sprach nicht, er schluckte nur zweimal. »Ich dacht, 's legt sich wieder«, sagte sie; »aber 's wird
nur schlimmer. Ich hab mich aus'm Lokal abends ja schon
bald nicht mehr nach Hause getraut, so verlorn, so – so
grau, so versteppt ist hier alles. Und so was von Leere, von
Stille!« Jetzt war die Gänsehaut da, sie fröstelte. »'ne Mond-
landschaft ist das hier; höchstens mal 'n paar Plakate dazwischen.« Ein Motorkahn tuckerte unter ihnen dahin, im
Pfeifenkopf des Mannes am Steuer glühte in rhythmischen
Intervallen der Tabak auf. »Ich glaub«, sagte er langsam, »du
machst 'n Fehler, Else. Du siehst bloß die Gegend. Gibt aber
doch auch Menschen hier, oder –?« Er hob etwas den Kopf,
vermied jedoch, sie anzusehen. »Menschen –«, sagte sie
und bog die Mundwinkel nach unten; »was denn für welche.
Ich seh sie ja, Walter; ich bedien sie ja jeden Tag im HO. Sie
schlingen ihr Essen runter, kippen ihren Korn, ihre Molle,
reden gedämpft, wechseln 's Thema, wenn sich 'n andrer
an'n Tisch setzt, lachen nicht, lächeln nicht, knautschen ihr
Papiergeld zusammen, lassen sich auf'n Pfennig rausgeben,
stehn müde und kaputt auf und gehn genauso grau und unlustig weg, wie sie kamen.«
»Trotzdem«, sagte er, »das sind sie, Else: die Berliner. Ich
seh sie in der U-Bahn frühmorgens ja noch viel grauer und
unausgeschlafener als du. Aber kannste dir vorstellen, daß
mir manchmal ganz mulmig zumut ist, wenn ich dann so
im Gang steh und seh die beiden Bankreihen voll dösender,
schweigsamer, wildfremder und doch alle mit'nander ver-
bundener Menschen sich in dem schaukelnden Wagen da

so gegenübersitzen?« Ein Schlepper tutete fern; sie lauschte
dem Pfiff abwesend nach. Doch sie konnte es sich vorstellen.
»Du hast's gut«, sagte sie, »du siehst in den Leuten hier noch
Berliner. Aber Mensch, ich merk's doch an mir, Walter: Wir
sind ja längst schon genauso abgestorben und leer wie die
Straßen hier nachts. Warum sehn ich mich denn so nach
Lichtreklame, nach erleuchteten Schaufenstern, nach nett-
gekleideten Menschen, nach Lachen, nach 'm bißchen Ge-
mütlichkeit? Weil ich leben will, Walter. Weil das hier 'n Stück
Steppenstadt ist. Weil man verstaubt hier und verdorrt.«

Ihre Stimme zitterte, sie merkte es und schwieg. Er holte
tief Luft. »Und wenn's alle so machten? Durch wen lebt Ost-
Berlin denn. Doch nicht durch die mit ihr'm Parteikram.
Durch uns, Else. *Wir* sind die Berliner, nicht die.« »Du redst,
als wär'n wir 'ne Macht.« »Na, ist Zähigkeit vielleicht schon
mal 'ne Schwäche gewesen?« »Ich bin aber nicht zäh«, sagte
sie erschöpft. »Ich bin kaputt, Walter; ich kann nu nicht mehr.
Ich bin hier gebor'n. Ich hab gedacht, zu der Gegend stehste,
Else, egal, was kommt; und ich weiß auch: sie braucht uns.
Aber mich hat sie aufgebraucht jetzt. Ich hab ihr seit fünfundvierzig alles an Kraft gegeben, was ich hab; ich dacht, ich
krieg's wieder. Aber man kriegt nichts wieder.« – »'s liegt an
einem selber, ob man was wiederkriegt«, sagte er und nickte nach links, zur Kurfürstenbrücke hin; »kuck dir den glühenden Himmel da an. 's Herzblut Berlins, Else.« Und meins,
dachte sie, schwieg aber. »Oder hier«, sagte er, »da –: die
Spree. Überall kannste dir Kraft holen, Else, an jeder Ecke.«
»*Du*«, sagte sie beinahe heftig, »nicht ich. Ich brauch mehr
als 'n Trost. Ich erstick hier.« Er schwieg und starrte wieder
über seine gefalteten Hände weg ins Wasser hinab; der Anglerblick. Sie merkte, daß sie anfing, ihn zu beneiden; es war
Zeit. »Also, ich geh dann«, sagte sie, ohne sich von der Stelle
zu rühren. Sie spürte, er hielt wieder den Atem an, schluckte wohl auch; doch er richtete sich nicht auf, er schien Blei

in den gefalteten Händen zu haben. Langsam ging sie zur Couch und nahm ihren Koffer, jetzt war wieder das alte Leeregefühl in ihr, keine Erregung, keine Müdigkeit, nicht einmal Trauer.»Wiedersehn, Walter.«

Auf dem Hof roch es nach nasser Asche und schimmligem Holz; sie war froh, ihre flachhackigen Schuhe angezogen zu haben, da brauchte sie nicht bei jedem Schritt Angst vor den Pflasterrissen zu haben. Die Breite Straße herab pfiff der Wind, er brachte Moderduft mit: die Spree. *Seine* Spree. Else ging eng an den Häusern entlang, der Himmel hier war zum Polypen geworden, seit so viele Dächer fehlten, er hatte Sternensaugnäpfe an seinen Fangarmen, die rissen einen hinauf. Aber dann blieben die Häuser zurück, und die gepflasterte Taiga des Marx-Engels-Platzes tat sich vor ihr auf. Kein Mensch weit und breit, nur die steinern verbeulte Kohlrabiknolle des Dorns hinten rechts mit den stumm trompetenden Engeln auf den Gesimsen. Über der Zementtribüne hatte sich eine Plakatecke gelöst und klatschte schlapp gegen den wellig gewordenen Text. Es nützte nicht viel, sich vorzustellen, daß hier einstmals das Schloß stand oder vor sieben Monaten noch Weihnachtsmarkt gewesen war mit einer ultraviolett geheizten Straße zwischen den Buden und Erzgebirgszwergen, wie Riesen so groß, die einer wie der andere an finster blickende Soldaten erinnert hatte; und es nützte auch nichts, den Blick zu senken: die Leere fiel einen von allen Seiten her an, und das Köfferchen an sich gepreßt, rannte sie los, zur Kupfergrabenbrücke hinüber. Ein Omnibus kam ihr, die Linden herab, entgegen, aufatmend starrte sie, als er an ihr vorbeirumpelte, in die grell beleuchteten, teilnahmslosen Gesichter hinter den Scheiben. Vom Zeughaus an wurde es besser, die Straßenlaternen leuchteten, die Linden rauschten, sogar ein paar Menschen waren zu sehen.

Die narbigen Säulen des Brandenburger Tors waren bestrahlt; sie sah sie fern durch die Blätter schimmern. Dahinter begann, was sie sich gewöhnt hatte, das Neue Leben zu nennen.

Das heißt, im Grunde begann gar nichts da, die Stadt ging weiter, es wuchs sogar dasselbe Unkraut da wie hier, und die Krähen im Tiergarten, hatte sie sich einmal an einem Sonntagmorgen überzeugt, krächzten nicht anders als die, die sie immer aus dem Küchenfenster auf den Platanen des Schinkelplatzes sitzen sah; vielmehr gesehen *hatte*, war wohl jetzt richtiger. Und doch begann dahinten eine andere Welt. Schon die Luft. Es war vielleicht noch nicht die Luft der Freiheit, aber die Luft der Hoffnung war es auf alle Fälle. Ich find' bestimmt was da drüben, dachte sie; und wenn's erst mal bloß 'ne Aufwartung ist. Als sie in die Friedrichstraße einbog, merkte sie, daß sie Herzklopfen bekommen hatte. Hier war auch Leben; vor dem Tanzlokal standen ein paar junge Leute mit flappenden weiten Hosen, langen Haaren und breiten, sorgfältig gebundenen Krawatten umher, sie summten und wippten im Takt dazu in den Knien. Else versuchte im Gehen etwas von der Leuchtschrift zu erhaschen, die im Schneckentempo über die grobmaschige Rasterschiene am Bahnübergang kroch. Irgendeine Delegation war irgendwo festlich empfangen worden; gut hatten die es. Sie ging die paar Stufen hinauf und durch die leere Halle zum Schalter. »Einmal zwanzig, bitte.« Ihr war, als hätte sie durch eine Röhre gesprochen, und sie wunderte sich, daß ihr die Schalterbeamtin die Karte anstandslos gab, merkte die ihr denn nicht an, daß sie rüberwollte, republikflüchtig war, wie es hieß? Doch, man merkte ihr etwas an; auf dem Bahnsteig oben musterte einer der Transportpolizisten sie, und die Daumen im Koppelschloß kam er mit wiegenden Schritten heran. Der verdammte Koffer; dabei waren bloß zwei Kleider, etwas Wäsche, das Waschzeug und die einarmige Sofapuppe darin. Aber es schien dem Mann um etwas anderes zu gehen, denn er lächelte. Nicht lange allerdings, dann fiel ihr wohl

Licht ins Gesicht, und der Polizist hörte auf zu lächeln und schlenderte lautlos pfeifend an ihr vorbei. Else lehnte sich an einen Kinoschaukasten und schloß einen Moment lang die Augen. Dann kam der Zug; und da war sie jetzt: die Stimme aus ihren Träumen. »Friedrichstraße«, sagte sie, »letzter Bahnhof im demokratischen Sektor.« Amen, dachte Else.

Steif, die Fäuste um den Koffergriff gekrampft, daß die Knöchel weiß wurden, setzte sie sich auf einen Fensterplatz. Nicht denken, gleichgültig aussehn, noch kannste rausgeholt werden. Nein, nun nicht mehr, die Türen schlossen sich, der Zug fuhr an; niemand im Abteil beachtete sie. Sie versuchte sich klarzumachen, was sie jetzt tat, aber weiter als bis zu der Feststellung, daß sie S-Bahn fuhr, kam sie nicht, und dann begann auf einmal auch Berlin durch ihr schwach erhelltes Spiegelgesicht in der Scheibe zu ziehen, die Reichstagsruine mit den zwei Drahtpferdegerippen darauf, die Schrott- und die Kohlenplätze entlang der Spree, der Humboldt-Hafen, der Lehrter Bahnhof, die Moabiter Güterschuppen und fern, über dem dunklen Tiergarten, wie ein zertrümmerter Sternhimmel gleißend, das andere Berlin, das helle, das ersehnte, das frohe, und atemlos preßte Else die Stirn gegen die Scheibe und starrte hinüber. *Das* war es, ja, hier überall war es jetzt, jeder dieser Lichtfunken da konnte das Zimmer erhellen, das sie sauberhalten würde in Zukunft. Vielleicht 'n Büroraum, dachte sie, bloß nicht gleich Leute um einen rum. Aber Bellevue stiegen sie schon ein, lachende, hübsch angezogene Paare, die Mädchen sorgfältig zurechtgemacht und mit wippenden Röcken, die jungen Männer vollwangig und kurzgeschoren, Glanz auf den Schuhen, die Hemden so weiß, daß die Augen weh taten. Paradiesmenschen. Aber es war seltsam, sosehr sie sich auch nach ihnen gesehnt hatte, Else freute sich nicht, sie zu sehen; sie konnte es sich noch so befehlen, es gelang nicht, es stand etwas davor: ein Mann, ein kleiner, vornübergebeugter Mann, der nach Drucker-

schwärze roch und schweigend auf seine gefalteten Hände
sah. Und auch ein Omnibus rumpelte jetzt durch sie hindurch, und Else sah wieder die grell erleuchteten, müden
und teilnahmslosen Gesichter mit den Schattenbacken, den
Augenkratern hinter den Scheiben, und plötzlich drehte
sich draußen das Hansaviertel vorbei, riesige, frevelhaft
hohe, wabenartig aufgestockte und Wabe um Wabe ätzend
erleuchtete Wohnkasernen, die an den Himmel zu stoßen
schienen, und Elses ratlos verwirrtes Spiegelgesicht, das
minutenlang in diese Wolkenkratzersiedlung mit eingeplant
war, Türen hatte, Fenster hatte, Gardinen hatte, Hausnum-
mern, Treppen, Balkons, es sah sie an, und sie sah, daß es
fragte: Was willst'n hier, Else. Sie schloß die Augen und versuchte, an die HO-Küche zu denken, an den Dampf, an das
Brechreiz erregende Geruchsgemisch, an den Rost im In-
nern des Schranks, in dem ihr Kittel hing, an die erschöpften, glänzenden Gesichter der anderen Frauen, hörte sich
monoton »Den Personalausweis, bitte« sagen, wenn ein
Gast was bestellte. Sah auch die Gäste, versuchte, sie sich so
grau, so unterschiedslos wie nur möglich vorzustellen, vergeblich; sie sah sie zwar, ja, sah sie ganz deutlich, sah alles,
als ob es Wirklichkeit wäre, und doch war der Überdruß, war
der Ekel, war die Ermattung, waren all ihre Einwände plötzlich verschwunden, Da saßen Menschen, Menschen wie sie,
grau zwar, geduckt, müde, aber Berliner; Berliner, die aus-
hielten, die *auch* hier geboren waren, die *nicht* weggingen,
die blieben, weil sie festklebten am Alex, nicht loskamen von
ihren kahlen, zernarbten Straßen, die ihren altgewordenen
Zimmern, ihren kriegsverletzten Häusern, ihren rissigen
Höfen die Treue hielten. Sicher, da waren auch Funktionäre
drunter, Bonzen, Radfahrer. Aber was wogen die gegen die
anderen? Nichts. Wir, sagte eine Stimme in ihr, *wir* sind die
Berliner, nicht die. Und im selben Augenblick, da sie an ihrem rasenden Herzklopfen spürte, es war Walters Stimme

gewesen, wurde die Nacht draußen hell, Reklame zuckte grün, rot, gelb auf, Zeitungskioske strahlten, die Kontur eines hellerleuchteten Hochhauses war flammend ins Nachtschwarz geritzt, der Zug hielt, Menschen strömten herein: bunt, heil, glatt, gepflegt, und Else sprang auf, ihren Koffer an sich gedrückt, und drängte hinaus.

Zoo. Immer war es diese Station gewesen, die sie in ihren Wunschträumen als neues Startzentrum umkreiste. Und jetzt? Ich hab mich geirrt, dachte sie, oder ich träum; ich bin fremd hier, ich hab mich verfahrn; nie gesehn, die Betonklötze da. 'n Land hinterm Mond. Sie fiel auf eine Bank und starrte mit brennenden Augen auf die funkelnde Hardenbergstraße und zur angestrahlten Gedächtniskirchenruine hinüber, und wieder arbeitete ihr Blick sich, Wimpernschlag um Wimpernschlag, das schmalbrüstige Hochhaus hinauf und versuchte, Ruhe zu finden, Ausschau zu halten. Die Menschen, dachte sie; mein alter Fehler, ich seh immer bloß die Gegend; aber es gibt doch auch Menschen hier, oder –? Doch, es gab Menschen, Hunderte. Sie schoben sich unten die Straße entlang, sie säumten den Bahnsteig, sie standen vorm Ausschank, liefen auf und ab, saßen neben ihr, rauchten, lasen, schwiegen, lachten, sprachen. Doch es waren Fremde, sie hatten nichts mit denen, die Else täglich bedient hatte, zu tun, wie aufgeklebt hätte auch nur einer von ihnen zwischen denen im HO gewirkt. Was machste bloß, dachte sie. Hier *haste* doch nu dein Lachen, dein Licht, deine netten Kleider, freu dich doch, Mensch. Sie gab sich auch große Mühe, aber sie wußte nicht, worüber sie sich freuen sollte. Und auf einmal fiel ihr ein, daß sie nur vier S-Bahn-Stationen gefahren war. Vier S-Bahn-Stationen, und man war in einem anderen Land. Aber fast zugleich fiel ihr noch etwas anderes ein: Vier S-Bahn-Stationen, und eine Lautsprecherstimme würde »Friedrichstraße« in die stille Dunkelheit sagen. Sie war sehr ruhig, als sie in der entgegengesetzten

Richtung, aus der sie gekommen war, wieder in den Zug stieg. Sie blieb an der Tür stehen, den Koffer hatte sie achtlos ins Gepäcknetz gelegt. Während die Bahn anfuhr und draußen noch einmal das Zooviertel aufleuchtete, dachte sie an den Kupfergraben. Dort stand jetzt, dicht an der Grünstraßenbrücke, über seine gefalteten Hände gebeugt, ein kleiner, nach Druckerschwärze riechender Mann und gab auf seine Aalangeln acht. Sie nahm sich vor, ganz leise zu sein, wenn sie neben ihn trat; wie sie ihn kannte, würde das die beste Art sein, es zu vergessen.

Günter Grass / Günter de Bruyn

HEIMAT –
DAS SIND IMMER
BEIDE TEILE

Günter Grass und Günter de Bruyn sind in ihren Staaten berühmte Literaten, als sie sich 1989 auf Vermittlung von MERIAN treffen – der eine lebt in West-, der andere in Ost-Berlin. Eine kritische Bestandsaufnahme, verbunden mit einer vorsichtigen Hoffnung.

MERIAN: Herr Grass, Herr de Bruyn, Berlin ist Ihrer beider Lebensmittelpunkt. Warum gerade diese Stadt?

Günter Grass: Für mich ist Berlin ein gesuchter Ort. Ich bin zum Jahreswechsel 1952/53, aus freien Stücken, nach West-Berlin gezogen. Damals brach gerade das Wirtschaftswunder aus, insbesondere in Düsseldorf, wo ich Student an der Kunstakademie war. Diese Entwicklung war mir unheimlich. In Berlin dagegen hatten wir noch mit Realitäten zu kämpfen, die nicht nur mehr der Zeit entsprachen, sondern die ich auch als offener und ehrlicher empfand. Berlin ist ein Ort, den ich nicht mehr missen kann. Es ist der Ort, an den ich immer wieder zurückkehre und der, sosehr sich West-Berlin seitdem verändert hat, für mich immer noch der Ort ist, der der deutschen Lage am genauesten entspricht.

Die Stadt hat sich seit 1953 für Sie nicht entscheidend verändert?

Grass: Doch. 1953 waren ja West-Berlin und Ost-Berlin in gewissem Sinne noch eine Einheit. Schon von den überall noch sichtbaren Kriegsschäden her, die Trümmer waren zwar weggeräumt, aber es gab riesengroße Plätze, auf denen der Wind seine Staubtüten drehte. Davon sind heute nur noch Spuren zu erkennen. Die Abriegelung West-Berlins, die damals schon insgesamt bestand, hat natürlich vieles konserviert.

Herr de Bruyn, Sie leben im Osten der Stadt. Ist es für Sie anders?

Günter de Bruyn: Ich habe mir Berlin nicht ausgesucht. Ich bin hier geboren und habe meine Kindheit und Jugend im heutigen West-Berlin verbracht, lebe also erst seit Kriegsende 1945 in Ost-Berlin und kenne so beide Teile. Wenn ich von meiner Heimat Berlin rede, meine ich immer beide Berlins damit.

Warum sind Sie damals nach Ost-Berlin gezogen?

de Bruyn: Das war keine politische Entscheidung. Wir waren ausgebombt, und meine Mutter wohnte im Osten. Als ich aus dem Krieg zurückkam, zog ich zu ihr.

Hatten Sie nie die Neigung, in den Westteil zurückzukehren?

de Bruyn: Ja, häufig, in den verschiedenen Lebensstadien immer wieder, aber ich habe es dann doch nicht getan.

Das war ungewöhnlich. Hatten Sie Gründe?

de Bruyn: Da war die Mutter, da waren Freunde, Frauen, und da war auch die vertraute und geliebte Umgebung der Stadt, die Mark Brandenburg, die mir immer schon wichtig war. Später sah ich in der DDR auch eine Aufgabe für mich, eine Verantwortung.

Eine Aufgabe?

de Bruyn: Ich meine mein Schreiben, das ich immer kritisch verstand. Ich wollte verbessern, und das schafft bei allen Schwierigkeiten, die es gab und gibt, auch so etwas wie Anhänglichkeit und Verwurzelung. Eine selbstauferlegte Aufgabe läßt man ungern im Stich.

Herr Grass, unterscheidet den Berliner etwas von den Bewohnern anderer Großstädte?

Grass: Der lange ansässige Berliner, ob dort geboren oder nicht dort geboren, ist Steglitzer. Neuköllner, Kreuzberger und hat da seinen Kiez in inmittelbarer Nachbarschaft. Machen wir jetzt nicht einen Berliner Fehler, indem wir Berlin absolut setzen. Ich habe vier Jahre in Paris gelebt. Da ist es auch nicht viel anders. Da lebt man in seinem Arrondissement mit der Kneipe und dem Kino um die Ecke. Da gibt es Leute vom Montparnasse, die jahrelang nicht in Montmartre waren.

de Bruyn: Ich lebe seit sechzig Jahren in der Stadt und kenne manche Stadtteile noch immer nicht.

Grass: Berlin wird aber auch geprägt durch die große Zahl von Studenten und vom Wechsel, der damit zusammenhängt; gleichzeitig durch eine Vielzahl von jungen Leuten, die ähnlich wie ich als junger Mann, wenn auch mit anderer Begründung, Westdeutschland verlassen haben. So haben sich zum Beispiel viele Wehrdienstverweigerer, die auch nicht bereit sind, Ersatzdienst zu leisten, in Berlin niedergelassen.

Kommen die aus politischen Gründen oder haben sie einfach keinen Bock auf gar nichts?

Grass: Ich glaube, daß das erste überwiegt. Es ist ja nicht nur ein Vorteil, weil Wehrdienst und Ersatzdienst wegfallen, es ist auch eine Beschränkung, die sie eingehen. Die Arbeitsmarktsituation in Berlin ist keine einfache, die Wohnungssituation noch weniger. Diese politisch motivierten jungen Leute, in einer eigentlich überalterten Stadt, prägen das Bild sehr stark mit. Da hat man es oft mit Berlinern zu tun, die zum Beispiel schwäbisch sprechen. Es ist schon sehr merkwürdig, wie viele junge Schwaben sich in Berlin niedergelassen haben.

Schwaben als Hinterland von Berlin.

Grass: Ja, früher war es Schlesien.

Was früher Breslau war, ist heute also Stuttgart. Wie ist es mit dem Berliner? Stimmt heute noch, was Walter Benjamin gesagt hat: der Berliner könne die Klappe so weit aufreißen, daß das Brandenburger Tor darin Platz habe?

de Bruyn: Berliner sind unhöflich, jedenfalls nicht sehr gewandt oder verbindlich. Wenn man nach Leipzig oder Dresden kommt, merkt man den Riesenunterschied. Das hängt sicher mit dem unerschütterlichen Selbstvertrauen zusammen, das die Berliner haben. Sie glauben, Berlin sei das Eigentliche, der Mittelpunkt.

Grass: Richtig ist, daß die Berliner Höflichkeitsfloskeln sehr gerne verweigern. Dafür produzieren sie ihre spezielle Form von Witz, haben oft eine vergnügte Einstellung zu widrigen Umständen des Lebens, und das hat sich, glaube ich, in beiden Stadthälften gehalten. Was mir immer wieder auffällt, ist, daß das Berlinern stärker im Osten ausgeprägt ist und sich dort mehr konserviert hat als im Westen. Vielleicht passen sich die Sachsen besser an als die Schwaben.

de Bruyn: Auf jeden Fall assimiliert die Stadt, im Osten wie Westen, Fremde sehr schnell. In dieser Hinsieht ist sie ein Klein-Amerika. Seit jeher hat Berlin Fremdes williger aufgenommen, als andere deutsche Städte das tun.

Berlin sei eine Stadt der Extreme, wird behauptet. Stimmt es, daß hier die Armen ärmer, die Reichen skrupelloser sind?

Grass: Es trifft sicher auch zu, daß sich extrem arme Leute in Städten wie Berlin oder Paris besser über Wasser halten können als in Kleinstädten.

de Bruyn: In Ost-Berlin sind die Extreme nicht so kraß ausgeprägt. Weder gibt's die ganz Reichen noch die ganz Armen, zumindest fallen weder die einen noch die anderen auf. Auch weil es keine Arbeitslosigkeit gibt.

Tragen die beiden Teile Berlins einen Konkurrenzkampf miteinander aus?

de Bruyn: Beide Seiten betrachten sich wohl als Schaufenster der jeweiligen Welt. Aber sonst kann man von Konkurrenz nicht sprechen. Ost-Berlin ist die Hauptstadt der DDR, während die politische Entwicklung West-Berlin ein bißchen an den Rand gedrängt hat.

Grass: Die Westberliner leben mit dem Rücken zur Mauer. Man kann nicht mehr rüberschauen, also läßt man es auch, Vergleiche zu ziehen. Die Urteile stehen schon lange fest, das hat man einmal gesagt, das ist dann so und bleibt es auch. Die politischen Führungen der einen wie der anderen Stadthälfte dagegen versuchen schon gleichzuziehen, den jeweils anderen zu übertrumpfen. Die Tatsache, daß es in Ost-Berlin ein Geschichtsmuseum gibt, hat Helmut Kohl beflügelt, auch eines für West-Berlin einrichten zu wollen. So wurde ein Museum beschlossen, ohne daß ein Konzept da war. Nur wegen dieser irrationalen Konkurrenz ...

... und wegen der Angst, wir würden Preußen der DDR überlassen. Sarah Kirsch hat einmal gesagt, in beiden Teilen Berlins hätten die Menschen eine sehr ähnliche Mentalität.

de Bruyn: Das stimmt. Die Mentalität ist in beiden Teilen sehr ähnlich. Selbstverständlich! So schnell ändern veränderte Umstände gewachsene Eigenarten nicht. Ich weiß von vielen Leuten, die aus der DDR in den Westen gingen, daß sie gerne in West-Berlin bleiben, weil sie sich dort mehr zu Hause fühlen als in der Bundesrepublik.

Wie kommen denn die Bürger mit der Protzerei ihrer jeweiligen Regierung zurecht?

Grass: Erst mal setzen sie ihren Berliner Witz ein, Beispiel Palazzo Protzo, für den Ostberliner Palast der Republik. Sie reagieren auch politisch. Beispiel letzte Wahl in West-Berlin. Ich glaube, die Berliner haben durchschaut, was da an Geldern rausgeschmissen wird, um einen Schein zu erwecken bei gleichzeitiger Vernachlässigung all der sozialen Aufgaben, von der Wohnungsnot bis zu Ansätzen von Verelendung. Mir war es durchaus verständlich, daß, als da im Festspieljahr ein Riesenbüfett aufgetischt wurde, in Kreuzberg mit Gewalt reagiert wurde: Die Provokation ging von dem Büfett aus.

Was wissen die Menschen der beiden Stadt-Teile voneinander? Haben sie sich mit den Gegebenheiten abgefunden? Wie denken die Bürger im Osten?

de Bruyn: Die DDR-Bürger schauen nach Westen, nicht nur via Fernsehen. Ich bin sicher, wenn Sie in Ost-Berlin x-beliebige Leute auf der Straße nach den letzten Wahlen in West-Berlin oder nach anderen Ereignissen fragen, daß Sie im allgemeinen die richtige Antwort bekommen. Umgekehrt ist das sicher in viel geringerem Maße der Fall.

Grass: Da liegt es natürlich nahe zu sagen, so spannend ist der Wahlverlauf in der DDR nicht. Ganz sicher richtig ist aber, daß die Ignoranz im Westen verbreiteter ist. Es ist auch eine gewisse Selbstgefälligkeit, die kein Interesse mehr nimmt an dem, was ja dennoch interessant und im Wandel begriffen ist. Mir ist, seit ich auch ab und zu in die DDR reisen darf, aufgefallen, welche Kenntnisse junge Leute dort haben. Die wissen viel, sehr viel über uns.

Es ist irgendwie unmöglich, sich deutsche Geschichte ohne Berlin vorzustellen. Hat sich Deutschland in Berlin ausgetobt?

de Bruyn: Ja, das ist eine der Folgen der Bismarckschen Reichseinigung, als die preußische Residenzstadt deutsche Hauptstadt wurde und so später auch Hitler von hier aus operierte. Durch die Teilung hat sich das in der Nachkriegszeit fortgesetzt.

Grass: Die Teilung der Stadt spiegelt die Teilung Deutschlands wider, aber auch die Teilung Europas. Berlin ist immer auch das Exerzierfeld der ideologischen Auseinandersetzungen zwischen beiden Blocksystemen gewesen, also weit über deutsche Möglichkeiten und Interessen hinweg.

Gibt es eine Diskussion darüber, was in dem Deutschen Historischen Museum dokumentiert werden soll, oder wird das anderswo entschieden?

Grass: Die Diskussion darüber, ob überhaupt ein solches Museum gefragt ist, tobt in Berlin seit Jahren. Natürlich auch, was dort vorgeführt werden soll. So hätten wir zum Beispiel allen Anlaß, nicht nur zur Kenntnis zu nehmen und uns immer daran zu erinnern, daß die Wannsee-Konferenz zur sogenannten »Endlösung der Judenfrage« eben in Berlin stattgefunden hat und daß deren Folgen bis heute reichen. Aber da zögert man in West-Berlin aus politischen Gründen, aus dieser politischen Ignoranz. Ich teile die Meinung derer, die *vor* dem Bau eines konzeptlosen Museums unter dem allgemeinen Begriff »Geschichte« Dokumentationszentren schaffen wollen, in denen dieses unvergleichbare und bis heute folgenreichste Verbrechen, das von Deutschland, lokalisiert: von Berlin ausging, aufgearbeitet wird. Erst wenn das geleistet ist, können wir an eine weitere Geschichtsphase denken und die dokumentieren,

de Bruyn: Auch bei uns wird diese Debatte verfolgt.

Durch das schon seit Jahrzehnten bestehende Museum für Deutsche Geschichte im ehemaligen Zeughaus haben wir ja Erfahrungen mit einseitiger historischer Sicht.

Grass: Das habe ich mir angesehen. Es ist sehr geschickt aufgebaut, da gibt es aber ganze Passagen, die zumindestens verfälscht sind, anderes fehlt völlig. So vermisse ich die Darstellung der verhängnisvollen Rolle der Kommunistischen Internationale und ihrer Beschlüsse oder die Darstellung des Hitler-Stalin-Paktes. Das ist auch eine Geschichtsklitterung. Wird darüber wenigstens jetzt diskutiert?

de Bruyn: Nicht in bezug auf das Museum, aber doch über die sogenannten weißen Flecken in der Geschichte, die gar keine sind, weil sie eingefärbt wurden. Der Hitler-Stalin-Pakt wird offiziell noch immer mit den Formeln der Stalin-Zeit erläutert, aber lange läßt sich das nicht mehr aufrechterhalten, denn die Diskussionen in der Sowjetunion sind ja bekannt. Noch versucht man, diese Diskussionen abzublocken, aber es wird nichts nützen, das Bedürfnis, besonders bei den jungen Leuten, die Geschichte, auch die DDR-Geschichte, aufzuarbeiten, ist außerordentlich stark.

Sind Verbote da nicht völlig nutzlos?

de Bruyn: Im Zeitalter der elektronischen Medien haben diese Verbote etwas Irrationales. Die Angst vor dem gedruckten Wort ist doch logisch gar nicht zu fassen, wenn man weiß, daß jeder die Westsender hört und sieht. Zwar kann man die öffentliche Diskussion verbieten, aber das Eindringen der Wahrheit in die Köpfe verhindert man damit nicht.

Wann wird Genosse Glasnost in Ost-Berlin einmarschieren?

de Bruyn: Wann, weiß ich nicht, aber daß er kommen wird, halte ich für unausbleiblich – vorausgesetzt, Gorbatschow hat Erfolg. Das interne Klima hat sich schon sehr verändert, nur in die Zeitungen dringt das noch nicht ein. Ich glaube, die Regierung ist sich über die Defizite im klaren. Nur wie sie die Sache anfangen soll, weiß sie nicht.

Das wird auch schwierig sein. In Polen hat die Solidarność Vorarbeit geleistet, in der Sowjetunion gab es schon immer Dissidentengruppen ...

de Bruyn: ... die sind in der DDR, unter anderem auch durch den ständigen Aderlaß in Richtung Westen, sicher nicht so stark. Ich glaube aber, daß in vielen verschiedenen Gruppen, auch in der Partei, Kräfte da sind, die eine neue Offenheit tragen könnten. Es muß ein Generationswechsel kommen. Man spürt die Unzufriedenheit, aber auch die Aufbruchstimmung in jeder Versammlung. Atmosphärisch hat sich in letzter Zeit viel geändert, und man wundert sich manchmal, wie offen über bestimmte Dinge, die offiziell gar nicht zugelassen sind, geredet wird.

Grass: Kommt hinzu, daß diese Entwicklung jung ist. Keiner von uns hier hätte je erwartet, daß die Forderungen des Prager Reformkommunismus von der Macht aufgegriffen werden könnten, die die Okkupation der Tschechoslowakei zu verantworten hat, daß die Änderungen aus der Sowjetunion kommen und dadurch möglich erscheinen. Und erleben wir nicht auch bei uns ein ähnlich hilfloses, irrationales Verhalten wie in der DDR? Es gibt Versuche, die alten Feindbilder zu erhalten.

Man hat immer gesagt, West-Berlin sei abhängig von den Vereinigten Staaten. Von Ost-Berlin hieß es, die wahren Regenten säßen in Moskau. Stellt sich jetzt heraus, daß Ost-Berlin ganz gut in der Lage ist, sich bestimmten Entwicklungen und Vorgaben seiner Schutzmacht zu entziehen?

de Bruyn: Der Selbstbehauptungswille der DDR-Regierung kam ohne Zweifel für manchen überraschend. Die Frage ist aber, ob Gorbatschow daran interessiert sein kann, in der

DDR das auszuprobieren, womit er zu Hause selbst Probleme hat. Er ist wahrscheinlich in erster Linie daran interessiert, daß es in Berlin ruhig bleibt.

Grass: Das geht noch ein Stück weiter. Gorbatschow hat mehrmals geäußert, die Sowjetunion würde sich freuen, wenn der neue Kurs jeweils nach den Gegebenheiten des anderen Landes eingeschlagen würde, aber er hat auch gesagt, wir sind nicht diejenigen, die ihn dahin tragen. Das ist, glaube ich, eine der entscheidenden Änderungen. Was jetzt in Ost-Berlin geschieht, geht ganz auf die Verantwortung der dortigen Regierung.

Hat die Regierung in Ost-Berlin vielleicht Angst, die Schleusen zu öffnen?

de Bruyn: Ja, das glaube ich. Angst vor Auflösungserscheinungen und auch vor Einflußnahmen aus dem Westen.

Sie meinen, die Regierung hat Angst, daß Oppositionelle vom Westen gestützt werden könnten.

de Bruyn: Natürlich.

Eine neue Offenheit in Ost-Berlin würde doch zwangsläufig zu der Forderung führen, die Mauer einzureißen.

de Bruyn: Wenn es, was heute ganz illusionär ist, zu einer Volksabstimmung in der DDR kommen würde, ob man die Mauer behalten wolle, glaube ich, daß die übergroße Mehrheit für die Abschaffung wäre. Die Mauer war eine Zeitlang sicher ein stabilisierendes Element. Diese Zeit ist vorbei.

Grass: Das mag daran liegen, daß der Westen für DDR-Bürger eine Portion Anziehung verloren hat. Und wenn jetzt im Zeichen von Glasnost und Perestroika die Bürger der DDR wie mündige Menschen behandelt werden, wird der Hang zum Weggehen geringer. Wenn beide Dinge zusammenkommen, wird die Mauer überflüssig.

Ein Stück davon wird dann im jeweiligen Museum der deutschen Geschichte Platz finden?

de Bruyn: Erich Honecker hat neulich etwas unweise gesagt, die Mauer würde noch fünfzig bis hundert Jahre stehen. In einer Zeit, in der wir Veränderungen erleben dürfen, die wir uns niemals vorstellen konnten, halte ich so eine Prognose für unklug und unsinnig. Es könnte aber auch der Fall eintreten, daß vielleicht der Westen wünschte, die Mauer stünde noch.

Grass: Natürlich, für alle, die am Feindbild hängen und die davon politisch gelebt haben, wäre der Wegfall der Mauer ein Verlust.

Kann die Glasnost-Debatte und das mögliche Aufeinanderzugehen Berlin eine neue Zukunft geben?

Grass: Das ginge nur, wenn von West-Berlin wie von Ost-Berlin aus bestimmte Aufgaben erkannt würden, die abseits der nationalen oder der eigenstaatlichen politischen Entscheidungen übrigbleiben, die in Ost-Berlin oder in Bonn getroffen werden. Das ist ein erheblicher Rest, und er könnte am besten von Berlin her in die Hand genommen werden.

Also weg von der Schaufensterfunktion für das jeweilige System?

Grass: Ja, das Frontstadt-Image ist Gott sei Dank, nachdem das Berlin-Statut eine Regelung gebracht hat, so gut wie erledigt. Also welche Aufgabe könnte dieser Stadt zufallen? In einem Entspannungsprozeß zwischen Ost und West bietet sich Berlin natürlich als Konferenzstadt, als Begegnungsstadt an. Wir müssen begreifen, daß wir eine gemeinsame Geschichte haben. Warum übergeben wir Zankäpfel wie die Stiftung Preußischer Kulturbesitz nicht in die Verantwortung der beiden deutschen Staaten? Ein Stück Utopie? Es gibt noch viele andere Möglichkeiten, von der Kultur bis zum Umweltschutz.

de Bruyn: Nach den vielen Überraschungen, die wir in den letzten Jahren erlebt haben, würde ich das nicht Utopie nennen, im Umweltschutz nicht, der zur Zusammenarbeit zwingen wird, und noch weniger in der Kultur. Die läßt sich nicht so einfach durch Grenze und Mauer teilen. Die krampfhafte Abgrenzungstheorie, die in der DDR seit langem praktiziert wird, entstand ja aus einer bestimmten Situation. Man verbittet sich die Vereinnahmung durch den stärkeren Teil des ehemaligen Deutschlands und erfindet zu diesem rein politischen Zweck die These von der ganz und gar eignen, DDR-nationalen Kultur – als könnten vierzig Jahre staatlicher Trennung jahrhundertealte Gemeinsamkeit zunichte machen – eine Gemeinsamkeit übrigens, die immer von Staatsgrenzen geteilt war. Wenn die Angst vor Vereinnahmung einmal wegfällt, wird auch diese These wegfallen. Ich nehme sowieso an, daß niemand so recht an sie glaubt.

Grass: Vielleicht setzt sich auch die Einsicht durch, daß man mit dem alten Nationalstaatlichkeitsdenken, eine politische Einheit habe auch gleichzeitig Nation zu sein, in unserer Geschichte immer in Katastrophen gelandet ist. Ich bin der Meinung, daß man nicht der Tradition folgen soll, die Frage nach der Nation nur den Rechten zu überlassen. Wir sehen die Folgen. Die Republikaner, wie sie sich anmaßenderweise nennen, sind da, und ich fürchte, sie werden bleiben. Eine ähnliche Situation gibt es auch in Ost-Berlin, wenn auch nicht so deutlich. Durch die Wirtschaftslage in Polen und durch Einkaufsreisen von Polen nach Ost-Berlin ist dort ein richtig chauvinistisches Anti-Polen-Syndrom entstanden.

de Bruyn: Ich stelle mir die Rolle West-Berlins als eine Brücke zwischen Ost und West vor. Ein wenig spielt West-Berlin diese Rolle heute schon. Ich denke an die Filmfestspiele, an denen inzwischen auch die DDR und die Sowjetunion teilnehmen. Diese Rolle könnte man ausbauen.

Wenn Sie Berlin vergleichen mit Rom, New York, Leningrad oder Paris, und sich die Mauer mal wegdenken: Gibt's irgend etwas, was hier anders ist?

Grass: Man merkt, daß die Stadt jünger ist als die genannten. Daß sie unfertiger ist. Darin liegt ein Teil ihrer Häßlichkeit, ein Teil ihrer Chance. Es ist keine attraktive, schöne Stadt. Sie hat kein Panorama, kein Ensemble von gewachsenen Wahrzeichen vorzuweisen. Ein Teil der Selbstüberschätzung der Berliner, ganz gewiß in beiden Stadthälften, hat ihren Grund in diesem Unfertigen, Pionierhaften.

Wir haben noch gar nicht über die Ausländer in Berlin gesprochen.

Grass: Für mich ist es eine Bereicherung, daß in Berlin Türken, aber auch andere Europäer und nicht nur Europäer versuchen, Fuß zu fassen. Dies liegt in der Tradition Berlins. Da kamen nicht nur die Hugenotten, sondern auch die Schlesier, Polen und Ostpreußen. Heute sind es Türken. Sie sollten bleiben, im Sinne des Weiterwachsens der Stadt. Ich bin überzeugt, daß in den nächsten zwanzig, dreißig Jahren der Bevölkerungsdruck aus der Dritten Welt so groß werden wird, daß wir in völkerwanderungsähnliche Zustände kommen. Das kann man vielleicht noch eine Zeitlang administrativ aufhalten, aber als großen Schub bald nicht mehr.

Welche Folgen hat das für die Stadt?

Grass: Man muß bereit sein, rassistische Vorurteile abzulegen und einfach daran denken, inwieweit in der Geschichte Berlins, aber auch insgesamt in unserer Geschichte, Entwurzelte und Flüchtlinge zu wirtschaftlichem Aufschwung beigetragen haben. Das sogenannte Wirtschaftswunder in Westdeutschland ist ja nicht nur durch den Marshall-Plan zu erklären, sondern auch durch die Tatsache, daß, und das halte ich für eine gelungene politische Leistung, die neun Millionen Flüchtlinge aus Schlesien, Ostpreußen, Sudetenland, Pommern schnell integriert wurden und eine enorme wirtschaftliche Schubkraft entwickelt haben.

Aus Ost-Berlin werden uns inzwischen so exotische Bilder gezeigt wie aus West-Berlin.

de Bruyn: Ja, trotzdem wäre es falsch, den Prenzlauer Berg mit Kreuzberg gleichzusetzen. Es sind viel weniger, die da in Subkultur machen. Die Reglementierung unserer Wirtschaft erschwert alternative Lebensweisen. Aber natürlich gibt es Tendenzen bei den jungen Leuten, sich abzusetzen von dem Hergebrachten. Da existiert ein Gefühl: Wir wollen nicht so leben wie die Alten und uns so bevormunden lassen, wir brauchen eine andere, eine neue Art zu leben. Dabei spielt vieles, das aus dem Westen kommt, eine Rolle. Aber nicht alles geht in der DDR. Es gibt nicht nur ein Recht auf Arbeit, sondern eine Pflicht zu arbeiten. Das heißt, jeder junge Mensch, der seine Arbeit niederlegt, gilt schon als potentieller Krimineller, und das bremst natürlich.

Grass: Das ist auch ein Stück preußischer Nachfolgestaat. In West-Berlin gibt es politische Kreise, die das, obgleich sie ganz gegen östliche Systeme sind, sehr gern hätten.

Herr de Bruyn, Sie kennen beide Teile Berlins. Stimmt es, daß es im Osten viel ruhiger zugeht?

de Bruyn: Ja, auf den Straßen bestimmt und, soweit ich das beurteilen kann, am Arbeitsplatz wohl auch. Aber daß man intensiver zusammenlebt, wie man im Westen oft hört, das halte ich für eine Fabel. Sicher gibt es Gruppen, wie überall, die durch Abschirmung nach außen starke Gemeinsamkeiten haben, aber im allgemeinen hat man seine Freunde und Verwandte und schottet sich sonst voneinander ab. Und abends sitzt man zu Hause vorm Fernsehgerät. Das rege

Westberliner Kneipenleben gibt's in Ost-Berlin in dieser Stärke nicht.

Grass: Die augenfällige Lebendigkeit in West-Berlin ist auch eine Scheinlebendigkeit. Es ist ein zunehmender Amüsierbetrieb, vom Zeitgeist geprägt und sehr oberflächlich. Die eigentliche Lebendigkeit, die liegt in diesen Gruppen, die sich verrennen in neue Lebensformen, sie verteidigen und entwickeln, sich mischen und wieder was Neues beginnen.

Wir haben viel über die jüngeren, vor allem die zugewanderten Neu-Berliner gesprochen. Was ist mit den älteren?

de Bruyn: Die Älteren, die Berlin noch als Ganzes erlebt haben und die Teilung als unnatürlich empfinden, haben noch das Gefühl der Berliner Besonderheit. Für sie spielte die Vier-Sektoren-Stadt, die Übergangzeit vom Ende des Krieges bis zu den Gründungen der beiden Staaten, eine außerordentlich große Rolle. Bei den Jüngeren ist das natürlich nicht mehr da. Ich sehe das an meinen Kindern. Der Sohn, 1951 geboren, erinnert sich noch an unsere Besuche bei meinen Schulfreunden in West-Berlin, die Tochter, jünger als die Mauer, nimmt die Doppelstadt als etwas Gegebenes und Selbstverständliches hin und hält es für sentimentales Getue, wenn von Britz oder Neukölln erzählt wird. Ihr anderes Verhältnis dazu ist ganz unabhängig von der politischen Einstellung. In West-Berlin sieht es damit wohl ähnlich aus. Der Unterschied ist nur der: Die Westberliner kennen auch den östlichen Teil der Stadt, während meine Tochter noch nie in West-Berlin war.

Ist Ihrer Tochter die Mauer mehr egal als Ihrem Sohn?

de Bruyn: Ja, ich glaube schon. Aber daß man die Dinge äußerlich nimmt, wie sie sind, bedeutet ja nicht, daß man innerlich nicht darunter leidet. Auch widerlegen die vielen

Ausreiseanträge junger Leute meinen persönlichen Eindruck.

Grass: Für den Westteil der Stadt gilt: Die Frontstadt-Hypnose ist raus. Und das finde ich gut, weil das eine sehr von außen aufgezwungene Haltung war, die dauernd Größenwahn und Pose produzierte.

Eine letzte Frage: Wenn Sie Bürgermeister Ihrer jeweiligen Stadthälfte wären, was würden Sie ändern wollen?

de Bruyn: Ich würde versuchen, nicht alle Fehler der Stadtentwicklung, die im Westen gemacht werden, nachzumachen.

Und politisch?

de Bruyn: Ich würde darauf hinarbeiten, daß Möglichkeiten geschaffen würden, die Mauer durchlässiger zu machen. Vielleicht könnte man sie erst übermorgen abreißen, aber öffnen doch morgen schon.

Grass: Ich würde mich in erster Linie recht häufig mit meinem Schriftsteller- und Bürgermeisterkollegen Günter de Bruyn treffen, würde ihn fragen, wie kann ich behilflich sein, damit die Mauer durchlässiger wird, ohne daß bei euch irgendwas zusammenbricht, würde gemeinsame Verantwortungen, auch was die Stadtplanung betrifft, durchzusetzen versuchen. Politisch würde ich die Stadt zum Mittler machen wollen. Dann, was West-Berlin betrifft, den sozialen Mißständen nachgehen, die entstanden sind, weil man dem Konzept der Zwei-Drittel-Gesellschalt gefolgt ist. Einseitige Wirtschaftförderungen auf Kosten der sozial schwachen Schichten gäbe es von sofort an nicht mehr. Ich würde auch die Übernahme von Bundesgesetzen zur Debatte stellen, und ich würde beim Kartellamt die Entflechtung des Springer-Konzerns betreiben, weil ich diese Art von Pressekonzentration in West-Berlin für verfassungswidrig halte.

de Bruyn: Wir sollten, wir würden eine Politik machen, die auf keinen Fall voraussetzt, daß die Stadt ewig geteilt bleibt.

Interview: Manfred Bissinger

Rolf Schneider

BERLINER
AUGENBLICKE

Rolf Schneider war während der deutschen Teilung einer der wenigen literarischen Grenzgänger aus der DDR. 1981 erzählt er in MERIAN über seine Erlebnisse in beiden Teilen Berlins und endet mit einer erstaunlichen Vision.

Es ist um die 15 Jahre her, da erhielt ich ein Ausreisevisum aus der DDR in die Bundesrepublik Deutschland. Dergleichen war damals noch eine Rarität selbst für Literaten; ich selber war erst zweimal seit den bekannten Vorgängen des August 1961 nach Westdeutschland gefahren und hatte es sehr aufregend gefunden. Diesmal sollte ich auf einer Tournee durch mehrere Städte und Buchhandlungen einen von mir verfaßten Band mit erfundenen Geschichten präsentieren. Ich bestieg einen Wagen der Berliner Stadtbahn. Ich trug einen Koffer in der Hand und etwas Unruhe im Herzen.

Ich würde eine reichliche halbe Stunde Fahrt zu bestehen haben. Mir gegenüber saß ein älterer Mann. Er las in einer Morgenzeitung. Er trug einen grauen Filzhut. Er zeigte ein gleichfalls graues, überaus mürrisches Gesicht. Mit Interesse verfolgte ich, wie gewisse Falten der Verkniffenheit neben seinen Mundwinkeln sich ständig vertieften. Mißfiel diesem Manne die Lektüre? Hatte er es vielmehr an der Galle? Oder war er einfach ein grundsätzlicher Misanthrop, entschlossen, das Leben ärgerlich und jeden neu beginnenden Tag als eine harte Zumutung zu empfinden? Ich wußte es nicht. Ich würde es niemals erfahren. Immerhin dachte ich darüber nach; in dieser Beschäftigung erreichte ich mein Ziel, und das war der Bahnhof Friedrichstraße. Ich stand von meiner Bank auf, ich vergaß den Mann.

Ich durchlief die erforderlichen Checks und Kontrollen an der Grenze; ich fuhr mit der Untergrundbahn ein in West-Berlin. Dort erwarb ich in einem Reisebüro einen Flugschein und nahm dabei zur Kenntnis, daß ich bis zum Start meiner Maschine noch eine überlange Zeit des Wartens zu bestehen hatte. Ich hatte einen tollen Einfall. Ich winkte mir ein Taxi und sprang hinein.

Ich ließ mich bis zum Potsdamer Platz fahren. Ich fand mich wieder in einer Gegend aus schmutzigen Hinterhäusern, rattenverdächtigen Ruinen und allerlei hoch wucherndem Unkraut. Eine rohe Aufschrift wies mir den Weg zur Grenze. Ich ging auf einem Trampelpfad und sah schließlich die Mauer.

Ich sah einen aus Metall und Brettern gemachten Aussichtsstand. Ich sah neben dem Aussichtsstand einen Verkaufskiosk für Zigaretten, Schokolade und Souvenirs mit dem Wappen Berlins, mit Ansichten Berlins, darunter solchen der Mauer. Es saß eine ältere Frau im Kiosk. Sie strickte an einem grauen Schal. Sie trug ein Kopftuch; ihr verdrossenes Gesicht erzählte mir etwas über die Umsätze, die sie an Tagen wie diesem erzielte. Der Tag war trübe, später Oktober; Wind wehte stark und kalt, er zerrte an den Disteln. Von der Aussichtsplattform stieg eine Schülergruppe herab, lärmend und schwäbelnd; von den Souvenirs des Verkaufskiosks nahm man keinerlei Kenntnis. Oben war nun Platz, ich stieg die Stufen hinauf, trat auf abgelöste Bierflaschenetiketten; ich erreichte die Plattform, ging bis zu deren Brüstung und schaute.

Ach, es war ein melancholischer Anblick. Trostlos und

menschenleer lag vor mir die Grenze, und der Himmel über mir, mit mir einverständig, wurde noch ein wenig trüber. Ich schaute hinüber zum Haus der Ministerien. Ich drehte den Kopf und schaute hinab auf den Thälmannplatz. Eine einsame Straßenbahn umrundete den Platz; ganz nahe an die Grenze fuhr sie heran, ich konnte schließlich sogar das Gesicht des Fahrers erkennen, ich konnte Gesichter der Passagiere erkennen, so sah ich ein Gesicht, das ich kannte und wiedererkannte, ein Gesicht unter einem grauen Filzhut, ein graues, ein mürrisches Gesicht; Falten der Verkniffenheit neben den Mundwinkeln. Kein Irrtum war möglich. Dort unten fuhr der Mann, mit dem ich eben noch, keine halbe Stunde war darüber vergangen, im selben Stadtbahn-Abteil gesessen hatte; nun blickte ich ihm abermals ins Gesicht, ich hätte ihm zuwinken können, ich unterließ es; nur glaubte ich plötzlich zu wissen, welcher Mißmut diesen Mann befallen hatte, woran er litt; sein Leiden ergriff über diese sonderbare Entfernung hinweg auch mich; in einem Gefühle unbegreiflicher Schuld sah ich zu, wie die Straßenbahn weiter- und davonfuhr; ein wenig würgte es mich in der Kehle, daß ich mich umdrehte, mit blödem Blick auf die der Plattform beigebrachten Inschriften starrte, Namen und Daten und Krakeleien ohne Sinn; ich ging wieder hinab, trat wieder auf die Bierflaschenetiketten, sah wieder die Frau im Kiosk, die emsig an ihrem grauen Schal strickte; der Wind wehte, ich hatte das Bedürfnis, mich hastig zu betrinken, ich ging den Trampelpfad zwischen den Unkräutern zurück.

Die Frau hielt sich etwas gebeugt. Sie trug eine Brille mit dicken Gläsern und schwerem dunkelbraunem Hornrand. Sie steckte sich eine neue Zigarette an und sagte:

Berlin ist seiner Entstehung zufolge nie etwas anderes gewesen als eine Anhäufung von Dörfern, sogenannten Kiezen, das ist ein wendisches Wort, es bedeutet Fischersiedlung. Kieze und Werder; das letzte sind Inseln, alle Berliner Siedlungen sind in das Sumpfgelände zwischen Havel und Spree gebaut; selbst dort, wo man das Land ausgetrocknet hat, haben sich die einstigen Wasserverläufe als unsichtbare Grenzen erhalten, die heimlich zur Kenntnis genommen und respektiert werden. Daß dies alles zu einer Riesenstadt hat zusammenwachsen können, ist dem Zwang sehr äußerer Umstände zu verdanken, nicht dem Willen der Bewohner, und unter aller äußerlichen Integration hat immer, als eine Gegenkraft, das ursprünglich Amorphe gewohnt.

Die Frau drückte ihre Zigarette in einer Glasschale aus. Sie trank aus ihres Kaffeetasse. Sie sagte:

Die Teilung der Stadt durch zwei, in diesen mehreren Etappen von 1945, 1948 und schließlich 1961, war bestimmt schmerzlich, aber sie gehorchte auch einer heimlichen Logik. Das Herzstück der Grenze, das sind die Kilometer links und rechts des Brandenburger Tors, entsprechen der alten Scheidelinie zwischen Mitte und dem Tiergarten, und das war lange Zeit die Grenze zwischen traditionell und modern gewesen, zwischen alt und neu, zwischen plebejisch und fein, zwischen autochthon und zugezogen, zwischen bescheiden und neureich. Eigentlich, sagte die Frau, hat sich überhaupt nichts geändert.

Sie fingerte jetzt an ihrer Zigarettenpackung. Sie winkte dem Kellner und bestellte ein anderes Kännchen mit schwarzem Kaffee, sie sagte:

Trotzdem ist es so, daß sich bei aller herauskehrender Amorphität auch die ursprüngliche Integration weiter hält und behauptet. Nehmen Sie die Boulevards. Berlin hatte einmal zwei: die Linden und den Kurfürstendamm. In den zwanziger Jahren machten sie einander Konkurrenz; der Krieg hat sie beide geschleift; sie haben sich beide fast zur gleichen Zeit davon erholt. Ihre letzte gemeinsame Blüte waren die sechziger Jahre: Unter den Linden zogen allmählich wieder die Botschaften ein, auf dem Kurfürstendamm verschwanden die letzten Buden, und die Cafés kamen zurück. Dann sind sie beide zur gleichen Zeit erneut verfallen. Die Linden sind eine stinkende Autostrada geworden, auf dem Kurfürstendamm fressen sich die ordinären Kaufhäuser voran, ihnen folgen die Hamburger-Restaurants, denen folgen die *peep shows*. Es kommt alles herunter, ach, es kommt auf eine sehr traurige Weise herunter!

Wieder zündete die Frau eine Zigarette an, ihre Hände zitterten etwas: Unruhe und Hast einer Nikotinsüchtigen. Sie sagte:

Die beiden Stadthälften unterliegen der gleichen Osmose. Sie kommunizieren wie die bekannten Röhren in der Physik. Dem Niedergang der beiden klassischen Boulevards wurde dadurch begegnet, daß sich neue bescheidenere Boulevards anderswo auftaten. Die Schloßstraße in Steglitz und die Schönhauser Allee wurden zur fast gleichen Zeit populär. Die vulgäre Faszination, die Kreuzberg auf die sensiblen Leute ausübt, hat zur gleichen Zeit bei uns am Prenzlauer Berg um sich gegriffen. Wenn Sie durch den Grenzübergang Prinzenstraße / Heinrich-Heine-Straße fahren, verlassen Sie ein bestimmtes Berlin, das es sonst nirgendwo mehr gibt, um in ein bestimmtes Berlin zu kommen, das es sonst nirgendwo mehr gibt; bis auf die türkischen Inschriften drüben sind diese beiden Berlin wie Geschwister. Die Köpenicker Straße dort, verstehen Sie, die Mauer scheidet sie mittendurch, bleibt doch auf beiden Seiten der Mauer dieselbe. Nollendorfplatz und Olivaer Platz werden sich nie so gleichen. Dimitroffstraße und Bölschestraße auch nicht. Diese Stadt ist, seit sie existiert, ein Beispiel für die Gleichzeitigkeit von Integration und Aufhebung derselben.

Der Kellner brachte den Kaffee. Die Frau rückte ihre schwere Brille zurecht und steckte sich die nächste Zigarette an. Wir saßen im Café des neuen Palasthotels neben dem wiedererrichteten Dom. Die Frau sprach deutlich mit schwerem slawischen Akzent, ihre Heimat war Przemyśl in Galizien. Sie war Mathematikerin in einem Elektronik-Forschungsinstitut der Akademie der Wissenschaften. West-Berlin hatte sie noch niemals besuchen können.

Einer jener Berliner Stadtteile, die ich besonders gern hatte, war das alte Köpenick. Ich habe einmal versucht, ein kleines literarisches Denkmal dafür zu entwerfen, in einem meiner Bücher; das liest sich so:»Sie gingen die Oberspreestraße hinab bis zur Verkehrsinsel an der Kreuzung Grünauer Straße, weiter bis in die Grünstraße, wo die Läden klein waren und erblindende Schaufenster hatten. Vorher kam man an der Holzbrücke vorbei, die zum Eingang des Köpenicker Schlosses führte. Sie gingen durch den Schloßgarten bis zum Spreeufer. Die Wiesen waren spätwinterlich mager, die Bäume waren kahl, das andere Ufer mit seiner dunklen Linie aus Dächern, Schornsteinen und Bäumen wurde im Dunst undeutlich. Auf dem Wasser drehten sich Schwäne, fette schmutzigweiße Federklumpen mit phallusartigen Hälsen. Die Straßenbahnen, die nach Wendenschloß und Biesdorf fuhren, kreischten herüber. Die feuchten Autoabgase in der Köpenicker Altstadt drohten blau mit Kohlenmonoxyd, Blei und Ölen. Hinter der Kirchstraße lag ein alter Distrikt mit flachen Häusern, die Farben an den Wänden waren ausgebleicht, der Putz löste sich aus den Mauern, aber die Häuser waren so, als seien sie aus dem vergangenen Jahrhundert unverändert in die Gegenwart gestellt worden, aus den Toren, so hätte man erwarten können, würden demnächst Pferdedroschken rollen und über das unebene Pflaster rollen ...«

Diese Schilderung ist zeitlich genau fixierbar; auf den Winter des Jahres 1976. Im Winter des Jahres 1981 präsentiert sich die Köpenicker Altstadt wie folgt:

Die Holzbrücke zum Schloß ist durch Baugerätschaften verstellt. Von den kleinen Läden der Grünstraße mit ihren erblindenden Fenstern ist ein Teil – jene, die zum Spreeufer hin standen – abgerissen worden. Man baut hier eine Umgehungsstraße nebst Brücke. Die alten Häuser, die aussehen, als seien sie aus dem vorigen Jahrhundert in dieses versetzt worden, erleben den unmittelbar zu ihnen umgeleiteten Verkehr mit allen Abgasen und Ölen; sie werden Schaden daran nehmen. Auch hier ist der unaufhaltsame Fortschritt bloß ein Synonym für die unaufhaltsame Verarmung.

Das Versailles von Berlin heißt Potsdam. Einmal, an einem Sommertag, fuhr ich gemeinsam mit einem Freunde in dessen Motorboot auf den Westberliner Seen, vorbei an Schwanenwerder, in Richtung Südwesten. Viele Boote steuerten den gleichen Kurs. Der bläuliche Dunst ihrer Abgase löste sich erst nach einer ganzen Weile über den Wellen auf. Irgendwann hörte ich: Dort ist die Grenze. Am Ufer standen ein paar lächerlich kleine Wachttürme. Aus dem Wasser ragte plötzlich ein Schild, das auf die Nähe der Grenze aufmerksam machte. Nur wenige Boote kreuzten hier noch. Gleichwohl herrschte eine Atmosphäre von Mummenschanz; wenn man nur wollte, konnte man alles mühelos übersehen und nicht ernst nehmen.

Wenige Tage später wollte ich, inzwischen in Potsdam, von dort aus die erlebte Szenerie von ihrer anderen Seite her betrachten: Ich geriet in einen Wald von Warnschildern. Keine Chance, ans Seeufer zu gelangen. Am Ende fand ich mich wieder in einem Gebäude, dessen Zweck es war, militärisches Gerät auszustellen, als ob es Gegenstände der Kunst seien: Ich befand mich im Deutschen Armeemuseum.

Seit den bekannten Vorgängen vom August 1961 gibt es unter der Berliner Erde mehrere tote Bahnhöfe. Sie heißen Unter den Linden und Oranienburger Tor, Französische Straße, Stadtmitte. Ich kannte sie noch, als sie lebendige Bahnhöfe waren. Man erreichte sie mit der S-Bahn, mit der U-Bahn; man gelangte zu ihnen, indem man zu auffällig gekennzeichneten Einstiegsschächten an bestimmten Straßen ging und dann eine Menge Stufen hinabstieg ins brandig Dämmerige. Auf den Bahnsteigen patrouillierte eine Doppelstreife der DDR-Polizei. Die meisten dieser Bahnhöfe waren, was auch eine Lautsprecherstimme den einfahrenden Zügen entgegenrief: »letzter Bahnhof im Demokratischen Berlin«. In den haltenden Zügen wurden Kontrollen vorgenommen. Manchmal verließen DDR-Uniformierte zusammen mit Leuten, die Gepäckstücke trugen, den Zug. Der fuhr dann weiter. Irgendwann im Dunkel wurde jene Linie passiert, die damals noch Sektorengrenze hieß.

Ich bin 1965 wieder auf einer jener Strecken gefahren. Französische Straße, Stadtmitte waren dunkle Bahnsteige fast ohne Leben, die Bahn fuhr langsamer an ihnen vorbei, sie hielt nicht. Doppelstreifen gab es immer noch, nur die Uniformen hatten sich geändert; ihre Träger langweilten sich sichtlich. Bei der langsamen Durchfahrt ließen sich noch erkennen: unter ihrer eigenen Nutzlosigkeit allmählich schäbiger werdende Wände; das unveränderte und allmählich altmodisch anmutende Email mit den Buchstaben, die den Stationsnamen ergeben. Wäre hier nicht Untergrund, wäre wohl längst Gras aus den Betonritzen gewachsen, hätte sie auseinandergetrieben und die Steine zerdrückt. Wuchsen Moose hier? Gab es Insekten oder unbekannte Kriechtiere, die hier unten heimisch wurden und sich einer eigenen Metamorphose unterwarfen, vergleichbar den Lurchen, wie man sie in den Seen von Tropfsteinhöhlen findet und nur dort? Wie wirkte der Aufenthalt hier unten auf die Uniformierten, die sich nur zu langweilen schienen, wirklich?

Später waren auch sie verschwunden. Das Licht war

noch dämmeriger geworden. Die Veränderung der Fahrt-
geschwindigkeit war kaum noch wahrnehmbar.

Einer dieser Geisterbahnhöfe nahm plötzlich für eine kurze Zeit ein neues künstliches Leben an. Strahlende Lichter,
wenn man einfuhr. Außer den Uniformierten auch Handwerker, bei ihren Arbeiten. Die Wände wurden getüncht,
neue Aufschriften angebracht. Walter Ulbricht war demis-
sioniert, er wurde es nun auch hier unten: Der tote Bahnhof »Walter-Ulbricht-Stadion« hieß nun »Stadion der Welt-
jugend«. Künstliche Leben enden jäh und folgenlos. Auch
dieser Bahnhof fiel sofort wieder in seine vorherige Agonie
zurück. Die Farben blichen aus. Die Dämmerung kehrte zurück.

Die unten in den Zügen täglich diese Geisterbahnhöfe
passieren, blicken von den Zeitungen nicht mehr auf.

Einmal fuhr ich mit meinem Wagen, der ein unübersehbar
großes Nationalitätenkennzeichen meines Staates DDR zu
tragen hat, durch die Westberliner Kleiststraße in Richtung
Nollendorfplatz. Ich kam aus einer Theatervorstellung und
wollte, so war das ausgemacht, die Nacht bei Verwandten
verbringen, die in Schöneberg wohnten. Es war dunkel, und
die Straßen waren leer. In der Stadt fand eben ein Anarchis-
tenkongreß statt, aber davon wußte ich nichts; und daß er
mit dem, was nun geschah, etwas zu tun hatte, ist eine möglich, keine zwingende Erklärung.

Ich sah am Rande der Fahrbahn einen Menschen liegen.
Zwei andere Personen standen daneben und winkten aufgeregt meinem Fahrzeug entgegen. Einem höchst natür-
lichen Reflex folgend, trat ich auf die Bremse, hielt unmittelbar an vor dieser offenbar hilfebedürftigen Gruppe und
verließ mein Fahrzeug.

Was jetzt geschah, muß sich sehr rasch ereignet haben.
Ich erkannte zunächst, daß die Person, welche am Boden

lag, keine Person, vielmehr ein gefüllter Seesack war. Noch ehe ich mich darüber wundern konnte, hörte ich: Der ist von drüben! – und wurde zusammengeschlagen. Faustschläge trafen mich ins Gesicht und in den Leib. Ich weiß noch, daß ich mit beiden Händen meine Brieftasche mit meinen Personalpapieren zu schützen versuchte und zu meinem Wagen stürzte. Ich weiß noch, daß ich davonfuhr.

Ich fand mich wieder auf einem öffentlichen Parkplatz. Drei Stunden waren inzwischen vergangen. Ich tastete nach meinen Zähnen: Sie waren alle vorhanden; meine Lippen schmerzten. Ich taumelte auf das Haus meiner Verwandten zu, dessen Fenster noch erleuchtet waren.

Die Verwandten fand ich im Zustand beträchtlicher Aufgeregtheit. Sie hatten inzwischen durch mehrere Telefonate meinen Aufenthalt zu ermitteln versucht, ohne Ergebnis. Bei meinem Anblick erschraken sie. Sie wollten mich zu einem Arzt bringen; auch eine Anzeige bei der Polizei schien ihnen angezeigt. Ein Blick in den Spiegel überzeugte mich, daß die Sorgen meiner Verwandten nicht übertrieben waren: Ich sah fürchterlich aus.

Dessenungeachtet lehnte ich es ab, einen Arzt aufzusuchen, und wehrte mich auch gegen die Anzeige bei der Polizei. Niemand, so dachte ich, ist unbestechlich gegenüber einem Angebot zum Nebenverdienst, auch nicht ein Polizeiwachtmeister, auch nicht eine Sprechstundenhilfe beim Bereitschaftsarzt; ich wollte mich und mein Schicksal nicht wiederfinden in einem der zahlreich vorhandenen Groschenblätter dieser Halbstadt, unter der Schlagzeile *Empörte Westberliner nahmen an kommunistischem Literaten Maß*. Ich befand, mein Zustand, wie übel er sei, gebe zu ernstlichen Besorgnissen keinen Anlaß. Ich trank einen doppelten Schnaps und ging schlafen.

Am nächsten Morgen waren meine Platzwunden im Gesicht, drei an der Zahl, ordentlich verschorft. Mein Oberkörper zeigte verschiedene Blutergüsse, aber die sah ja niemand. Bekannten, die sich in den folgenden Tagen über meinen Anblick wunderten, erklärte ich mit einiger Verlegenheit, ich sei in eine veritable Bierhausschlägerei geraten.

Die Wunden heilten allesamt und ließen nichts zurück außer der nicht beantwortbaren Frage, wieso sich dies alles so ereignet hatte.

Manchmal träume ich diesen Traum: Ich betrete den Grenzübergang Invalidenstraße. Sofort senken sich hinter mir die Schlagbäume. Auch jene schweren Wegsperren aus Beton, die ich nie anders als geöffnet erlebt habe, schließen sich auf einmal, bei dumpfem Geräusch ihrer Gleitrollen. Ich blicke um mich. Außer einer struppigen Katze, die sich, ohne Notiz von mir zu nehmen, zwischen den Gebäuden herumtreibt, kann ich kein Lebewesen erkennen.

Ich stehe da, in der Hand meinen Reisepaß, ich warte, doch kein Zöllner wird sichtbar, auch keiner von den Grenzpolizisten. Ich öffne die Lippen, um zu rufen, aber die Stimme versagt mir. Ich befinde mich an einem Ort dieser Welt, wo ich vergessen werde, der sich selbst vergessen hat; es war fahrlässig von mir, ihn zu betreten; wieso hat mich niemand gewarnt? Meine Beine beginnen zu schmerzen. Ich setze mich auf eine Steinstufe. Verwundert sehe ich zu, wie links und rechts neben mir kleine Pflänzchen aus den Rissen des Steines wachsen. Ich fasse den Stein an. Er ist morsch wie verfaultes Holz, ich kann ihn mit meinen Fingern zerbröseln. Angst ergreift mich. Überall, sehe ich, wachsen jetzt Unkräuter aus dem von niemandem außer mir betretenen Boden. Die Farben an den Schlagbäumen bleichen aus. Ratten huschen mir über die Füße. Die Zeit vergeht: Tage folgen auf Nächte, Sommer auf Winter, und dazwischen ist immer bloß ein Atemzug. Ich sehe meine Hände altern; auch mein Gesicht muß schon uralt geworden sein. Ich werde diese Welt niemals mehr verlassen können, und ich werde sie auch nicht verlassen wollen. Ich gehe zu einem der Gebäude, vor denen ich – wie lange ist das her? – früher so oft gewartet habe. Ich berühre mit den Fingerspitzen die Wand, und das Gebäude bricht donnernd unter der Berührung zusammen, es zerfällt zu einer Landschaft aus grauem Staub.

Peter Härtling

AUFSTIEG
ZUR
PROVINZ

Als Peter Härtling 1970 über Berlin schreibt, betrachtet er die Stadt von seinem neuen Wohnort Frankfurt aus. Berlin ist den Deutschen nur eine Belastung und in sich zusammengesunken. *Die Hoffnung, Berlin könnte politischer oder kultureller Mittelpunkt werden, hat sich erübrigt.*

Es regnete, wir fuhren in dem kleinen Citroën zum Grenzübergang, warteten auf den Möbelwagen. Vor fünf Jahren waren wir nach Berlin gezogen; jetzt gingen wir wieder fort. Der Polizist, der, müde winkend, die Lastwagen einwies, fragte, ob ich auch auf einen Spediteur warte. Mit Berlin is nischt mehr los, die Stadt werde leer, sagte er. Das würde nicht stimmen. Doch die Trübsal des Abends – Speditionswagen in langen Schlangen, barsch fragende Zöllner – machte mich frösteln: Ich verließ die Stadt, in der meine drei Kinder zur Welt gekommen waren, eingeschüchtert und unlustig.

Oft bin ich zurückgekommen, habe mit Freunden diskutiert, gestritten, habe, als Gast, Berlin verändert gefunden: Mit einem Mal hörte ich die schrillen Stimmen der Selbstbestätigung, las die Zeitungen noch verärgerter als zuvor, diese Kommentare zur Stärke, zur Sicherheit, zum Gedeihen, diese Aufrufe, berlinischer zu sein als Berlin. Keine Stadt so schön wie ... Haltet sie sauber von ... (Gesinnungslosigkeit, politischem Frevel, Gammlern, Linken).

Das alles machte mich zornig. Die Stadt verengte sich, sie machte sich selber klein. Sie begann kurzatmig zu reden. Die Politik regte sich plump und phantasielos, war keiner Erschütterung mehr gewachsen, alle Perspektiven richteten sich auf den politischen Gegenstand Berlin, eine Topographie, die unterm Reden aufschwoll zum Symbol einer Freiheit, die in Schlagwörtern endete (aber Urbanität relativiert sich ununterbrochen, läßt Kritik zu, reagiert aus Kenntnis selbstbewußt). Kennedys Rede war der Höhepunkt gewesen; später entdeckte man, daß eigentlich jeder Mensch Berliner sei, eine Apotheose des politischen Stumpfsinns, die viele jubeln ließ, Kommentatoren anspornte, doch den Berlinern unrecht tat.

Aus der Entfernung schätzt man Berlin anders ein. Die Lage bleibt prekär, doch die Querelen des Tages verringern sich. Man ist nicht mehr aufgewühlt. Freilich, es ist auch schwierig hier, in Hessen oder Württemberg, über Berlin zu reden. Eine Belastung, sagt man, und ich kann kaum erwidern, das müßte so nicht sein, daran ist die Stadt weniger schuld, als es die Politiker in Bonn und Berlin und Pankow sind. Geschichten, schon von der Geschichte verschlungen, vergessen.

Bin ich dort, komme ich mir mitunter wie ein Fremder vor. Die Anstrengung, ein Berlin nach der Vorstellung der Politiker zu sein, hat das Bild der Stadt verzerrt. Es ist ein oberflächliches Bild. Doch es ist nicht einfach, das, was es verdeckt, zu fassen. Vorerst wehre ich mich gegen den Einwand der Freunde, nur hier habe sich das Städtische erhalten können, der Kurfürstendanun sei der einzige deutsche Boulevard. Ein Boulevard, auf dem solche Zeitungen angeboten werden? Voller Engstirnigkeit und Verteufelung Andersgesinnter, voller Vereinsdenken und grauenhaftem

Selbstbeweihräuchern? Das Beste hier, das Schönste hier, das Größte hier, Berlinberlin. Marktschreier auf einem Boulevard? Die Straße und die Zeitungen hätten nichts miteinander gemein, sagen sie und sind mir böse. Zweifelt ihr nicht?

Ich fuhr nach Lichterfelde. In der Goethestraße hatten wir gewohnt, fünf Jahre lang; vorm Gartentor stehend, führte ich meinem kleinen Sohn das Haus vor. Er hatte es vergessen, fand sich nicht in die Umgebung, die sein Spielraum gewesen war. Nichts, gar nichts? Wir kamen zur Ecke, wo der Kolonialwarenhändler Hennig seinen Selbstbedienungsladen aufgemacht hatte. »Da sind wir immer hingegangen«, sagte das Kind. Ein Teil der Gegend kehrte in seine Erinnerung zurück, Bruchstück der Stadt, unverwechselbare Provinz – es war die stärkere Wirklichkeit. Und nun hat sie auch mich, der sich von der Stadt abgewandt hatte, erneut überredet, in einer Urbanität, die sich von Rhetoren nicht mißbrauchen läßt.

Berlin besteht aus »Kiezen«, aus Wohnbereichen, aus Häuserblöcken, aus Vierteln. Keine Politik hat sie zerstören können. Die Leute haben gelebt, überlebt, sie haben ihre Witze gemacht, sie haben geflucht, Brände gelöscht, haben aufgebaut, sich wieder eingerichtet. Sie sind zu Hause. Sie wohnen. Sie reagieren schnell auf Gemeinheit und Lüge, bleiben ein wenig mißtrauisch, kennen sich untereinander, wenn auch ohne gesellschaftlichen Anspruch, helfen sich manchmal. Gleichwohl sind sie großzügig, und ihre Erfahrung ist die der Stadt, geduldig mitgeschleppt, und ein Witz bei Gelegenheit hilft. – »Schaut auf diese Stadt«: Ernst Reuters leidenschaftliches Wort, in die Spannung des Kalten Krieges gerufen, ist verhallt. Man hat es nicht vergessen. Man kann es nicht wiederholen.

Was heute gälte, wäre: Schaut auf diesen Kiez!, und würde belacht werden, obwohl es zutrifft, die veränderte Situation und auch die Kraft der Stadt genau umschreibt. Die letzten

Jahre haben Berlin in Ruhe gelassen. Die Weltpolitik ging an ihm vorbei, keine Pressionen mehr, keine Drohungen, keine aufgeregten Antworten; nur selten werden Statistiken zu Rate gezogen, die den »Lebenswillen« bestätigen sollen. Die einen gehen, die andern kommen. Eine Menge Gammler ist zu Besuch, Haschisch-Betäubte, sie räkeln sich vor der Gedächtniskirche auf den Stufen, und noch immer findet sich ein älterer Herr (Ach, Geist der Stadt – in solchen Fällen wird er nicht beschworen), der Konzentrationslager bauen möchte, um sie zur Räson zu bringen.

Berlin ist in sich zusammengesunken. Der Kurfürstendamm prunkt. Jedes Halbjahr ein paar Fassaden mehr, zwischen den alten, barocken, die endlich wissen, wie schön sie sind. Bisweilen rennen Demonstranten, untergehakt, in breiten Reihen Richtung Tauentzien. Man hat sich eingeübt. Frankfurt hat es nicht besser, sagt jemand. – Was sich verändert hat, ist unscheinbar, und niemand kann darüber reden. Worauf man gesetzt hat, daß Berlin wirtschaftlicher oder politischer oder kultureller Mittelpunkt werde, hat sich in aller Nüchternheit erübrigt. Eine Stadt ohne Hinterland wird ein Kunstgebilde bleiben müssen, halbiert obendrein, ohne die tägliche Pflicht, einzuwirken aufs Land, es aufzustören. Wäre Berlin, auf Grund seiner merkwürdigen Kiez-Struktur, nicht so urban, es könnte nicht fortleben: Es hat die Provinz der Umgegend in sich selbst. Alle die bedenkenlosen Übertreibungen der vergangenen Jahre haben der Stadt geschadet. Sie kann, nach der Teilung, nach dem, was man sich gegenseitig über die Mauer hinweg zuschrie, nicht offen Mittler zwischen Ost und West sein; sie kann es vorsichtig versuchen, sie muß es. Ihre Energien, von der Bundesrepublik nicht sonderlich enthusiastisch gefördert, sind so reich nicht, wie man vorgegeben hatte: Es ist ein urbanes Territorium, das sich aus seiner eigenen Urbanität beleben muß.

Es ist keine gesalbte Stadt, wie einige noch immer mei-

nen. Aus Zufall hat es ihr die Tagespolitik erlaubt, sich zu-
rückzuziehen. Was sie daraus macht, hängt ab von dem Takt,
der Taktik ihrer Politiker. Vielleicht wird sie sich eines Tages
öffnen, wird das Hinterland, von dem sie abgeriegelt wurde,
in übertragenem Sinne zurückgewinnen. Ihr Geschick ist
wider alle urbanen Regeln. Daß sie überstand, verdankt sie
ihrem Provinzialismus.

Auf der Fahrt zur Krummen Lanke, in der U-Bahn, höre
ich den Leuten zu. Sie reden, wie vor sechs Jahren, über die
Weltpolitik, als sei sie eine Erfindung von Bezirksbürger-
meistern. Sie haben ihre Stadt nie ganz verloren: ein bißchen
größer als Hamburg, ein bißchen kahler als München, ein
bißchen eleganter als Frankfurt, ein bißchen proletarischer
als Düsseldorf und reicher an Varianten als alle.

Mein Sohn sagte zu mir: »Lichterfelde ist so ähnlich wie
Walldorf.«

Ich fragte ihn: »Und Berlin?« Er fragte: »Ist Berlin auch
Lichterfelde?« Ich sagte ihm: »Nein, Lichterfelde ist auch
Berlin«, und wünschte, daß die großen Worte, die das Fieber
Berlins waren, auch weiterhin im Kiez verenden würden.

Peter Bamm

MISTER ANTROBUS VOM KOPPENPLATZ

Berlin war eine Weltstadt, nun ist es eine Weltruine, schreibt Peter Bamm im ersten MERIAN
über Berlin kurz nach dem Zweiten Weltkrieg.
Nur eins ist geblieben: die Eigenart des Berliners.
Die wirkt in der Diaspora noch stärker.

Tübingen, November 1947

Berliner in der Diaspora gibt es zwei Sorten. Die einen
geben es zu, die anderen leugnen es. Die, welche es zugeben,
geben es schweigend zu. Die, welche es leugnen, leugnen
es mit einem übertriebenen Aufwand an Argumenten. Was
leugnen sie? Nun – daß sie desertiert sind, daß sie die alte
Fahne verlassen haben, diese Fahne, für die als Emblem
wohl nichts Geeigneteres gefunden werden könnte als eine
Bockwurst und ein kleines Helles. Bötzow! Sagt man das in
München oder Konstanz zu einem alten Berliner, verdreht
er die Augen. Kein Berliner, der kaltschnäuzig und gelassen
seinen durch die Historie umgepflügten Asphalt entlang-
trabt, würde glauben, wie sentimental der Berliner in der
Verbannung wird. Ja, er ist imstande, unsachlich zu werden.

Man steht vor einem Schalter, in der Schlange. Man ist
langsam gereizt. Schließlich ist man an der Reihe. Man
steckt, um einer wenig hoffnungsvollen Sache eine per-
sönliche Note zu geben, den Kopf durch den Schalter, das

kaudinische Joch unserer Tage. Man trägt sein Anliegen vor.
Man wird abgelehnt, und nun steigt die kalte Wut hoch. Man
fängt aus den Tiefen des Wedding zu schimpfen an. Einge-
borene Schlangengenossen, an des kaudinischen Mannes
guter Laune interessiert, versuchen zu beruhigen. Auf einmal geschieht das Wunder. Der kaudinische Mann beginnt
zu lächeln. »Sagen Se mal, Mann Jottes, wat reden Se da für
Dämlichkeiten?« Und dann beginnt das homerisch-heitere
Spiel der starken Einfälle, in denen der Berliner ein Meister
ist. Die Eingeborenen stehen dabei und staunen, wie Pa-
puas ein Säbelduell zwischen weißen Männern bestaunen
würden. Dann bekommt man seine Sache. »Pankow« ist ein
stärkeres Argument als zerrissene Stiefelsohlen.

Für »Koppenplatz« kann man unter Umständen einen
funkelnagelneuen Besen erbeuten. Die Berliner in der Verbannung sind eine geheime Bruderschaft, und die, welche
leugnen, sind noch hilfsbereiter als die, welche es zugeben.
Vielleicht ist es ihr schlechtes Gewissen. Bei guten Taten soll
man nicht nach Motiven forschen.

Was die Berliner in der Fremde miteinander verbindet, ist
ein geheimer Stolz. Es ist das eine gute alte berlinische Ei-
genschaft. Der Berliner nämlich hat von jeher wenig Talent
zum Neid gehabt. Das ist deshalb so verdienstlich, weil der
Neid das Nationallaster der Deutschen ist. Der Berliner hat
die Fähigkeit, sich über etwas zu freuen, ohne dabei zu überlegen, ob es ihm gehöre oder nicht. In meiner Praxis am
Wedding half ich einmal einer sehr schönen Dame in ihren
chromnickelblitzenden Cadillac mit Chauffeur in blauem
Dreß. Neben mir stand ein rotznäsiger zehnjähriger Knabe
von der Mulackstraße in geflickter Hose. Als der Cadillac,
sanft wie eine Katze schnurrend, von dannen schoß, sah der
Knabe mich voller Anerkennung an und meinte:

»Dufter Schlitten, Herr Doktor! Wat?«

So ist das. Der Berliner nimmt sich seinen Anteil an den

Dingen, die auf ihn Eindruck machen, indem er stolz auf sie ist. So sind wir, die Berliner in der Diaspora, sowohl die, welche zugeben, wie die, welche leugnen, von maßlosem Stolz erfüllt auf die Berliner, die, weil sie nicht rechtzeitig ausgerissen sind, weder zuzugeben noch zu leugnen brauchen. Zuweilen trifft man hier einen Schweizer, der aus Berlin kommt. Ein Schweizer, der aus Berlin kommt, hat die Attitüde eines Mannes, der soeben einen unbekannten, von wilden Völkerstämmen umlagerten Berg im Karakorum erstiegen hat. Einen solchen umlauern wir dann, auch wenn sein Tabaksbeutel schon am Anhalter Bahnhof leer gewesen ist. Nach einiger Zeit, wenn der tapfere Besieger des Karakorum an der Spree die Wirkung der Heldenhaftigkeit seiner Expedition genossen hat, fängt er an, die Berliner zu rühmen, ihre Tapferkeit, ihre Unternehmungslust, ihren Witz, ihre unerschütterliche Haltung. Da kommen wir dann auf unsere Kosten, und das Auge wird uns feucht. Da fühlen wir uns mitgerühmt. »Dufter Schlitten, Herr Doktor! Wat?«

Die Aperçus des Berliners ziehen weite Kreise: »Wer noch lebt, ist selba schuld. Bomben sind ja jenuch jefallen.« Das schlägt noch Mr. Antrobus. Die halbe Welt hat darüber gelacht. Aus Kalifornien hat mir einer das geschrieben. Berühmt geworden ist auch die Bemerkung eines Berliner Jungen, der mit drei Worten einem verdienten Manne den berlinischen Orden für Durchhalten verlieh. Als Werner Finck nach Berlin zurückgekommen war, stand er, nach einer Probe, vor dem Portal des Theaters am Bordstein des Kurfürstendamms. Ein Zeitungsfahrer kommt angeradelt, sieht Werner Finck, erkennt ihn, bremst das Tempo, hebt zum Gruß ein wenig die Hand von der Lenkstange und sagt, schon wieder ins Pedal gehend:

»Na, Werner? Unjebeucht?«

Und endlich haben wir die berlinische Formel für die große Lage, wie sie kürzer und präziser auch Cato nicht in Worte

hätte meißeln können. Sie stammt von einem Rohrleger aus
der Jungfernheide:

»Die janze Frage, Herr Doktor, kann doch nur die sein –
wie holen wa die Kuh von't Eis?«

Das Numinosum von Berlin beginnt sich zu verwandeln.
Es ist im Begriff, aus einer Litfaßsäule zu einem Monumen-
tum humanitatis zu werden. Berlin ist immer eine ganz
und gar gegenwärtige Stadt gewesen, darin New York ähnlich. Für die Historie seiner Stadt hat der Berliner niemals
sonderlich viel übrig gehabt. An der Spitze der Museen, in
die der Berliner nicht hineinging, stand das Märkische Museum. Selbst Verwandte aus Tübingen, denen er doch alles
zeigte, was er selbst nicht kannte, führte der Berliner nicht
ins Märkische Museum.

Die Kaiser-Wilhelm-Gedächtniskirche war ein Treffpunkt.
Die russischen Granaten haben ihn in eine Erinnerung verwandelt, und wäre es auch nur die Erinnerung an den Treffpunkt. Die alten Tage fangen an, ihren Glanz zu bekommen.
Während Paris seit mehr als hundert Jahren fast in jedem
Roman der französischen Literatur eine handelnde Person
ist und oft genug, wie bei Balzac, die eigentliche Hauptper-
son, hat Berlin es literarisch niemals recht zu etwas gebracht.
Nachdem die Fontanesche Tradition abgerissen war, gab
es nur noch journalistische Versuche. In *Berlin Alexanderplatz* ist die Stadt das bewußt gewählte Thema, nicht die
selbstverständliche literarische Kulisse, wie Paris in den
Splendeurs et misères des courtisanes. In den Romanen der
Berliner Illustrierten zwar spiegelte sich Berlin. Aber dieses
Make-up war kaum attraktiver als das der Damen auf der
oberen Friedrichstraße.

Berlin, so sehr es, seiner Natur nach, eine wirkliche Metropole, eine wirkliche Weltstadt war, ist es auch geblieben
– eine Weltruine sozusagen. Sein literarisches Pedigree war
dürftig, obgleich doch ein nicht geringer Teil der deutschen

Literatur in Berlin domizilierte. Die Skepsis des Berliners ließ eine poetische Verklärung Berlins leicht zu einem romantischen Ressentiment werden. Die Literaten vermieden es, des Berliners Neigung zur Ironie zu reizen.

Jahre schon sind vergangen seit den Tagen, da die Tragödie Berlins begann. Noch tropft der Kaffee nicht aus den Filtern der Literatur. Das dauert eben seine Zeit. Es ist ein wahrer Segen, daß es so schnell nicht geht. Es ist nichts zu gewinnen mit der schnellen Aktualität des Tages. Der erste Film, der kurz nach der Kapitulation in Berlin gedreht wurde, was war er für eine glänzende Leistung! Die magische Atmosphäre des großen Unglücks schwebte durch jedes Bild. Die Gesichter der Akteure waren noch vom Schicksal selbst gezeichnet. Der Film wirkte als etwas erstaunlich Neues. Es war eine Botschaft aus einem fernen, unbekannten magischen Lande. Die schnelle Aktualität leider hatte den Film mit einer Tendenz versehen. Dabei meine ich durchaus nicht den Inhalt der Tendenz, über die sich streiten läßt wie über jede Tendenz. Ich meine die Tatsache einer Tendenz, die nichts anderes zur Folge hatte und ja auch nichts anderes zur Folge haben konnte, als die magische Atmosphäre zu zerstören.

Mister Antrobus vom Koppenplatz bis zur Fasanenstraße, von Köpenick bis Nikolassee hat tiefere Schichten der Existenz kennengelernt, als das gewöhnliche Leben bietet. Er wird Tieferes zu sagen haben. Nur Geduld müssen wir haben. Berlin wird aus dem Glanze seiner früheren und dem Feuer seiner jüngsten Tage ein neues Numinosum bekommen. Die Literaten werden, wenn sie nicht auf dem Monde leben wollen, auf den Koppenplatz hinabsteigen müssen. Die glückliche Ehe, in welcher der Berliner mit Berlin seit je gelebt hat, ist reif, Gegenstand und Hintergrund der Literatur zu werden.

Die Tatsache, daß der Berliner in der Diaspora von seiner Liebe getrennt ist, gibt sie ihm nicht doch eine leicht tragische Note? Die in Berlin, sie dürfen über Berlin schimpfen, auch weiterhin. Wir, in der Verbannung, müssen es rühmen. Tun wir da nicht etwas für die, die das selbst gar nicht tun könnten? Erwerben wir uns nicht Verdienste? Könnten jene überhaupt auskommen ohne uns in der Verbannung, die wir unsere tragische Note mit berlinischer Ironie zu tragen wissen, wir, die wir die einzigen Sachverständigen sind für das, was in Berlin geschieht? Der Tübinger Emigrant beneidet den Berliner vom Koppenplatz um seinen Witz, um seinen Mut, um seine Zigaretten. Mindestens so sehr, wie der Berliner vom Koppenplatz den Tübinger Emigranten beneidet um seinen provinziellen Frieden, sein Feuerholz und seine Möglichkeit, weise Worte über das ferne Berlin zu sagen.

Ich gebe zu …! Ich leugne nicht! Wir sind ja beide Berliner. Wir haben beide kein Talent zum Neid. Lassen wir das! Hier wie dort. Gehen wir, hier wie dort, und holen wir die Kuh von't Eis!

Annemarie Weber

NACHTSTÜCKE

Auf der Straße des 17. Juni stehen Prostituierte,
eine bürgerliche Gesellschaft labt sich an Sekt
und Lachs und eine Beat-Band spielt uneingeladen im Vorraum eines Theaters. Die Schriftstellerin Annemarie Weber streift durch eine Westberliner
Nacht, die vor vierzig Jahren offenbar nicht sehr anders
war als heute.

Eine schwedische Reisegesellschaft betrachtet bei Wein und
Stimmungsmusik ein Gewitter, das sich über dem Rhein aus
Pappe entlädt. In bayerischen Lokalen blasen lederbehoste
Berliner Musikanten, und die Stimmung erreicht rasende Hö-
hepunkte. Im großen Tanzpalast mit Wasserspielen schrei-
ben reisende Vertreter kleine Billetts mit Rohrpost an Ver-
käuferinnen an anderen Tischen; die wollen gern einmal im
Abendkleidchen tanzen, es gefällt ihnen aber nicht ein jeder.

In den feineren, in den derberen Etablissements, wo Damen die Herren zum Tanz auffordern dürfen, erwarten einsame Besucher der Stadt herzklopfend und nervös, daß sie
zu einem Charleston, einem Cha-Cha-Cha gebeten werden.

Von Dachgartenrestaurants blickt man über die Fluten
glitzernder Lichtpunkte, deren Ausdehnung West-Berlin
kennzeichnet.

An der Straße des 17. Juni stehen in luftiger Reihe die
kleinen Repräsentantinnen des käuflichen Liebesgewerbes,
anmutig und chic, im rieselnd zarten Licht der Tiergarten-
laternen.

Diebe und Einbrecher sind am Werk. Verstörte und Asoziale schleppen sich durch die Nacht. Dunkle Typen gruppieren sich am Bahnhof Zoo und in der Joachimstaler Straße, redend in vielen Sprachen.

Im Zoologischen Garten schnaufen Bären in tiefem Schlaf. Strichjungen und Zuhälter streifen um die Rotunde am Savignyplatz.

Transvestiten schminken sich und setzen ihre Perücken auf. Eine Beat-Band spielt im Vorraum des avantgardistischen Theaters, uneingeladen, aus Spaß.

Haschisch kann man kaufen, Klümpchen gehen von Hand zu Hand. Der Musikautomat spielt einen Soul. Ein Mädchen weint beim Tanzen. Ein Junge kommt und trinkt das Bier des Fremden aus. Ein anderer Junge kommt und schnorrt eine Zigarette.

Rocker überlegen, ob sie einmal wieder Rabatz machen können und wo.

Säufer legen schwer den Kopf auf die Arme und schlafen eine Runde.

Linke Intellektuelle diskutieren mit gemäßigt linken Intellektuellen über Marx, Mao, Marcuse.

Ein Musikautomat spielt die Internationale, von großem Chor gesungen.

»Gehn wir flippern? Ja, gehn wir doch flippern! Wo denn?«

»Nein, wir wolln lieber kickern. Um doppelte Wodkas.«

»Dies ist ein Camaro aus seiner besten Zeit«, sagt einer und trinkt einen Cocktail dazu, den Blick auf die Wand, die eine Galerie-Wand ist. Die Galerie ist eine Nachtbar, offen bis zum Morgen.

»Das letzte Kotelett!« ruft ein Mann hinter der Theke einer Gammler-Kneipe aus.

Im bürgerlichen Lokal sitzt eine Gesellschaft in Smoking und Abendkleid. Man ißt Lachs, trinkt Sekt und spricht über die »Meistersinger«.

Im russischen Nachtlokal spiegelt sich Filetgulasch Stroganoff in der Spiegelfacettendecke. Eine alte russische Fürstin singt klagend etwas Russisches, stampfend mit den Füßchen ihr wohlerhaltenes Temperament anzeigend.

Ein Hermaphrodit, irgendwo in einer dunkelrot beleuchteten Bar, tanzt und entkleidet sich nach anfeuernder Musik. Auf den Barhockern sitzen derbe Jungen mit unreinem Teint und gucken glasig.

»Otto«, kreischt in bürgerlicher Bierrunde eine Frau, »du machst doch immer die besten Witze!« Otto lacht und bestellt geschmeichelt eine Runde doppelten Doppelkorn. Die Gesellschaft hat dicke Köpfe und dicke Nacken, rötlich glänzend. »Eklig«, sagen die Langhaarigen an einem anderen Tisch.

»Als ich noch unter Reinhardt spielte!« sagt ein Schauspieler und legt los. Junge Schauspieler hören ihm artig zu.

In einem Vorortgarten werden Steaks und Würste gegrillt. »Es ist so einfach, sag einfach ›ja‹«, beschwört ein gutaussehender Herr eine Dame, mit der er in einer Hollywoodschaukel sitzt. Sie blickt versonnen unter großem weißem Hut, ein Whiskyglas in der Hand.

Im Keller eines alten Hauses, in dem nur Künstler wohnen, drängen sich stehend Prominente und Bohemiens, Gläschen mit warmem Schnaps umklammernd.

»Hab' kein Geld mehr«, sagt ein Typ an einer Theke, »kannste mir 'n Zettel machen?« – »Nee. Hab' Anweisung: Du darfst hier keine Zettel mehr machen. Zahl erst die alten!«

Bei Kerzenlicht macht ein Oberkellner im Frack am Tisch eine Crêpe aux framboises auf Eis, flambiert. Dann geht der große Speisegenuß seinem Ende zu. Der Herr, der zu zahlen hat, legt ein paar Hunderter auf den Tisch.

In der Malerkneipe ist ein Happening zu Ende gegangen. Der Wirt selbst, in später ihm unerklärlichem Eifer, hat seine Stühle zerschlagen. Seine schöne Frau legt mild auf die erhaltenen Tische wieder die Decken aus alten Säcken. Die junge Blumenverkäuferin geht durch die Lokale und zeigt stumm ihre dunkelroten Baccarat-Rosen. Draußen im Wagen wartet der Chef. Er ist knurrig, wenn sie keine Rose verkauft hat.

»Nehmt mal diesen Hühnereintopf-Spezial! Das ist hier das Dollste!« – »Vorsicht, kommen Sie nicht mit diesen Marabufedern ins Kerzenlicht!« – »Der polnische Wodka ist hier billiger als anderswo!«

Es kommen die Stunden, da kein Bus, keine U-Bahn, keine Stadtbahn mehr fährt. Taxis fahren langsam am Straßenrand.

Man geht jetzt in jene Lokale, die mitternachts aufmachen und Leute erwarten, die anderswo nun doch nichts Warmes mehr zu essen bekamen. Da gibt es heute Grüne-Bohnen-Eintopf. Dazu ist es schön dunkel, und man kann noch tanzen. Im Korridor nach hinten hinaus küßt sich ein Paar besessen. Der Kellner, aus der Küche kommend, drückt sich diskret vorbei.

Herren ziehen in Herrentoiletten pikante Bildchen aus dem Automaten. Sie sind enttäuscht; was aber ist heute noch pikant?

Im internationalen Hotel werden Kopfschmerztabletten erbeten. Eine Dame verlangt Pfefferminztee und bekommt ihn. Oben im Dachgarten spielt noch die südamerikanische Kapelle. Ein Herr vorgerückten Alters zeigt mit durchgedrücktem Kreuz, wie erstklassig er noch tanzt.

Ein Kellnerschuh drückt auf das Gesäß eines Zechprellers und tritt ihn hinaus ins Freie. Die Seniorin des Berliner Liebesgunstgewerbes sagt: »Na, noch 'n Klaren, dann will ick man ooch nach Hause.«

Grau liegt der S-Bahn-Steig im ersten grauen Morgenlicht. Die U-Bahn macht ihre Gitter wieder auf. Die Sonne schiebt sich hoch überm Brandenburger Tor, legt erste lange Strahlen über den Kurfürstendamm. In den Glasveranden war es nie ganz leer, jetzt kommen die ersten Frühstücksgäste. Damen betrachten bedrückt ihr Make-up im ersten Tageslicht und verschwinden, um sich noch einmal etwas herzurichten.

Der berühmte Kabarett-Transvestit tritt, umgezogen, aus seinem Lokal ins Morgenlicht, ein seriös aussehender älterer Herr, wohlbeleibt.

Ein junger Arbeiter sagt:»Ich hau' mich jetzt hin. Mach' heute 'n Blauen.«

»Wollt ihr bei mir noch 'ne Bohnensuppe essen?« fragt eine Dame lustig. Ja, man will noch. Die Nacht endet in einer lustigen Küche.

Die Blumenverkäuferin legt die Rosen, die übrigblieben, daheim in die Badewanne. Mit langen, starken Stielen schwimmen sie im kalten Wasser. So werden sie sich bis zur nächsten Nacht halten.

Im Zoologischen Garten schnaufen noch die Bären und schlafen sich tüchtig aus.

VEREINIGT

Ach, du neues Deutschland

Wladimir Kaminer

KAMINER, DU MUSST PUTZEN!

Müll trennen, Treppe fegen. *Als die neuen Nachbarn aus Schwaben ins Haus ziehen, wird Wladimir Kaminer von seiner Vergangenheit eingeholt: freiwillige kollektive Arbeitseinsätze nun auch hier.*

Lange Zeit stand die Wohnung gegenüber leer: zweieinhalb Zimmer, Hinterhof, zweiter Stock. Sie passte nicht in das Schema unseres Bezirks. Für eine Familie war die Wohnung zu klein, für allein singende Spaßvögel zu groß, für Sonnenliebhaber zu dunkel, für die Adepten der Dunkelheit nicht dunkel genug. Es wäre vielleicht eine ideale Bleibe für eine alleinerziehende Mutter mit einem großen Kind oder Hund gewesen, eine solche Mutter fand sich jedoch nicht. Mir tat dieser Leerstand leid, Häuser ohne Menschen sehen verloren aus.

Eines Tages füllte sich die Wohnung dann doch mit Leben, Umzugskartons standen im Hof, eine junge Familie aus Süddeutschland zog ein. Bevor sie die Wohnung bezogen, klebten sie bereits einen Zettel auf das Anzeigenbrett im Hausflur: Es könnte wegen des Umzugs zu Lärmbelästigung kommen. Am nächsten Tag kam noch ein lustig bemalter Begrüßungszettel dazu. Das war eine launige Abwechslung für das Anzeigenbrett, sonst hingen dort nur die Notrufnummern von Feuerwehr, Gasdienst und Polizei. Zwar klebte auch eine Vermisstenanzeige mit dem Foto eines dicken schwarzen Katers mit weißen Pfoten darauf, sie hing aber schon zu lange, niemand wusste mehr, wem dieser Kater jemals gehört hatte.

Am dritten Tag meldeten sich die Neuankömmlinge erneut, sie wandten sich an alle Bewohner des Hauses: mit mehreren Vorschlägen, wie wir das Leben in unserer Hausgemeinschaft noch besser organisieren könnten – als wäre es nicht ohnehin schon zu gut organisiert. Die Neuen waren im Haus überpräsent, sie verbrachten viel Zeit auf dem Hof und schauten ständig in die Mülleimer, wer was wohin wegschmiss. Mich erwischten sie, als ich leere Kartons in die gelbe Tonne für leichte Verpackungen steckte. Mir schien die Bezeichnung »leichte Verpackungen« für diese Kartons passend, sie waren leicht und dienten als Verpackung, für meine neuen Nachbarn sahen die Dinge jedoch offensichtlich anders aus. »Wir wissen ja, dass Sie aus einem anderen Kulturkreis kommen, in dem die Mülltrennung nicht eine solche Selbstverständlichkeit ist wie bei uns. Wir sind damit aufgewachsen, es gehört zu unseren Grundwerten«, meinten sie.

Der Drang, das Leben zu organisieren, hörte nicht mehr auf, sehr bald kam eine Einladung zu einer Diskussion über den Ordnungszustand auf dem Hof, ich sah keinen Anlass, dieser Einladung zu folgen, die anderen Hausbewohner aber nahmen an der Versammlung teil. Die Neuhinzugezogenen äußerten ihre Unzufriedenheit mit der Reinigungsfirma, die uns den Hof fegte und die Treppen sauber hielt. Diese gekauften Reinigungskräfte arbeiten nach ihrer eigenen Methode und lassen den Dreck oft einfach liegen, wenn ihre Arbeitszeit zu Ende ist, meinten unsere Nachbarn. In einer revolutionären Aufbruchsstimmung beschloss die Hausversammlung, der Reinigungsfirma zu kündigen und das Saubermachen selbst zu erledigen. Die Neuen arbeiteten sofort einen Plan dafür aus, eine Tabelle: wer wann für welche Treppe zuständig ist usw. Außerdem sollten mehrere Beete im Hof angelegt, der Mülltonnenplatz neu überdacht und eine Kinderspielecke eingerichtet werden.

Das Anzeigenbrett quoll schon bald von Papier über, es musste ein größeres Brett angeschafft werden, um Platz für neue Initiativen zu machen. Ich kam mir wie ein Muffel und Spaßverderber vor und wunderte mich, dass unsere alten Nachbarn plötzlich einen solchen Enthusiasmus entwickelten. Sie waren mir vorher nie durch besondere Lust an der Hausarbeit aufgefallen und auch keine Vorbilder in Sachen Mülltrennung, indem sie oft weißes Glas nicht von grünem unterscheiden konnten. Anscheinend ist der Drang, alles zu regeln, ansteckend. Ich hatte gemeint, von unserem Kulturkreis ausgehend ist Saubermachen gut, aber nicht nach euren Tabellen, sondern nach Lust und Laune. Das konnten die Neuen nicht akzeptieren, denn ohne Tabelle ergab für sie das Saubermachen keinen Sinn.

Erstaunlicherweise erinnerten mich diese jungen Menschen an die sogenannten freiwilligen kollektiven Arbeitseinsätze in meiner sozialistischen planwirtschaftlichen Heimat, wo übrigens auch alles in Tabellen und Formularen eingeteilt worden war. Der damalige Versuch, alles Leben zu organisieren, ging bekannterweise fürchterlich in die Hosen. Bei Gelegenheit erzählte ich meinen Freunden, die aus demselben Kulturkreis wie ich stammen, von den Neuerungen in unserem Haus. »Was wunderst du dich, das sind die Kehrwochen, die ihr gerade durchmacht«, klärte mich einer der Freunde auf, der früher lange in Stuttgart gelebt hatte. »Deine neuen Nachbarn sind bestimmt aus Baden-Württemberg. Ich habe zehn Jahre dort gelebt, es war eine schöne Zeit, eine endlose Kehrwoche. Morgens um zehn vor acht schaute schon die Nachbarin vom Balkon zu mir herunter:

›Herr Priwalow, Sie wissen schon, Sie müssen heute kehren.‹ Protestantenethik. Das hat ihnen Martin Luther an die Türen geschrieben, dass sie kehren müssen, statt sich ihrer Sünden freizukaufen und auf das Himmelreich zu warten. Sie sollten sich lieber hier auf Erden engagieren, zum Beispiel einen Teil der Schöpfung sauber halten, ihr Haus, ihren Garten, ihre Straße. Die Tabelle ist also ein Glaubensbekenntnis, eine Art Fortsetzung des Religionsunterrichts.« Diese Erklärung meines Freundes brachte mir inneren Frieden mit meinen Nachbarn.

Täglich standen nun Menschen vor dem Anzeigenbrett und lasen, was sie zu tun hatten. Ich blieb ebenfalls gelegentlich vor dem Brett stehen, um zu erfahren, was die Verrückten Neues planten. Das Anzeigenbrett wurde zu einem Augenmagnet. Einmal sah ich sogar den dicken schwarzen Kater mit weißen Pfoten vor dem Brett stehen. Seine Vermisstenanzeige war völlig überklebt. Er blickte mir entgegen, miaute und verschwand sofort wieder zwischen den Mülltonnen, anscheinend gefiel es ihm gut, in dieser heilen neuen Welt nicht mehr vermisst zu werden.

Lena Kugler

DAS ALTE HAUS IN DER ZIONSKIRCHSTRASSE

I n Berlin wird saniert, restauriert und der Mensch gleich mitpoliert. Lena Kugler hat es selbst miterlebt. Szenen aus einem Mietshaus in Mitte.

Als ich ins Hinterhaus einzog, dachten die Altmieter schon alle an Auszug. Für das Angebot des neuen Hauseigentümers, ihnen das Vorkaufsrecht der maroden Wohnungen einzuräumen, hatten sie nur Hohn und Spott und längst nicht genügend Geld übrig. Sie alle trugen früher oder später ihre Möbel das Treppenhaus hinab. Das ständige Staubsaugerbrummen von Frau Kirgel, das Streiten der Schuhknechts, die vergeblichen Renovierungsversuche des Herrn Fuchs – nichts mehr davon drang durch die dünnen Wände, sickerte in den Klangverstärker Stiegenhaus. Frau Becker, eine viel besuchte Hellseherin, hielt auch nur wenig länger aus. Bald nach meinem Einzug, ich war erst wenige Wochen schwanger, sagte sie mir auf den Kopf ein kleines, gesundes Mädchen zu. Von einer schwierigen Geburt erwähnte sie nichts. Ich war beruhigt.

Kurz vor ihrem Auszug, die Sphärenklänge ihrer Stereoanlage schwangen das letzte Mal im Treppenhaus, fragte sie mich nach meinem Sohn im Bauch. Mädchen, verbesserte ich, denn jetzt hatte ich das Kind im Ultraschall gesehen. Gesund?, fragte ich und sah sie ängstlich an. Bestimmt, meinte Frau Becker, aber richtig beruhigt war ich nicht mehr.

Noch nicht einmal ein halbes Jahr nach meinem Einzug war das Hinterhaus fast leer. Fast ruhig. Allein Herr Vogel, der Säufer, wohnte als einziger der alten Mieter noch im Haus, direkt unter mir. Sein Husten war das Erste, was ich morgens hörte, er bellte und rasselte, bevor er endlich ausspucken konnte. Danach, wenn er das Treppenhaus schwankend heruntergepoltert war, ein endloses Kaskaden-klirren der Flaschen, die er in den Müllcontainer warf. Er bahnte sich den Weg durch altes Mobiliar, das keinen Platz in den wegfahrenden Umzugswagen gefunden hatte. An der Mauer standen fleckige Matratzen, die im Regen aufweich-ten. Stühle mit durchgebrochenen Sitzflächen. Verbeulte Kühlschränke lehnten an dreibeinig-schiefen Tischen. Ich hörte Herrn Vogel gegen Regalbretter stoßen, die krachend umfielen. Dann war er weg, sich Nachschub holen.

Zu dem Sperrmüll kamen bald rausgerissene WC-Schüs-seln und Spülbecken. Zinkbadewannen fielen aus den Fenstern in den Hof. Das Hinterhaus verwandelte sich für erstaunlich kurze Zeit in eine lärmzitternde Baustelle. Als letzte Sanierungsmaßnahme, nur zwei Wochen nach Bau-beginn, ließ der neue Hauseigentümer das dunkle Treppen-haus mit seinen schwarzen Streifen, den letzten Spuren der vielen hinabgeschleppten Wohnungseinrichtungen, kana-riengelb streichen. Immobilienmaklerinnen führten am Wochenende schnatternd durchs Haus. Die halb sanierten Räume hinter den gelben Türen aber blieben leer.

Schließlich ließ der Hauseigentümer die Wohnungen bil-lig möblieren und vermietete sie tageweise an Geschäfts-reisende und Touristen. Für kurze Zeit, außerhalb der Mes-se- und Feriensaison, sah ich auch manchmal junge Damen, hörte sie neben ihren Besuchern das Treppenhaus hinauf-stöckeln. Und wieder runter. Sie blieben bald fort. Jeden

zweiten Dienstag standen im schwarz betriebenen Hinter-
haushotel die Türen in allen Stockwerken offen. Wäsche lag
im Treppenhaus. Müllsäcke und Putzmittelflaschen standen
auf den Fußabstreifern. Nur im vierten Stock blieb eine Tür
geschlossen, die von Herrn Vogel, dem Säufer. Ein Lucky-
Strike-Aufkleber pappte an seinem Klingelschild: »Bitte lachen!« Der ist doch asozial, hatte Frau Maier gesagt, bevor
sie ausgezogen war. Der war verheiratet, bis ihm die Frau
weglief, hatte Frau Kirgel mir neben dem halb beladenen
Umzugswagen anvertraut. Der säuft sich noch zu Tode, hatte Frau Becker hellsichtig gemeint und mich mit ihm allein
gelassen. Die Männer hatten nichts über ihn gesagt.

Herr Vogel fing an, schlecht zu hören. Wenn er das Radio
oder den Fernseher anstellte, dröhnten selbst die verfüh-
rerisch geflüsterten 0190-Werbespots zu mir. Das Stöhnen
der Nachtpornos, bei denen Herr Vogel seinen Rausch aus-
schlief, schreckte mich – nicht wirklich erregend – regelmäßig aus dem Schlaf.

Eines Nachmittags hatte Herr Vogel selbst für seine Verhältnisse das Radio sehr laut gestellt. Mein Schreibtisch beb-
te mit den Schlagerbässen. Männerstimmen schrien gereimt
ihre Liebeslieder zu mir empor. Frauenstimmen weinten
sirenengleich den schönen Zeiten nach. Die erste Stunde
blieb ich benommen sitzen. In der Nacht hatte Herr Vogel
seine Pistole auf meinen schwangeren Bauch gerichtet, als
ich vor seiner Tür gestanden und darum gebeten hatte, den
Porno leiser zu stellen. Ich hätte gedacht, dass er als Echo
auf das laute Stöhnen »JaJaJAA!« antworten würde, selbst
sein versoffener Humor war agil, stattdessen hatte er in Pa-
nik seine Kanone gezogen. Ich zögerte also, wieder bei ihm
zu klingeln. Hoffte, dass irgendjemand sich bei ihm melden
und beschweren würde, vielleicht ein Gast, unsichtbar, aber
nicht taub, vielleicht die Putzfrau, die außerplanmäßig vor-
beikam, oder der Hauseigentümer auf Kontrollstreife – doch

außer mir und ihm schien niemand da zu sein. Nach zwei Stunden wurde ich unruhig. Ich stellte mir vor, dass Herr Vogel, alt und krank gesoffen, mit seinem Lärm um Hilfe rief, bewegungslos am Boden liegend – ein Herzinfarkt, ein Schlaganfall, die letzte koordinierte Bewegung der Griff zum Lautstärkeregler.

Gut zwanzig Minuten klingelte, klopfte, hämmerte ich an die Tür von Herrn Vogel. Der Notarzt war schon gerufen, als Herr Vogel öffnete. Was ich ihm entgegenschrie, verstand er nicht. Am nächsten Tag kam er aus dem Krankenhaus zurück. Hörsturz, sagte er, als er vor meiner Tür stand.

Die Pornos wurden trotzdem nicht leiser. Aus unerfindlichen Gründen dachte er nicht ans Ausziehen. Nach der Geburt meiner Tochter schleppte ich jede Nacht die Matratze in die Küche, die nicht mehr direkt über seiner Wohnung lag, um wenigstens ein bisschen schlafen zu können. Die Wiege stand neben dem Herd. Es hatte sich nicht wirklich etwas geändert, aber jeden Morgen lag eine *B. Z.* des Vortages mit gelöstem Kreuzworträtsel auf meinem Fußabstreifer. Herr Vogel wusste, wie der Fluss mit sechs Buchstaben hieß, er knackte alle Lösungswörter.

Die Putzkolonne war schon lang nicht mehr im Haus gewesen, nicht nur die Tür des Säufers Vogel blieb geschlossen. In der Nacht war ich aufgewacht, selbst in der Küche drang Stöhnen zu mir hoch, die Werbung sogar lauter. Gegen Morgen penetrant fiepsige Zeichentrickfilmstimmen und dann in gleicher Lautstärke das gut gelaunte Frühstücksfernsehen. Vor meiner Tür lag keine Zeitung. Vier Tage lebte ich in einer Klanghölle, selbst das Geschrei des Babys fügte sich klaglosklagend in die Daily-Soap-Operas, die ohne Bild von unten zu mir dröhnten. Durchhalten, sagte ich zum Kind. Zuversichtlich verbarrikadierten wir uns in der Küche.

An einem Dienstag brach die Polizei bei ihm die Tür auf. Es wurde ruhig, allein die Stimme meiner schreienden

Tochter war im Treppenhaus zu hören. Die Geschäftsleute arbeiteten tagsüber und schliefen nachts erschöpft, die Feriensaison hatte noch nicht begonnen. Meinem Nachmieter konnte ich auf die Frage, ob es hier immer so ruhig sei, guten Gewissens mit »Ja« antworten. Das ist das ruhigste Mietshaus in Ost-Berlin. Herrn Vogels Fernseher, der nur kurz bei uns im Hof stand, hat mir jemand, der wohl nicht im Haus wohnte, vor der Nase weggeschnappt.

Florian Illies

DIE
HAUPTSTADT
BRUMMT

**in Bärengehege Unter den Linden, Politiker im Bärenkostüm – Berlin könnte mehr machen aus seinem Wahrzeichen, findet Florian Illies.**

Berlin 567 Kilometer. Und daneben ein Bär, der ungelenk die Tatze zum Gruß erhebt, das Ganze gemeißelt in einen grauen, sehr hässlichen Stein. Das war für 18 Jahre mein Bild von Berlin, wobei mir immer nicht klar war, ob ich daraus eigentlich lernen sollte, dass die Stadt mir näher war als ich dachte, oder ferner, und was ich nun aus dem Bären lernen sollte, war völlig nebulös – ihm persönlich jedenfalls war es nicht zuzutrauen, die 567 Kilometer tapsend zurückzulegen. Ob die Tafel also doch eine Warnung war? Zumal zwischen uns und Berlin damals noch die DDR lag und sich deshalb die Entfernung von 567 Kilometer durch bloßes Nachdenken gerne einmal auf etwa 567 000 Kilometer ausdehnte.

Nach Überwindung dieser 567 000 Kilometer fand ich den Bären in Berlin nur in sehr traurigem Aggregatzustand vor: als Maskottchen der grandios gescheiterten Olympia-Bewerbung, auf T-Shirts im Souvenirshop, die dermaßen hässlich waren, dass man sie noch nicht einmal als Parodie tragen konnte, und dann: als armes Geschöpf im Zwinger am Köllnischen Park. Das ist der offizielle Wappentier-

Zwinger der Stadt, und es ist ein bemerkenswerter Umstand, dass eine Stadt ihre Wappentiere einsperren muss, damit sie nicht weglaufen. Wahrscheinlich würden sie nach geglückter Flucht sofort versuchen, eine neue Identität anzunehmen – wer will schon freiwillig »Thilo« heißen oder »Schnute«. Der Verhaltensforscher Cord Riechelmann bilanzierte im Bärentest der Berliner *FAZ*-Seiten, das Verhalten der Bären erinnere mit dem nervösen Zucken leider an die typischen zirkusdebilen Hospitalismen von Dressurtieren. Na, bravo. Da hatte der Bär im Stadtwappen also alles überstanden, die jahrhundertelange Herrschaft der Hohenzollern, die Nazizeit, die deutsche Teilung und selbst die Wiedervereinigung, und nun das: debil! Ist ja schön und gut, wenn man zeigen will, dass der Mythos lebt, aber so? Und das alles nur, weil man im Jahre 1937 einem Leserbriefschreiber in der *B. Z. am Mittag* einen Gefallen tun wollte, der ultimativ forderte: »700 Jahre tanzt nun der Berliner Bär, und die Berliner sind immer stolz gewesen auf ihr braves Wappentier, wir Berliner wollen jetzt aber was Lebendiges, einen richtigen, lebendigen, brummenden, tanzenden, schönen Petz, dem wir Zucker geben können.«

Weil aber immer noch aus den deutschen Landen die Menschen in die ferne Hauptstadt kommen und man wohl Sorge hat, sie würden sonst nicht wissen, dass sie in Berlin sind, wurde jetzt beschlossen, die Touristenspaziermeile Unter den Linden zum Gatter für Bären zu machen, die nicht brummen können. Damit diese erst gar nicht weglaufen können und auch nicht debil werden, was schlecht wäre fürs Image, ist die Stadt dazu übergegangen, dort Bären als Kunstwerke aufzustellen, beziehungsweise eher das, was in der Verwaltung der Stadt von Schnute und Thilo für Kunst gehalten wird. Es begann mit einer Parade unzähliger kniehoher bunter Bären aus den Händen von Otmar Hörl, die so hässlich waren, dass man sie am Ende für einen guten

Zweck versteigern musste – die eleganteste Entsorgungs-
methode unserer toleranten Zeit. Kaum waren sie weg und
auch ihr Schnute-Titel »Berlin-Bärlin«, drohte neues Unge-
mach: diesmal von der Schnute-Firma Bully Bär Berlin. Jetzt
waren die Bären doppelt so groß, bunt bemalt und machten
Verrenkungen. Wie weit es bis Berlin ist, sagen sie nicht. Sie
standen auf dem Kiesstreifen Unter den Linden, obwohl sie
angesichts der eigenen Kriegsbemalung eigentlich sofort vor
Scham im Boden versinken müssten. So hängen sie unter-
irdisch hässlich oberirdisch herum und werden von all den
Touristen fotografiert, die orientierungslos umherirren und
plötzlich diese Bären sehen und sich dann sagen können:
Huch, ich bin ja in Berlin! Doch das ist alles nur der Anfang.
Angeblich tragen ab sofort auch alle Berliner Lokalpolitiker
tagsüber Bärenkostüme, damit in der Tagesschau die Leute
draußen im Lande klar erkennen können, woher sie kommen. Und der neue Flughafen soll, wie eine Expertenkom-
mission bald beschließen wird, Bärport Berlin heißen. Das
ist dann der Moment, in dem der Regierende Bürgermeister
bekannt geben muss, dass er wegen der finanziellen Notlage
die Stadt Berlin bereits vor Jahren an Haribo verkauft hat.

Henryk M. Broder

MITTWOCH
IST IMMER
DAMENTAG

D ie deutsche Teilung hatte auch ihre guten Seiten. Vielleicht konnte »Clärchens Ballhaus«
nur so überleben, im veränderungsresistenten
Biotop der DDR. Ein Ortstermin von Henryk
M. Broder kurz nach der Wende.

Die deutsche Teilung hat auch ihre guten Seiten gehabt. Wie
in einem großen Naturreservat, das von Zivilisationskrankheiten verschont wurde, haben sich im Osten des Landes
Begriffe, Gewohnheiten und Einrichtungen erhalten, die
im Westen vom Fortschritt überrollt wurden. Der Besucher
staunt über die endlosen Baumalleen mit holperigem Kopfsteinpflaster, lächelt über Begriffe wie »Speisegaststätte« und
»Sättigungsbeilage«, freut sich über wuchernde Grünflächen,
die noch nicht in Park- und Campingplätze umgewandelt
wurden. Und mitten in diesem Biotop, das seine relative Unversehrtheit der Armut seiner Verwalter verdankt, entdeckt
er Räume, Plätze, Orte, die ihm bekannt vorkommen, ohne
daß er sie je betreten hätte. Szenen aus einem alten Film
oder verschwommene Kindheitserinnerungen, die ihm
dieses seltsame Gefühl von einem Déjà-vu vermittelt? Hier
sieht es ja aus wie in Zakopane im Jahre 1949! Oder wie in
Gummersbach ein Jahr später! Dabei sind wir in Berlin Ost
und schreiben das Jahr 1991.

Das Tapetenhaus Gebr. Untermann in der Auguststr. 26 war vor dem Krieg ein gutgehendes, mittelständisches Unternehmen. Nun sieht die Fassade des Hauses aus, als würden sich die Einwohner nicht aus dem Luftschutzkeller trauen, weil die Bomber jeden Moment wieder am Himmel auftauchen könnten. Der Putz ist abgeblättert, das Mauerwerk bröselt vor sich hin – seit nunmehr über 40 Jahren.

Doch gleich nebenan, in der Nummer 24 / 25, blüht neues Leben aus den Ruinen. Zwei lange Lampenketten leuchten das Grundstück aus und weisen den Weg zu einem Lokal, über dessen Eingangstür Amor mit Pfeil und Bogen schwebt. Unter dem Firmenzeichen der Schultheiss-Brauerei steht der Name des Etablissements: Clärchens Ballhaus. Darunter leuchten zwei rote Herzen, leicht ineinander verkeilt. »Dienstag–Samstag ab 19.30« heißt die Botschaft, die sie symbolträchtig verkünden. Hat man den kräftig gebauten, aber durchaus freundlichen Herrn an der ersten Tür passiert, danach Hut und Mantel, wie in der Ex-DDR üblich, an der Garderobe abgegeben und an der Kasse eine Eintrittskarte gekauft, betritt man einen großen, spärlich beleuchteten Raum, wie ihn nur ein sehr begabter Architekt für einen Film über das Vorkriegsberlin rekonstruiert haben kann. Alles paßt bestens zusammen: der Parkettfußboden und die holzverkleideten Wände, die kleinen Tische mit den weißen Damastdecken und die alten Kaffeehausstühle, die nach Zille-Motiven gemalten Bilder, die überall im Lokal hängen, der wuchtige Holzschrank für leere Gläser und volle Flaschen hinter dem Tresen, das gedämpfte Licht, das eine Stimmung erzeugt, für die das Wörterbuch den Begriff »gemütlich« zwingend vorschreibt. Es ist Mittwoch und Damentag in Clärchens Ballhaus, die weiblichen Gäste fordern die männlichen zum Tanz auf. Dummerweise läuft gerade das Endspiel um den Europapokal. So kommt es, daß weit mehr Damen als Herren bei Clärchen versammelt sind. Die

Damen wissen sich zu helfen: Statt auf die Herren zu warten, begeben sie sich miteinander paarweise auf die Tanzfläche. Clärchens Ballhaus ist sowohl das einzige wie das letzte Etablissement seiner Art in ganz Berlin. Gegründet wurde es im Jahre 1898 vom kaiserlichen Mundschenk, der es bald darauf an einen Herrn namens Bühler verkaufte. »Bühlers Ballhaus«, wie es fortan hieß, wurde schnell zu einem Begriff im Berliner Nachtleben. Herr Bühler heiratete Clara Habermann, die nach dem Tode ihres Mannes das Lokal übernahm. Am 13. September 1913 wurde das Lokal als »Clärchens Ballhaus« neu eröffnet. Seitdem trägt es diesen Namen. Clara Bühler, geb. Habermann, starb Anfang 1971. »Clärchen hat alles überstanden«, sagt ihr Enkel Stefan Wolff, der nun zusammen mit seiner Frau Monika das Ballhaus seit April 1990 führt, »den Kaiser, den Ersten Weltkrieg, die Weimarer Republik, die Inflation, den Zweiten Weltkrieg, dann als Kompott oben drauf noch den Kommunismus.« Die Nachkommen der Gründer sind stolz, »daß wir es geschafft haben, immer privat zu bleiben, das war nicht einfach, jeder Geschäftsmann aus dem Westen hätte unter den Bedingungen aufgegeben und wäre weggerannt, man hat uns keine Kredite gewährt, man hat uns drangsaliert, wo es nur ging, wir haben Steuerprüfungen gehabt, die hätte kein HO-Betrieb überlebt ...« Wenn Stefan und Monika Wolff von den Strapazen in den vergangenen DDR-Tagen erzählen, dann geht es nicht nur um die Schikanen der Behörden, den Kampf gegen die jederzeit drohende Enteignung oder den Abriß des Hauses im Zuge der Sanierungsmaßnahmen; das größte Problem »waren die Kubaner«. Die wurden in die DDR geholt, »um hier zu arbeiten, und dann haben sie sich aufgeführt, als wenn sie die Hausherren und wir die Gäste gewesen wären«. Frauen wurden angepöbelt, Männer verprügelt, »sechs Kubaner auf einen Deutschen und so«, bis es den Wolffs zu toll wurde, und sie die nicht mehr reingelassen

haben, »um die Sicherheit unserer Gäste zu garantieren«.
Relativ unproblematisch sind dagegen »die türkischen Gäste,
da sind welche dabei, die schon seit 15, 20 Jahren zu uns
kommen«. Schon vor dem Fall der Mauer war das Ballhaus
unter den Türken in West-Berlin ein Geheimtip. »Die sind
bei uns immer gut behandelt worden, die haben irgendwo
schwarz getauscht, 50 Mark zu einem Wahnsinnskurs, und
haben hier den ganzen Abend gelebt wie Gott in Frankreich.« Ein Bier hat 56 DDR-Pfennig gekostet, ein doppelter
Wodka 1,54 DDR-Mark. »Es gab nur mal Probleme mit jüngeren Türken, so daß wir jetzt nur die Türken reinlassen, die
wir kennen und die sich an unser deutsches Niveau halten.
Wir wollen hier ja keinen Basar haben.« Manche deutschen
Gäste würden sich umdrehen und gehen, wenn zu viele
Türken im Lokal wären. »Ist ja auch nicht richtig, die sind ja
Menschen wie wir, man muß versuchen, da einen Weg zu
finden. Und die, die wir schon lange kennen, die dürfen rein,
da haben wir nichts gegen.« Ein Lokal wäre immer so gut wie
sein Publikum.

Clärchens Ballhaus war immer ein Treffpunkt »der älteren
Jugend«. Lag der Altersdurchschnitt noch in den sechziger
und siebziger Jahren bei Ende 40, Anfang 50, so ist er inzwischen um zehn Jahre zurückgegangen. Ein 30jähriger
würde nicht mehr auffallen. Sonst freilich hat sich an der
Zusammensetzung des Publikums wenig geändert. »Nach
dem Fall der Mauer dachten wir: jetzt werden wir hier einen Westboom bekommen, aber der blieb aus.« Nur fünf
bis zehn Prozent der Gäste kommen aus dem Westteil der
Stadt. Und man würde sie sofort erkennen. »Nicht an der
Kleidung, sondern am Benehmen, an der Art. Es sind viele
nette darunter, aber sehr viele sind auch überheblich und
treten auf, als wollten sie sagen: Ihr armen Ossies, wir werden euch erst mal Kultur beibringen. Als wenn wir hier Hin-
terwäldler wären.« Nach der Währungsunion im Sommer 90

gab es eine kleine Flaute. Da sind viele Stammgäste erst mal weggeblieben. »Die haben sich im Westen umgesehen, sind mal ins Café Keese gegangen, aber inzwischen sind sie alle wieder da. Die kommen und sagen: ›Bei Clärchen ist es doch am schönsten.‹ Die Leute kennen sich untereinander, viele Paare haben sich hier kennengelernt, später geheiratet, so was verbindet die mit uns.« Und außerdem: »Die Mauer ist weg, aber eine unsichtbare Grenze gibt es weiter. Die Leute aus dem Osten bleiben gerne unter sich. Und die im Westen genauso.«

320 Plätze gibt es in Clärchens Ballhaus, auf über 500 Quadratmeter verteilt. An einem Samstagabend könnten schon mal 400 Gäste im Lokal sein, der Rekord liegt bei 680 Besuchern. »Je voller es ist, desto mehr wollen rein. Und wenn es leer ist, kommt keiner.« An den schwachen Tagen kostet der Eintritt 3,10 Mark, am Mittwoch, Freitag und Samstag 4,60 Mark. Damit wird die Hausband »Palermo« finanziert. Die Getränkepreise sind äußerst zivil. Eine Flasche Wein gibt es schon ab 13 Mark, ein Bier kostet 1,41 Mark. An einer Imbißtheke gibt's Buletten, Bratwürste und Rollmöpse, seit kurzem auch Mini-Pizzas und Cheeseburger aus dem Mikrowellenherd. »Gästemäßig kommen alle Schichten zu uns«, sagt Monika Wolff, »aber wir sind schon immer für den einfachen Arbeiter dagewesen, auch heute noch, die kommen in der Mehrzahl zu uns.« Und ihr Mann Stefan: »Die kleinen Leute müssen auch einen Platz haben, wo sie hingehen können, wo sie sich wohl fühlen.«

»Die kommen, um zu tanzen, um sich zu amüsieren, manche kommen direkt von der Arbeit hierher.« Deswegen gibt es auch keine Kleiderordnung bei Clärchen, »nur am Wochenende legen wir Wert darauf, daß die Gäste mit 'nem richtigen Oberhemd und 'ner vernünftigen Hose kommen«, aber auch dann wird niemand zurückgeschickt, der kein Sakko oder keine Krawatte anhat.

Stefan und Monika teilen sich die Arbeit im Ballhaus. Er, gelernter Maschinenbauer, steht hinter dem Biertresen. Sie hat mal in einem medizinischen Labor gearbeitet. Beide haben, bevor sie das Lokal übernahmen, eine Ausbildung zum Kellner-Facharbeiter beziehungsweise Gaststättenleiter gemacht, Frau Wolff obendrein noch einen »Barschein«. »International gültig«, wie sie betont. Nun steht sie an der Cocktailbar und mixt unter anderem die »Grüne Wiese«, Curaçao mit Orangensaft und Sekt, einen vor allem bei Damen sehr beliebten Drink. Außerdem ist sie für die Betreuung der Stammgäste zuständig. Viele kennt sie beim Vornamen. Zum Beispiel Inge, die seit Jahren regelmäßig einmal in der Woche in Clärchens Ballhaus kommt.

Inge hat ihren Stammplatz an einem Tisch in der Weinstube, einem separaten Teil des Lokals, von wo aus man die Tanzfläche gut überschauen kann. Sie wohnt am Prenzlauer Berg, ist Besitzerin zweier Mietshäuser und verwaltet für andere Hausbesitzer etwa 50 Wohnungen in Ost-Berlin. Davon wird sie nicht reich, aber sie kommt gut über die Runden. Über ihr Alter will sie keine genauen Angaben machen. »Sagen wir mal: um die 75.« Vor zehn Jahren ist ihr Mann gestorben. Als sie die ersten Male herkam, »da war die ganze Familie in Aufregung, Mutter geht tanzen zu Clärchen! Ich war 40 Jahre verheiratet und bin nie ohne meinen Mann ausgegangen. Aber was sollte ich machen, wenn der Mann so rucki-zucki auf einmal wegbleibt?«

Inge hat eine Flasche Oppenheimer Krötenbrunnen und eine Packung Camel Filter vor sich auf dem Tisch. Die kurze Dauerwelle ist frisch, die Chiffonbluse neu. »Vor zehn Jahren hab' ich noch flott mitgemacht«, sagt sie, während sie die Paare auf der Tanzfläche mustert, »ich tanze gerne, es kribbelt mich immer noch, aber ich trau' mich nicht mehr, hab' keinen Mut.« – Sie bleibt bis eins, halb zwei, dann fährt sie mit einem Taxi nach Hause. Vieles hat sich geändert, meint sie. »Früher kamen die Bauarbeiter hierher, die aus der ganzen DDR nach Berlin geholt wurden. Da war am Mittwoch Remmidemmi, die haben sich ausgetobt, bevor sie am Wochenende wieder nach Hause zu ihren Familien fuhren. Das waren nette Burschen, spendabel und einwandfrei höflich.« Einwandfrei, das ist Inges Lieblingswort, wenn ihr etwas gefällt, einwandfrei war auch die Vier-Mann-Kapelle, die noch richtige Musik spielte, Tango, Walzer. »Nicht so ein Gebumse wie jetzt.« Nein, es ist nicht mehr so wie früher, aber wo soll man als alleinstehende Frau hin?

Inge zahlt zweimal 15 Mark für das Taxi für die Fahrt zum Ballhaus und zurück zum Prenzlauer Berg, die öffentlichen Verkehrsmittel sind ihr zu unsicher geworden, 20 Mark gibt sie für eine Flasche Wein aus, manchmal gönnt sie sich noch ein Glas Sekt extra. Vorher geht sie zum Friseur und läßt ihre Frisur nachbessern, macht noch einmal 20 Mark. Alles in allem kostet sie ein Abend bei Clärchen 70–80 Mark. Und obwohl es nicht mehr so schön ist wie früher und sie sich nur noch ganz selten auf die Tanzfläche traut, ist ihr der Spaß das Geld wert. »Den Rest der Woche sitze ich dann abends zu Hause.« Hanna, die am Nebentisch sitzt, wurde vor 13 Jahren nach 20 Jahren Ehe geschieden. »Danach dachte ich, ich hätte meinen Mann behalten sollen. Er war nicht der schlechteste. Nun ist er tot.« Bald nach ihrer Scheidung hat sie bei Clärchen »einen getroffen, mit dem war ich ein Jahr zusammen, das hat mir dann gereicht«. Jetzt kommt sie nur noch, »um zu tanzen, aber es kann mal sein, ein bißchen Hoffnung hat man immer, daß ich noch mal einen finde«. Die pensionierte Kindergärtnerin mit der superblonden Frisur im Stil der fünfziger Jahre wohnt allein in Marzahn, vor »drei oder vier Wochen hab ich einen Herrn kennengelernt, der hat gut getanzt, er wohnte sogar bei mir in der Nähe und wollte mich mit seinem Wagen nach Hause fahren. Ich hab' es mir vermasselt, bin einfach gegangen.«

Nun fixiert sie »den grauhaarigen Herrn da mit dem Bart«, der drei Tische weiter sitzt, »mal schauen, ob er mir einen Korb gibt«. Er gibt ihr keinen Korb, schon nach einem Tanz kommt Hanna zurück, steckt ihre Zigaretten ein und will sich auf den Heimweg machen. Wie war der Herr? »Ich weiß nicht, freundlich und nett, aber jetzt muß ich gehen, sonst verpass' ich die letzte U-Bahn.« Nächste Woche will sie wiederkommen. »Das ist die einzige Gaststätte, wo man sich als alter Mensch wohl fühlen kann.«

Regina gehört mit 45 Jahren zu den jüngeren Gästen bei Clärchen. Dafür war sie schon viermal verheiratet. Sie sitzt vor einer Flasche Kröver Nacktarsch und denkt laut: »Vor der Wende war hier mehr los, die Leute waren auch irgendwie anders. Die Männer hier sind entweder verheiratet oder geschieden, wenn man Glück hat, bleibt man an einem hängen.« Ihren ersten Mann hat sie bei Clärchen getroffen, sie war drei Jahre mit ihm verheiratet. Den zweiten lernte sie auch bei Clärchen kennen, die Ehe hielt ein halbes Jahr. Ihr dritter Mann sprach sie vor dem Eingang an, die Ehe dauerte drei Monate. Ehemann Nr. 4 trat am Müggelseestrand in ihr Leben. Nach einem halben Jahr reichte sie die Scheidung ein. Allen Erfahrungen zum Trotz will sie wieder heiraten. »Vielleicht klappt es, wenn ich den richtigen treffe.« Sie hat eine 16jährige Tochter, zwei Berufsabschlüsse, einen als Konditormeister und einen als Fleischergeselle, und arbeitet als Hilfskraft in der Werkskantine von AEG in West-Berlin. Auch Regina kehrt an diesem Abend allein in ihre Wohnung in Hellersdorf zurück.

»Am Mittwoch haben wir hier viele Einzelgänger«, sagt Stefan Wolff, »an den anderen Tagen kommen meist Paare.« Auf den ersten Blick unterscheidet sich Clärchens Ballhaus, von der Einrichtung abgesehen, nicht sehr von einer Disco. Die Musik der »Palermo«-Band klingt, als käme sie vom Band, über der Bühne kreisen Spiegelkugeln und reflektieren das Licht der Spotlights an die Decke. Die Gäste sind anders, tragen keine Lacoste-Hemden, keine Armani-Hosen und keine Gucci-Schuhe. Es sind wirklich die sprichwörtlich kleinen Leute, die sich nie in einen New-Wave-Laden verlaufen würden, die hier unter sich sind. Sie bewegen sich über die Tanzfläche, wie es die allgemeinen Benimm-Regeln bestimmen beziehungsweise die Variationen der Vertrautheit erlauben: mit staksigen Schritten und ausgestreckten Armen die einen, Wange an Wange und in enger Umarmung die anderen. Und wo der Herr die führende Hand von der Taille seiner Partnerin auf deren Gesäß sinken läßt, kann man davon ausgehen, daß die beiden schon mal miteinander getanzt haben. In jedem Falle begleitet er sie nach dem Tanz an ihren Platz zurück und bedankt sich mit einer Verbeugung.

Woran erinnern einen diese Bilder eigentlich? Wo hat man sie schon mal gesehen? – Richtig, Heinrich Zille war's, der hat hier seine Milieustudien betrieben. Der Tisch, an dem Zille saß und zeichnete, steht noch immer an derselben Stelle: gegenüber dem Biertresen, hinter einer Säule, von wo aus er den Saal einigermaßen ungestört überblicken konnte.

Allerdings, das ist nur die eine Seite von Clärchens Ballhaus. An die andere kann sich niemand mehr erinnern. Über dem großen Saal zu ebener Erde gibt es in ersten Stock noch einen, etwa halb so großen. Bis 1944 wurde in beiden Sälen getanzt und getrunken. »Dann fiel eine Sprengbombe oben rein, hat's aber nicht geschafft, nach unten durchzukommen. Da können Sie mal sehen, wie gut die Häuser gebaut waren.« Oben war der Tanzsaal für die gehobene Klasse, für das bürgerliche Publikum, das sich mit den Proletariern unten nicht mischen wollte, »die etwas besseren Leute oder die sich etwas besser fühlten, die waren unter sich«. Das Loch, das die Bombe gerissen hatte, wurde notdürftig geflickt, der dunkle Raum ist mit allerlei Gerümpel vollgestellt, vermittelt aber auch als Ruine noch immer einen Eindruck von der alten Pracht. An der Decke sind Reste der Stuckarbeiten zu sehen, das barocke Werk, das der Steinmetz über der Tür angebracht hat, ist gut erhalten geblieben, den schweren Kristall-Leuchter in der Mitte des quadratischen Raumes muß man sich vorstellen. Vor dem Ersten Weltkrieg diente der Raum schlagenden Verbindungen als Paukboden. Dann wurde Pappe ausgelegt, »damit das Parkett vom tropfenden Blut nicht versaut wurde«. Es gibt einen separaten Aufgang, den Speiseaufzug, der die Bestellungen aus der Küche in den ersten Stock beförderte, könnte man wieder reaktivieren. »Wenn das Geschäft unten gut läuft«, sagt Stefan Wolff, »wenn die Leute wieder Arbeit haben und richtig Lust auf Ausgehen, dann werden wir auch oben ausbauen.« Einen Kostenvoranschlag hat er schon eingeholt. Rund eine Million Mark würde es kosten, den Saal so zu restaurieren, wie er mal war, grade so viel, wie die Wolffs im Jahr an Umsatz haben. Die Preise erhöhen, das geht nicht, es würde die Leute vergraulen. Einen Kredit aufzunehmen, trauen sie sich nicht. Es würde sie zu sehr belasten. Und einen Partner mit Geld beteiligen, das wollen sie nicht. Clärchens Ballhaus soll ein Familienbetrieb bleiben. »Unsere Gäste kommen und sagen: Macht hier bloß nicht eine Schicki-Micki-Kneipe draus, laßt alles so, wie es ist, ändert nichts. Laßt uns unser Clärchen.« Letztes Jahr wurde das Lokal renoviert. Die Wände wurden gestrichen, die Toiletten erneuert, ein paar Topfpflanzen mehr aufgestellt. Während der Arbeiten ging der Betrieb weiter. »Wir werden auf keinen Fall modernisieren«, sagen die Wolffs, »alt und sauber, das ist unsere Devise. Es kann alt sein, aber es muß sauber sein.«

Helge Timmerberg

DIE GEGENWELT

J ahrzehntelang war West-Berlin das Mekka bundes-
deutscher Aussteiger. Das neue Berlin fährt ohne sie
ab, schreibt Helge Timmerberg 1992 über das Ende
eines Soziotops.

Berlin mochte ich nicht, und die Stadt mochte mich nicht,
was meiner Meinung nach damit zu tun hat, daß die Berliner
mehr als andere zu einem Leben in Sekten tendieren. Über-
spitzt könnte man sagen, daß ganz Berlin eine Sekte ist, was
die Haltung des typischen Berliners gegenüber dem Rest der
Welt betrifft, und innerberlinerisch stößt der Besucher permanent auf jene unsichtbaren Mauern, mit denen sich jede
Gruppe und Untergruppe von den anderen abzugrenzen
bemüht. Bedauerlicher- oder besser beachtlicherweise hat
sich gerade das Aushängeschild der Berliner Lebensart, die
alternative Szene, der Underground, die Gegenwelt, mit solchen Mauern umgeben, was einen im Journalismus tätigen
Anarchisten besonders bedrückt, beengt und mißfällt.

Das war einer der Gründe meiner anfänglich beträcht-
lichen Zweifel an dieser Geschichte. Außerdem war das
Wetter schlecht. Es regnete zwar nicht ununterbrochen, für
einen Sommermonat aber entschieden zu viel und auch zu
heftig, ein sibirischer Wind pfiff um sämtliche Ecken, und
einmal hagelte es sogar.

Wir waren in einem Stadtteil namens Kreuzberg, als es

zu hageln begann, auf einem Platz, über den, vor so langer Zeit nun auch wieder nicht, noch die Todeszone verlief. Auf diesem Platz standen schrottreife Mannschaftstransportwagen der ehemaligen DDR-Volksarmee sowie schrottreife Busse des ehemaligen DDR-Nahverkehrs sowie schrottreife Lastwagen aller Art, und darin wohnten Menschen mit grünen, violetten und feuerroten Haaren, und viele hatten ihre Ohren und Nasen mit Ringen durchstochen.

Zwei von den Bewohnern dieser Wagenburg lernten wir näher kennen. Sie hießen »du kannst mich Manni nennen« und »spielt keene Rolle, wa«, und sie waren gerade erst eingezogen. Ihr Mannschaftstransportwagen war von daher noch nicht eingerichtet, von den zwei Decken, dem bierdeckelgroßen Transistorradio und dieser eingebauten Abstellfläche mal abgesehen, auf der das Glas mit den Rollmöpsen und der Apfelsinensaft standen. Der, den ich »Manni« nennen kann, trug eine schwarze Lederhose, eine schwarze Lederweste, schwarze, mit Metall besetzte Armbänder aus demselben Material, verschiedene Tätowierungen und für sein Alter (ich schätzte ihn auf höchstens 30) auffallend wenig Zähne, und er offenbarte sich ziemlich schnell und ohne jegliche Scham als jemand, dem der Alkohol das Leben diktiert. »Spielt keene Rolle, wa« erklärte dagegen seine Wohn- und Mittellosigkeit philosophisch, und er widmete sich, um es zu präzisieren, jener uralten und kulturübergreifenden geisteswissenschaftlichen Disziplin, deren ewiges Credo sich leicht in einem Satz zusammenfassen läßt: »Det Tun liegt im Nichtstun, wa.«

Ich weiß, daß es Leute gibt, die nicht an das glauben, was schwarz auf weiß gedruckt wird, aber es stimmt: Ich fand Diogenes in einem nicht mehr mobilen Mannschaftswagen eines nicht mehr real existierenden Systems. Er saß mit angezogenen Knien an dem grünlackierten Blech, hinten, im Innenraum des Wagens, und er sah durch die große, weitgeöffnete Rückklappe auf eine Welt, die ich bisher nur aus Mad-Max-Filmen gekannt hatte. Menschliches Leben im Schrott einer toten Zivilisation. Und hinter der tristen Wagenburg der Überlebenden türmten sich die grauen Fassaden abbruchreifer Häuserblocks in einen düsteren, mit schweren Gewitterwolken verhangenen Himmel über Berlin.

Und »spielt keene Rolle, wa« begann zu reden. »Nun sieh dir diese Wolken an. Hast du sowat schon mal jesehn? Det is doch nich normal, wa. Ick kann ma jedenfalls nich erinnern, dat ick als Kind jemals solche Wolken jesehn hab. Sie haben die Welt kaputtjemacht, Alter. Da kann man nischt machen, wa. Und ick mach och nischt. Für wen denn? Biste schon mal morgens um sechs mit der U-Bahn zu 'ner Fabrik jefahrn. Wofür? Damit ick ma 'ne Karre kofen kann? Det sind doch allet arme Irre, wa. Nee, ick mach nischt, gar nischt. Und geh mir doch bitte mal aus dem Regenbogen, wa.«

Und tatsächlich war im Osten an einigen Stellen der Himmel aufgegangen und ließ die Sonne durch, und der ewig Ungenannte malte einen Regenbogen in die Welt, der allerdings nicht in Kreuzberg begann und auch nicht am Prenzlauer Berg wieder herunterging. Das ist ein Medienirrtum der frühen neunziger Jahre.

Denn die Szene ist ein auslaufendes Modell, ganz allgemein und im Westen nichts Neues. Im Jahrzehnterhythmus brachen sich die Wellen der großen 68er Bewußtseinsrevolution. Die Hippies, Anarchos, Spaßguerillas starben Mitte der Siebziger, die Punks, Spontis, Stadtindianer Mitte der Achtziger, die Autonomen, Hausbesetzer und jungen Wilden mit dem Beginn dieses Jahrzehnts. In Hamburg steht noch ein Denkmal an der Hafenstraße, und das war's. Kein Grund zum Jammern. Das ist Leben. Ein ständiger Fluß, und wenn sich die Welt verändert, müssen es auch die Gegenwelten tun. Nur in Berlin nicht. Berlin blieb Berlin. Die abgestellte Metropole. Innovationslose Wirtschaft, inzestuöser

Handel, wenig Wandel, und so wurde diese Stadt zum klassischen Eldorado für Philosophen, solche, die es gerne sein wollten, und alle, die es billig brauchten. Und Kreuzberg? Als ich noch ein Junge war, klein und einfach strukturiert, stellte ich mir das Ende der Welt manchmal so vor: Ruinen, Hinterhöfe und dann plötzlich eine Mauer. Das war Kreuzberg. Niemandsland. Die letzte zollfreie Insel der alternativen Schlachter, der »Frauenbanden gegen den Sexismus«, der Junkies mit und ohne Hund, der besetzten Besetzer, der Genies. Das Café Anal, der tanzende Tresorraum, die besten Graffiti, verkiffte Kleinkunst, schwarze Sterne, Anarchie. Dieser Welt hätte die Mauer nicht weggenommen werden dürfen. Sie war ihr Schutz vor dem Kapital, das jetzt auch die letzte Nische der Gegenwelt übernehmen wird, es sei denn, der Senat erlaubte sich eine geradezu exquisite und weltweit einmalige städteplanerische Idee. Einen Szenenzoo in der neuen Mitte von Großberlin.

Wahrscheinlich aber wird es dazu nicht kommen. Aus dem Westen fallen bereits die Yuppies ein und all meine Kollegen, die eine Woche nach dem Fall der Mauer beschlossen, ihre Agenturen, Fotostudios und Textcomputer an die Spree zu verlegen, bevor sie das Leben bestraft, und aus dem Osten kommt es noch ärger. Sie nennen sich Skins, und sie sind schlimmer als die Orks aus Tolkiens dreibändigem Zyklus *Der Herr der Ringe*. Zu einem Großangriff auf Kreuzberg haben sie sich bisher noch nicht entschließen können, denn die Autonomen sind zu wehrhaft, aber nachts, wenn alle Freaks grau sind, ziehen sie in kleinen Gruppen, Wolfsrudeln gleich, über die Todeszone von ehedem, und darum haben der, den ich »Manni« nennen kann und »spielt keene Rolle, wa« ein scharfgeschliffenes Beil in ihrem Mannschaftswagen, und ein großer, brauner Hund paßt auf, wenn nach Mitternacht die Zombies und die Glatzen um ihre Wagenburg schleichen.

Kurz: Der Engel ist weg.

Diese, etwas andere, Erklärung zur Verdüsterung des Regenbogens habe ich von Biggi. Eine großartige Frau. Sie hat etwas von Cher, das lange, volle, schwarze Haar und die Wangenknochen, sie hat drei Harley-Davidsons, sieben Samurai-Schwerter, davon eines aus Holz, drei Kinder und ein vehement zutrauliches Meerschweinchen in ihrer Küche. Von Beruf ist sie anthroposophische Kindergärtnerin, und die Geschichte mit dem Engel hat sie in einem Buch von Rudolf Steiner gelesen, der der Meinung gewesen ist, daß Mächte aus anderen, höheren Welten über Berlin wachen. Noch interessanter allerdings findet sie die Aussagen eines gewissen Herrn Lorber, der in einschlägigen Kreisen für die Weiterentwicklung der Sonnenmedizin bekannt ist. »Es gibt sieben große Chakras auf der Erde«, schrieb Lorber, »sieben Orte, die Energiezentren sind. Und einer davon ist bewohnt.« Berlin. Wie Biggi sagt, das Chakra des Lernens, und wie ihr Mann meint, geht es in Berlin vornehmlich darum, das Leiden zu lernen.

Biggis Mann ist Biker, und wenn wir ganz ehrlich sind, gehören ihm die drei Harleys der Familie. Er heißt Henry und sieht ebenfalls sehr gut aus. Er trägt sein Leder, als wäre es ihm angewachsen (was gar nicht so unwahrscheinlich ist), er hat einen schwarzen, langen, fast bis zur Hüfte reichenden Zopf, und sein Bart sieht chinesisch, nein, mongolisch, nein, tatarisch aus. Zu Biggi und Henry flüchtete ich in den Abendstunden, wenn mir die Kreuzberger Kälte alle Kraft aus den Knochen gesogen hatte. Wundersame Stunden des Redens und Rauchens waren es, die mich die Arbeit vergessen ließen, obschon mir bald der Verdacht kam, daß bei ihnen die eigentliche Arbeit erst begann. Denn die Gegenwelt, die zu erforschen mir aufgetragen war, entfaltete sich in Biggis Küche in ihrer alten, ja fast schon legendären Kraft, und die Essenz dieser Kraft war, ist und bleibt die reine Schwerelosigkeit.

Es lebt sich leichter ohne Mauern. Ich sprach anfangs davon. Wo immer ein Berliner Szenemensch so etwas wie Identität gefunden hat, grenzt er sich ab, als wäre der Schrebergarten das Ziel allen revolutionären Strebens. Die Leute aus der Wagenburg zum Beispiel würden niemals in die mit alternativen Cafés besetzte Ohlauer Straße gehen, die nur drei Ecken entfernt von ihnen liegt. Denn dort sollen tatsächlich Leute gesehen worden sein, die Wein tranken statt Bier. Diese, von mediterraner Lebensart versauten Altkreuzberger wiederum sehen nur mit Verachtung und von draußen auf die ebenfalls um die Ecke liegenden In-Lokale wie das Madonna herab, weil dort hin und wieder Frauen sitzen, die nicht den Eindruck erwecken, als pflegten sie von Zeit zu Zeit ihre Haare mit dem Mähdrescher zu schneiden.

Und alle Kreuzberger zusammen hassen Charlottenburg, wo Biggi und Henry wohnen und wo es tatsächlich Mauern ohne Wandzeitungen gibt, in denen irgendwelche Bürger angeklagt werden, Hausbesitzer zu sein.

Sie zahlen also Miete, der Biker und seine Frau, und mit der Hausbesitzerin sind sie befreundet. Eine alte, querschnittsgelähmte Dame, die jahrzehntelang die Welt von ihrem Fensterplatz aus beobachtete, bevor Henry ihr einen Rollstuhl baute, der ein wenig wie eine Harley ohne Auspuff aussieht. Von da an war der Rocker der Sohn, den sie nie hatte, und er wurde ihr Hauswart, und wann immer eine Wohnung frei wurde, holte Henry seine Freunde herein. Burgen bauen nennt er das. Ein gutes Dutzend Biker, ein pensionierter BMW-Motoren-Ingenieur, ein Kampfhundbesitzer, zwei Lederschneider, ein Philosoph. Letzterer ist der letzte Berliner Tutor auf Lebenszeit, der an der Freien Universität seit 20 Semestern das Geheimnis von *Totem und Tabu* zu ergründen versucht. Vor zwei Jahren hätte er es um ein Haar geschafft. Aber dann ist ihm seine Frau weggelaufen.

Man kann es auch anders sagen: Sie haben einen Hof in ihrer Biker-Burg. Einen schlichten, weder mit Schrott noch mit Kunst vollgestellten Altberliner Hinterhof, grau und leer, und mir war, als ginge genau hier der Regenbogen aus der Gegenwelt nieder, mit allen Farben drin und noch dazu harmonisch gemixt. Von der Parapsychologie bis zum Straßenkampf (denn sie sehen nicht nur aus wie Rocker), von der anthroposophischen Kindergärtnerin bis zum Rausschmeißer (Henrys bester Freund), vom Meerschweinchen bis zum Bullterrier, und einen Kampfhahn hatten sie auch. Aus Bali. Willi nannten sie ihn, und er krähte zu laut, und eines Tages kam die Polizei, um ihn zu verhaften. Darüber lachen sie noch heute. Willi sprang mit seinen scharfen Krallen aus dem Stand dem Bullen mitten ins Gesicht.

Kommen wir zum Schluß. Ich hatte den falschen Mantel an. Henry wurde nicht müde, es mir zu versichern. Da half auch nicht, ihm zu erklären, daß es mitnichten ein Kamelhaar- sondern ein Kaschmirmantel sei, billig erstanden, und daß ich bereits in der Wüste von Wadi-Rum mit ihm gelegen habe und in Kairo am Nil, und nirgendwo war er Anlaß von Beanstandungen. Egal. Bei Kaschmir konnte auch ein schamanistischer Motorradfahrer nicht mehr über seinen Schatten springen. Das kann kein Berliner, fragen Sie mich nicht, warum. Darum, an dieser Stelle, als Service für den Leser, die kleine Kleiderordnung für den Gegenwelten-Kurzbesuch:

Kreuzberg – Autonome: natürlich schwarze Lederjacke, keine Diskussion.

Märkisches Viertel – Heavy Metaller: angebikerte Armeehose (die schlichten, nicht gemustert).

Wedding und Tempelhof– Red Skin: Bomberjacken, Jeans, aber keine Springerstiefel.

Schöneberg – 68er: Wenn Sie älter sind, die Öko-Strickjacke, sonst runtergelatschte Turnschuhe.

Spandau – Body-Building-Bürgertum: knallenge Jeans,

Muskel-T-Shirt, Haare, wenn es geht, vorne kurz, hinten lang
(Pennerkissen).

Zehlendorf und Dahlem – Studenten: alles egal.

Prenzlauer Berg – Osten: Kaschmirmäntel!!!

Das war die finale Überraschung. Am ehemaligen Dis-
sidenten-Kiez von Ost-Berlin hatte ich eigentlich was ganz
anderes vermutet. Die Kreuzberg-Kopien, die illegalen Ga-
lerien, die wirklich heißen Läden. Aber vielleicht hätte man
auch dieser Szene nicht die Mauer wegnehmen dürfen, und
vielleicht hatte ich auch nur einen schlechten Tag erwischt.

Und so geriet ich am Prenzlauer Berg in eine Bar, in die ich
auch in Braunschweig hätte geraten können, voll mit Ossis,
die sich als Yuppies verkleidet hatten, und das war tatsächlich der einzige Ort in dieser Stadt, an dem man mir meinen
Kaschmirmantel nicht übelnahm. Dafür haben sie mir dann
die Sonnenbrille geklaut. Scheiß auf Kennedy. Ick bin kein
Berliner.

Horst Evers

DIE SCHRIPPENPREDIGT

Die Zeiten ändern sich. Nach der Wende gewöhnen sich die Berliner an immer mehr Touristen aus Westdeutschland. Die wissen nicht mal, wie man hier korrekt ein Brötchen kauft. *Was soll's ...*

Mein Besuch aus Westdeutschland bittet mich, ihm die Stadt zu zeigen. Ich bin gastfreundlich, zeige auf das Fenster und sage ihm, er darf sich, solange er will, die Stadt in Ruhe angucken. Aber Thomas findet den Hinterhof mit den sechs Mülltonnen in acht Farben erstaunlich schnell langweilig und will noch mehr von der Stadt sehen. Ich schlage vor, ihm anhand eines Stadtplanes alles liebevoll zu beschreiben.

Er bleibt hartnäckig. Ein Konflikt liegt in der Luft. Ich wähle einen Kompromiss, die kleine Stadtführung, und nehme ihn mit zum Brötchenholen. Damit er sich ein bisschen in Berlin einleben kann, überlasse ich ihm in der Bäckerei das Geschäftliche. Er verlangt Brötchen. Ich freue mich schon auf die »Brötchen hamm wir nich, wenn Se wat wolln, könnse Schrippen haben!«-Arie der Bäckersfrau, als das Unfassbare geschieht. Sie lächelt nur, gibt ihm freundlich die Brötchen und sogar noch anstandslos auf einen 50-Mark-Schein raus. Ich bin enttäuscht und entsetzt: »Aber gute Frau, er hat ›Brötchen‹ gesagt. Brötchen! Wäre jetzt nicht die traditionelle Berliner Schrippenpredigt fällig?«

»Jaja, ich weiß, aber die Zeiten ändern sich!«

»Bitte? Der junge Mann macht extra die lange Reise von Westdeutschland nach Berlin, um ein bisschen über die Berliner Lebensart zu erfahren, und Sie verweigern ihm die traditionelle Schrippenpredigt? Für mich ist das Betrug am Touristen!«

Sie lächelt weiter freundlich, doch das bringt mich nur noch mehr in Rage.

»Sie können doch hier nicht einfach freundlich sein, wie es Ihnen passt. Ich fürchte, ich muss diesen Vorfall an die Berliner Bäckerinnung weiterleiten!«

Thomas wird die Sache unangenehm, und er zerrt mich aus dem Laden. Auf dem Bürgersteig denke ich wehmütig an meine erste Schrippenpredigt zurück, damals im Wedding. Frau Schmah aus meinem Haus hatte seinerzeit im ganzen Viertel gestreut, dass der Neue heute zum ersten Mal Schrippen holen geht. In der ganzen Bäckerei, bis weit auf die Straße raus, standen sie, und lauschten der furiosen Schrippenpredigt meiner Weddinger Bäckersfrau. Wie ein geprügelter Hund schlich ich seinerzeit gefaltet, geknickt, eingetütet und versandbereit unter dem tosenden Beifall der gesamten Nachbarschaft aus der Bäckerei.

Das waren noch Zeiten.

Alexa Hennig von Lange

WER WIE ICH KURZ NACH DEM FALL DER MAUER ...

Die Schriftstellerin *Alexa Hennig von Lange* *kam kurz nach dem Mauerfall als junge Frau* *aus Hannover nach Berlin. Es kam ihr nicht* *vor, als sei sie innerhalb Deutschlands umge-* *zogen.*

... nach Berlin gezogen war, dem erschien die ganze Stadt wie ein Geschenk, ein wiederaufgetauchtes Atlantis am oberen, zugigen Ende der Bundesrepublik. Im Westen aufgewachsen, hatte ich an jedem Abend Tagesschau mit den Eltern gesehen, auf der Wetterkarte und am 1. Mai wurde dort West-Berlin gezeigt, ein kleiner Schnipsel BRD und drum herum ein anderes Land.

Als ich nach Berlin kam, war es nicht so, als sei ich innerhalb Deutschlands umgezogen, tatsächlich fühlten wir Ankömmlinge uns wie Auswanderer, das sagten wir uns jeden Tag, wenn wir uns auf den aufgebrochenen Straßen trafen, in den improvisierten Bars, die aus nicht mehr als ein paar Bierkisten in Kohlenkellern bestanden. Wir sagten es uns im Morgengrauen in fremden Wohnküchen, wir flüsterten es uns zum Einschlafen, wenn es draußen hell wurde und die Einheimischen ihren Tag begannen.

Wir, das waren die anderen, die hier wie Exilanten lebten, so dachten wir, so träumten wir, nach eigenen Gesetzen, ei-

genen Plänen, für ein eigenes Ziel. Welches Ziel überhaupt?
– Das Leben zu lernen, eine solche Lehrzeit konnte sich nur
leisten, wer nach Berlin aus eigenem Entschluss gezogen
war.

Am Anfang wohnte ich in Kreuzberg, bei einer Freundin,
direkt an der Spree. Ich ließ mich von ihr durch diese Stadt
führen, die U-Bahn war für uns die einzige Verbindung in
die anderen Teile, die mir, jedes für sich, wie eine eigene, un-
abhängige, geheimnisvolle Stadt erschienen: In Schöneberg
gab es den Winterfeldmarkt, in der Goltzstraße das Café M,
wo wir am Samstagnachmittag beim Milchkaffee saßen, um
Studenten von der Hochschule der Künste zu beobachten.
Wir hofften natürlich, von ihnen angesprochen zu werden,
vielleicht einen Freund zu finden. In Charlottenburg gingen
wir am Tauentzien ins Fitnessstudio. Oder ins KaDeWe, mit
der Rolltreppe fuhren wir nach oben, in die Delikatessen-
Abteilung, da besorgten wir uns amerikanische Spezialitäten,
die es sonst nirgends gab. Zum Beispiel: Marshmallow-Fluff.
Eine klebrige rosa Masse, die man sich aufs Brot streichen
oder nachts mit dem Löffel essen konnte, wenn man hungrig
und erschöpft nach Hause kam. Meistens nahmen wir den
Nachtbus vom Hackeschen Markt, wenn wir den Abend in
Mitte verbracht hatten. Hier liefen wir von dem Club »De-
licious Donuts« die Auguststraße hinunter, weiter die Oranienburger entlang, am Ende gab es das »Obst und Gemüse«,
eine Selbstbedienungs-Bar, schräg gegenüber das »Tache-
les«, in dessen Ruine damals noch ein prächtiger Kronleuch-
ter hing. Diesen Anblick werde ich nie vergessen, für einen
Moment fühlte ich mich versetzt in eine ferne, vergangene
Zeit. Nun war ich mittendrin. Etwas weiter die Synagoge.
Golden. Und bewacht. Ehrfürchtig stand ich auch hier davor,
gegenüber, zum Kanal hin das Bodemuseum. Auf der Mauer
davor saßen wir oft im Abenddämmer, sahen hinunter ins
Wasser, liefen weiter zum Pergamonmuseum, legten uns

nachts auf den Vorplatz, ließen die Möwen über uns kreisen. Sogar der Wedding hatte seine schönen Seiten. Tatsächlich! Diese eine Straßenbahnstation war so grün bewachsen, dass ich es kaum fassen mochte, in dieser so trostlosen Gegend. Doch Kreuzberg war mein Zuhause, hier fühlte ich mich geborgen, auch wenn die Steine flogen, als es um die Öffnung der Oberbaumbrücke ging.

Es ist übrigens ganz merkwürdig mit dem Leben in Berlin und den Steinen, weshalb Erich Kästner die Stadt auch einmal als »verrückt gewordenen Steinbaukasten« beschrieb. Bei jedem Krawall fliegen tatsächlich immer noch die Pflastersteine, das geht so weit, dass potenzielle Wurfgeschosse, rechtzeitig vor dem 1. Mai, in den Vierteln Kreuzberg und Friedrichshain von den Stadtangestellten weggeschlossen werden. Dann die Bilder von der Mauer kurz nach der Öffnung, als glückstrunkene Mauerspechte den Beton in kleine Teile klopften – bunte Stücke, die bis heute an Touristen verkauft werden. Wir, die Zugezogenen, bauten uns mit Hilfe Berliner Quadersteine wacklige Bücherregale, es reichte uns nicht, in dem Steinbaukasten zu leben – wir wollten ihn in unseren Zimmern. Baustellen gab es reichlich, wir mussten uns nur bedienen.

Einmal kam mein kleiner Bruder aus der Heimatstadt Hannover zu Besuch. Stolz führten wir ihn herum, zeigten ihm, nach unserem Geschmack, die schönsten Ecken: Von hektischen Diaprojektionen beflimmert, saßen wir nachts in einem aufgegebenen Elektroladen, dem Panasonic. Kalt war es, wir tranken Wodka aus Plastikbechern, von der Decke tropfte es, hinter einem halb heruntergerissenen Vorhang befand sich das WC. Schnell lernte man in diesen Nächten andere Leute kennen. Man verabredete sich für den nächsten Abend, bis die Gäste vor der Tür standen, wusste man allerdings nie, ob sie kommen würden. Dennoch, das hatten wir zu Hause gelernt, wollten wir ihnen etwas bieten:

Gemütlichkeit. Zu diesem Zweck mussten wir unsere Besorgungen im Spätkauf machen. Einer Art Kiosk, der auch mitten in der Nacht mit Taschentüchern, Drehtabak, Kochzwiebeln, Buletten und natürlich Alkohol handelte. Das Angebot dieser Läden war durchweg von eher mittelmäßiger Qualität. Die Beliebtheit solcher Ware funktionierte nur über den schwer erklärbaren Lokalpatriotismus aller Neuberliner – allein, dass es damals diese Möglichkeit gab, war besonders.

Wir hatten eingeschweißten Schafskäse und Fladenbrot anzubieten. Die Gäste kamen mit einer Flasche Whisky – ebenfalls vom Spätkauf am Ende der Straße. Wir aßen zaghaft. Dann tranken wir, mein Bruder gierig, war er doch zum ersten Mal ohne Aufsicht. Ich ließ ihn gewähren, schließlich wollte ich ihm Berlin nahbringen, mit all seinen Verlockungen. Gegen vier Uhr morgens saß er mit gelöstem Lächeln und nacktem Oberkörper am Tisch – meine Freundin nannte ihn nur noch Iggy Pop.

Das Sensationelle an Berlin ist und war, dass ganz Deutschland, ganz Europa, wenn nicht sogar die ganze Welt aufmerksam auf diese Stadt schaute. Was man dort in den zusammengeschusterten Bars, den schlecht möblierten WGs, den alten DDR-Straßenbahnwagen erleben konnte, war größtenteils nichts Besonderes, uns aber bedeutete es so viel, weil es mit uns in diesem magischen Zentrum geschah. Alle wollten hier sein, wir waren da.

Wir liebten Berlin. Wenn wir zu Weihnachten bei unseren Eltern saßen, in einem Fernsehkrimi war nur kurz der Alexanderplatz zu sehen, dann ging uns das bis ins Herz und wir reisten früher zurück als geplant – getrieben von der Sorge, eine Sensation zu verpassen. Egal wie niedergedrückt wir uns an manchen Tagen fühlten, von all dem Angebot, diesem Gefühl, nicht alles erleben zu können, weil die Wege ins nächste Stadtviertel zu weit waren, versprach die Straße, in der man wohnte, Versöhnung und Ruhe. Sie symbolisierte das Vertraute, das keine Forderung stellte, sondern uns frei ließ, die neue Heimat durch unsere bloße Anwesenheit zu gestalten.

Trotzdem zog man dauernd um. Das Leben blieb ungewollt provisorisch, mal wurde das Haus verkauft und kernsaniert, mal abgerissen, mal war es Zeit, sich von der alten WG zu trennen. Es war nicht schwierig, eine neue Wohnung zu finden, war man doch nicht eitel, eher gespannt, wie es sein würde, im zweiten Hinterhof, im vierten Stock, mit Kohlenofen und Außentoilette zu leben. Das kannte man nur aus dem Fernsehen, jetzt war man mittendrin, das war die pure Inspiration. Vielleicht auch ein Grund, warum es in Berlin nur so von Künstlern wimmelt, hier kann man freiwillig lernen, was Entbehrung und Treppensteigen heißt.

Hatte man plötzlich doch wieder Sehnsucht nach frischer Luft, etwas Grün, wurde es schwieriger. Das ist etwas, wovon Berlin zwar im Umland viel besitzt, aber in sich selbst kaum zu bieten hat. Natürlich gibt es den Tiergarten, den Volkspark Friedrichshain, den Mauerpark, alle, die Natur suchen, finden sich hier wieder, spätestens beim ersten Sonnenstrahl liegt ein Handtuch neben dem anderen, und alle bringen ihre Hunde mit. Am Stadtrand gibt es noch den Grunewald, der ist immer eine Reise wert. Hier liegt die Betonung auf »Reise«, denn die zurückzulegenden Strecken in Berlin sind beträchtlich.

Mit eigenen Kindern ändert sich der Blick auf die Verhältnisse. Sowieso wurden wir alle etwas ruhiger, aus den WGs wurden Wohnungen für Paare, immer mehr Kinder kamen, Trennungen und neue Verbindungen. Das Bedürfnis, sich abends noch einmal aufzumachen, um Freunde zu treffen, hielt sich plötzlich immer mehr in Grenzen: das Hindernis der langen Wege. Schnell war man isoliert.

Als ich mich entscheiden musste: Einsamkeit und Berlin – oder ein ganz anderes Leben –, habe ich mich gegen

Berlin entschieden. Da es keine Alternative zu dieser Stadt gab, wohne ich heute wieder dort, wo ich hergekommen bin. Mein Ausflug in die Schule des Lebens hat länger gedauert, als es vielleicht nötig war, ich weiß gar nicht, was genau ich dort gelernt habe, aber ich bin mir sicher, es hat mir gutgetan. Zu Besuch zu kommen ist etwas anderes, als dort zu wohnen. Berlin, ich vermisse dich!

Egon Bahr

MIT GELD LÄSST SICH GLANZ NICHT KAUFEN

Der große Sozialdemokrat Egon Bahr kennt Berlin, seit er hier in den dreißiger Jahren zur Schule ging. Für ihn hat die Stadt alle Möglichkeiten, größer und bedeutender zu werden, als sie je war.

Fünfzig Jahre lang wurde der Mund gespitzt – nun muß gepfiffen werden: Aus dem Anspruch wächst die Wirklichkeit der neuen Hauptstadt eines neuen vereinten Landes. Hinter uns bleibt das Provisorium Bonn, so wohnlich eingerichtet, so idyllisch gelegen, daß es fast zur Endgültigkeit verführt hätte; nun verschafft es Berlin die Erleichterung, nicht alles auf einmal verdauen zu müssen. Bonn dient mit seinem Behauptungswillen Berlin, indem es der Hauptstadt Zeit läßt zu beweisen, wie stark ihre Anziehungskraft sein wird.

Hinter uns liegt der jahrzehntelange Prozeß der Auszehrung West-Berlins, den weder die heldische Phase und der Freiheitswillen der Frontstadt noch die Stabilisierung durch die Entspannungspolitik mit der Rechtssicherheit des zivilen Verkehrs stoppen konnte. Politik und Wirtschaft sanken auf ein Mittelmaß der Verwaltung und Produktion in einer Großstadt, aus der über sie hinausreichende Anstöße und Innovationen kaum noch kamen und, fast noch schlimmer, auch gar nicht mehr erwartet wurden.

Der Mangel an Kühnheit und zupackend begeisternder Gestaltung war leider unübersehbar, als der Politik das Geschenk der schnellen Einheit in den Schoß fiel, das sie gewollt, aber nicht geplant hatte. Die Wirtschaft, nicht überraschend außerhalb Berlins, sogar des Landes, erkannte die nicht wiederkehrende, also wirklich einmalige Chance in der Geschichte der Stadt schneller.

Im Jahre 8 der Einheit leidet Berlin lustvoll an den Folgen dessen, was es sich immer gewünscht hat: Hauptstadt zu werden. Die Stadt vibriert. Sie entwickelt Energien, fast hektisch, als wollte sie in Monaten nachholen, was in ebensovielen vergangenen Jahren unmöglich gewesen war, als könnten geballte Frischzellenkuren ihrem müden Organismus neue Jugend bescheren. Das ist faszinierend, weckt Erwartungen, berechtigt zu Hoffnungen. Es ist herrlich. So habe ich mir meine Stadt immer gewünscht.

Bei einem solchen Aufbruch sind Fehler unvermeidbar. Wie jede Gründerzeit entwickelt auch diese ihre Konjunkturritter. Hemmungslose Bereicherung, Korruption, Pleiten, modische Sumpfblüten, Blender, die sich mit falschen Pretiosen schmücken, kleine Gangster, die bei so großen Gelegenheiten zu großer Form auflaufen – das alles gehört dazu, unvermeidbar, bietet ausreichend Anlaß zum Meckern, genug Grund zu bedenkenswerter Kritik. Aber die Stadt wird durch den übelriechenden Morast hindurchwachsen.

Was wird das für eine Stadt sein?

Sicher kein Ausbund an architektonischer Schönheit. Mit der imposanten Geschlossenheit St. Petersburgs und seiner Pracht, deren Patina die Künstlichkeit der Schöpfung vergessen läßt, wird sie sich nie messen können. Den organisch gewachsenen Zauber von Paris, das unzerstört sogar die Zeugnisse hypermoderner Arroganz unbeschädigt aufnimmt, kann Berlin nicht erreichen. Was zerstört worden ist in fünfzig Jahren des Heißen und Kalten Krieges, kann nicht wiederhergestellt werden. Man sollte es auch gar nicht versuchen. Die Hülse eines Schlosses wiederherstellen zu wollen, das nicht einmal für die republikanische Nachfolgeschaft des Monarchen bestimmt sein soll, wäre nur ein Monument ideenloser Unsicherheit, wie die Mitte der Mitte aussehen und welche Funktion sie bekommen soll. Solange das Land nicht gereift ist, solange es ein sicheres Gefühl seiner Rolle in dem neuen Abschnitt der europäischen Geschichte nicht gewonnen hat, ist die Entscheidung nicht reif für eine städtebauliche Entsprechung. Sie einige Jahre aufzuschieben, wäre kein Unglück, sondern eine Chance.

Die Stadt sollte keinen Versuch machen, vor ihrer Geschichte und deren Zeugnissen wegzulaufen. Das gilt dann für die Reste preußischer Herrlichkeit wie imperialer Überheblichkeit nicht weniger als für die Pflege ziviler Modernität der Weimarer Zeit oder für Zeugnisse der vierzigjährigen Versuche, Ost-Berlin zur Hauptstadt eines separaten Staates zu entwickeln. Niemand hat vorgeschlagen, das verrückte Unikum des Fernsehturms zu beseitigen. Das sowjetische Ehrenmal in Treptow wie das Kriegsgerät an der Straße des 17. Juni sollten immer daran erinnern, daß und warum die Rote Armee in die Mitte Europas gekommen ist. Gerade aus der architektonischen Zerrissenheit kann Berlin seine europäische Einzigartigkeit gewinnen.

Bleibt der gigantische Versuch, den freien Raum zwischen den beiden Städten zu füllen, den die Teilung geschaffen hat. Ich gestehe, daß ich mir noch kein Urteil gebildet habe. Wird das kalter Funktionalismus, Ausweis eines Denkens, das sich vor allem rechnen muß, technische Kühnheit, die berauscht von Beton, Stahl und Glas den Menschen zum Objekt macht? Werden Menschen dort leben wollen oder der Hektik der Arbeit in die gemütliche Muffigkeit alter Wohnquartiere entfliehen und die neue Stadt zwischen dem alten Westen und dem alten Osten nächstens kalt und leer

lassen? Wird das Implantat mit dem alten Organismus ver-
wachsen?

Weil es aber nicht abgestoßen werden kann, bleibt un-
geheuer spannend zu beobachten, welche neue zentrale
Wirklichkeit sich da entwickeln wird. Korrekturversuche zu
spät erkannter Irrtümer wären nicht überraschend. Elemen-
tare Bedürfnisse werden sich über Planung und gute Vor-
sätze hinwegsetzen, kurz: Das Leben selbst, wie es so schön
heißt, wird diese Fragen eines Tages beantworten. Was wäre
dagegen einzuwenden?

Während der dreißiger Jahre habe ich im Friedenauer
Gymnasium gelernt, Berlin habe 4,2 Millionen Einwohner.
Da fehlen noch 700 000, ehe es wieder die gewachsene »Frie-
densstärke« erreicht. In den sechziger Jahren haben wir im
Schöneberger Rathaus darauf verwiesen, daß West-Berlin
mehr Einwohner als Norwegen habe, um die Lebensfähigkeit
der Halbstadt zu beweisen. Man braucht nicht bis Karatschi
zu gehen, dessen Einwohnerzahl auf 13 Millionen geschätzt
wird, um zu wissen, daß Berlin wachsen wird. Wer will heute
ausrechnen, was seine »natürliche« Größe in dreißig Jahren
sein wird? Dann wird man sich jedenfalls mit Kopfschütteln
an die leidenschaftliche Auseinandersetzung erinnern, die
damals über die Verschmelzung mit Brandenburg stattgefunden hat. Die Lebenszwänge werden sich nicht durch
alte Ängste oder juristische Stolpersteine aufhalten lassen.
Die Deutschen werden dann jedenfalls längst gelernt haben,
daß ihre Hauptstadt, deren Größe ihnen Sorgen machte, Anfang der neunziger Jahre für ein 80-Millionen-Volk eine relativ kleine Stadt gewesen ist.

Auch in dreißig Jahren wird stimmen: »Durch Berlin fließt
immer noch die Spree.« Ich meine damit: Auch im Jahre
2028 wird das alte Berlin, wie es vor zwei Generationen, also
1968, existierte, noch immer erkennbar sein. Seine neue Mitte und die Ausweitung sogar über den großen Autobahngür-

tel hinaus wird den Charakter der alten Stadtteile nicht zerstören. Gewohnheiten, Verbundenheit mit der vertrauten Umgebung, sogar Idyllen werden sich erhalten. Auch die mentalen Unterschiede zwischen Ost und West?

In diesem zeitlichen Abstand ist die Hoffnung berechtigt, daß Unterschiede oder Gegensätze von heute auf die Normalität reduziert werden, die vergleichbar den Menschen in Passy oder dem industriellen Ostgürtel, in Brooklyn oder um den Central Park geläufig sind, und die sich dennoch als Pariser oder New Yorker fühlen. Denn dann wird die Wirklichkeit der neuen Hauptstadt in einem neuen Land schon herangewachsen sein.

Bis dahin wird entschieden sein, ob die erschöpften alten Eliten der Stadt sich durch Zuzug oder Generationswechsel so weit regeneriert haben, daß sie neben den Bundesorganen ein wichtiges und interessantes eigenes Gewicht gewinnen. Wie weit die kulturelle Strahlkraft reicht, unabhängig von städtischer oder Bundesträgerschaft. Aber nicht die Überzeugung, daß der Bund seine Hauptstadt schon nicht verkommen lassen wird, stimmt zuversichtlich.

Natürlich noch weniger großmäulige Ansprüche, Metropole mit Weltgeltung werden oder den Glanz der goldenen (und gesellschaftspolitisch elenden) zwanziger Jahre wieder erreichen zu wollen, der Paris überstrahlte. So etwas kann man weder beschließen noch mit Geld allein kaufen.

Berlin wird entwickeln, was Bonn nicht leisten konnte in den zurückliegenden fünfzig Jahren, mit dem Blick auf die Nachbarn zuweilen beklagt: die Attraktivität einer nationalen Mitte. Es wird eine Zentrale ohne politischen Zentralismus sein, in der sich Kunst und Politik, Wirtschaft und Wissenschaft tummeln, reihen und ein weitgehend verlerntes Neben- und Miteinander neu lernen und genießen werden. Es wird Energien freisetzen und Talente anziehen wie fördern.

Ein anderes ganz unbekanntes Element wird hinzukommen. Deutschland ist politisch europäische Mitte geworden, erstmals nur von Freunden umgeben und in Grenzen, die nicht mehr trennen. Insofern wird von einer Berliner Republik, nach Osten gerückt, zu sprechen sein, obwohl sich die Verfassung, ihre Organe und Mechanismen durch den Umzug von Bonn um keinen Deut ändern werden.

Die Stadt wird profitieren, wenn unsere Nachbarn im Osten und Südosten des Kontinents in die Mitte blicken und Menschen auf der Suche nach Chancen und Glück ihre Gedanken, Hoffnungen und Schritte nach Berlin lenken. Osteuropäische, slawische, jüdische Elemente werden beunruhigen und bereichern. Berlin wird nun, wie New York, London, Paris oder Amsterdam, die Zuwanderung beweglicher, unternehmens- und risikobereiter Menschen fruchtbar und aus Ausländern Einheimische machen können, die nicht mehr auswandern müssen.

Alle diese Möglichkeiten werden zusätzlich noch einmal wachsen, wenn die Regierung ihre Außen- und Sicherheitspolitik in den Dienst der europäischen Stabilität stellt, um Kriege zwischen Staaten unmöglich zu machen, und dabei kein Land ausgrenzt. Dann könnte das Wort Berlin einen Klang erhalten, der gleichbedeutend ist mit einer neuen, noch nicht gefundenen europäischen Identität, die für Frieden, zuverlässige Zusammenarbeit und für Wohlstand steht. Das wäre dann die neue Hauptstadt eines neuen Landes am Beginn eines neuen Abschnitts der europäischen Geschichte. Berlin hat im neuen Jahrhundert größere Chancen, als die Hauptstadt der Weimarer Republik sie je hatte.

Was immer die Nüchternheit an akuten Mängeln findet, der Verstand an Kritikwürdigem, die Erfahrung zur Vorsicht rät: Die Neugier ist größer, wie die Stadt in ihre elektrisierenden Möglichkeiten hineinwachsen wird. Sie zeigen sie interessanter und bedeutender, als sie je war.

BERLIN VIERTELWEISE

Stadtteilgeschichten

Sibylle Berg

KREUZBERGBALLADE

Warum fahren Menschen in Städte, in denen sie nicht wohnen, und sehen anderen Menschen beim Leben zu? Die Schriftstellerin Sibylle Berg wundert sich und rät: Fahrt nicht nach Kreuzberg. Bleibt zu Hause.

Ein dunkler Tag, fast schwarz, und die Sonne will nicht. Aufstehen, nicht ihre Arbeit tun über Berlin. Ist ihr wohl zuviel geworden, zu groß geworden, zu hektisch, da unten die Stadt ohne Konturen und ohne Idee, wo soll es hinführen, das ganze Gebaue. Ein ehrlicher Tag im November, der nichts schönscheint durch falsches Licht. An solchen Tagen sollte man Wohnungen besichtigen, Städte oder Menschen, denn was in dieser Tristesse besteht, ist gut.

Warum Leute in Städte reisen, in denen sie nicht wohnen, ich weiß es nicht. Sie fahren in fremde Städte, laufen herum in den Abgasen, die Füße tun weh, sie trinken viel Kaffee und besichtigen andere Menschen beim Leben. Wozu das gut sein soll, ist eine ernste Frage. Um zu sehen, daß andere auch nur in Häusern wohnen und ohne Bäume leben, daß sie Fahrrad fahren und Lebensmittel zu sich nehmen? Ist es, um zurückzukehren in die eigene Stadt, um zu arbeiten, zu essen, zu schlafen mit dem traurigen Traum, woanders wäre alles anders?

Was ich einem befreundeten Menschen über Kreuzberg sagen würde, wüßte ich: »Bleib' mal zu Hause«, würde ich sagen, »und trink' einen Tee.« Wie ich einem blinden Freund

Kreuzberg beschreiben würde, weiß ich, seit ich Frau Hammerschmidt getroffen habe. Ihr gefällt es gut in Kreuzberg. Sie freut sich, da sie nicht sieht, wie ihr Viertel mutiert und wie nun aus der Asche der Revolution, gegen was auch immer, ein Stadtteil entsteht, der ist, wie sie alle sind. Geschminkte Tote, die tun, als lebten sie noch.

Frau Hammerschmidt ist in Kreuzberg geboren, vor 63 Jahren, und seit vierzig Jahren ist sie blind. Vorher war auch nicht viel mehr. Seit über dreißig Jahren arbeitet sie in der Blindenanstalt von Berlin. Ein altes Gebäude an der Oranienstraße. Wie ein Saurier steht es da, und das Linoleum macht laute Schritte in großen, häßlichen Sälen. Da sitzen sie, die Blinden, und stellen Dinge her, die ihr Leben sind, Fußmatten und Bürsten und Körbe. Die stapeln sich in Regalen, die die Blinden nicht sehen, sonst wäre doch alles ohne Sinn, würden sie sich nicht mehr fragen, wie sie noch mehr Fußmatten herstellen können. Sie sitzen in leeren Räumen unter Neonlicht, und zu Radiomusik flechten und werkeln sie für Keller und Lagerräume, fertigen Sachen, die keiner mehr will, keiner mehr braucht, und das ist traurig.

Frau Hammerschmidt macht Handfeger. Sie lächelt dabei. Eine Aufgabe braucht der Mensch, und ist es denn wichtig, eine Zeitschrift zu machen und Designermöbel oder ein Fernsehprogramm? Niemand braucht mehr irgend etwas, aber ich gehe doch besser weg, runter vom Totenschiff, weg vom Neonlicht, in die Dunkelheit vor der Tür mit Frau Hammerschmidt am Arm. »Das ist meine Heimat, ich kann nicht viel Gutes über sie sagen, aber ich komme hier einfach nicht weg, vielleicht ist es Gewohnheit«, sagt Frau Hammerschmidt und lächelt.

Wir beginnen unseren Kreuzberg-Rundgang da, wo alles anfängt. Aus der Bahn am Kottbusser Tor kommen schlechtgelaunte Menschen. Das Leben ist nicht schön, wie soll es auch schön sein, das Leben, in einer Großstadt, mit Millionen dicht. Arbeiten, heim durch Beton, durch zugige Straßen in eine Wohnung sich verbringen, ernähren für einen neuen Tag, der nicht besser sein wird.

Am Kottbusser Tor geht es los. Geht es immer los. Ich stehe da neben Frau Hammerschmidt, sie ist klein und hat sich für den Spaziergang hübsch gemacht. Pumps und ein Angorapullover, die Augen zu, und die Mundwinkel haben viel gelächelt in ihrem Leben. Die kleine Frau Hammerschmidt steht auf der Straße, um sie herum geht die Welt unter, aber sie freut sich, wer weiß, was sie sieht, ich sehe eine breite Straße mit Autos, die fahren durch den Tag, der ist wie eine Nacht, gleich einer Schlange, die Glühbirnen geschluckt hat.

Ein Irrer geht durch die Stadt und hat es sich zur Aufgabe gemacht, alle Plakate abzureißen. Da hat er was zu tun, und hier hat er schon tüchtig gearbeitet. Überall liegen dicke Bündel nutzloser Plakate, gedruckt, gehängt von Leuten, die dachten, ihr Konzert, ihre Ausstellung, ihr Laden würde die Welt verändern oder ihr Leben. Und liegen nun zerfetzt am Boden. Vor zehn Jahren standen hier die Punker, danach die Junkies, und heute steht hier niemand mehr gerade. Betrunkene schwanken, und Frau Hammerschmidt ist gutgelaunt. Ein Freigang, ein Spaziergang in der Phantasie. Sieht sie nicht, daß die Gehwege nur noch aus Kot bestehen?

Vom Kottbusser Tor schräg rüber zur Oranienstraße, der Vene Kreuzbergs, da fuhren früher die Busse mit den Touristen lang, als es *in* war, Kreuzberg zu besichtigen. Vor zehn Jahren war das ein Abenteuer, ein Survivaltrip für Studienräte, und wer nicht mitmachte, war ein Feigling. Nach Kreuzberg fahren, in einem Bus hocken, leicht verspannt, ängstlich die Nase an die Scheibe, Affen schauen, Unrat schauen, die vielen Bürgerinitiativen.

Alternative Rad- und Kinderläden, fröhliche Punker, die Autos abfackelten, gemeinsam mit Türken, das hat man sich gerne angesehen, gab's sonst nirgends, die Nase so an die

Scheibe, daß man sie im Ernstfall schnell wegziehen kann, ist nicht mehr. Autos werden nicht mehr angezündet. Häuser nicht mehr besetzt, Heroinleichen kennt man, die Anarchie ist tot, und was übrigbleibt zum Schauen, taugt nicht mehr für Aufregung. Taugt höchstens, um zu ahnen, wie alle Städte aussehen werden, überall, in ein paar Jahren.

Die Kunst des alternativen Lebens (gibt es Alternativen zum Leben?), die noch einmal so richtig rülpst, Chaos und Schmutz übergibt, um dann zu verenden, an den Stadtrand gekehrt zu werden, Platz zu machen in guter Lage denen, die es sich leisten können. Überall wachsen Cafés, Boutiquen, Restaurants – bestimmt nicht für die, die jetzt hier wohnen. Als Untergangsmodell taugt Kreuzberg. Besichtigen Sie den Untergang, den Übergang wohin auch immer. Ein Restaurant heißt Kafka und sieht auch so aus, daneben Händler in halbleeren Läden, Unentschlossenheit, wollen wir jetzt alle reich werden oder untergehen?

Frau Hammerschmidt sieht das alles nicht. Sie lächelt und ist gutgelaunt. Sieht den Schmutz nicht, die Ziellosigkeit der Menschen, die sich totstellen, in Kreuzberg, warten, daß alles so weitergeht wie gewohnt. Alles verändert sich, so ist das, nur für Frau Hammerschmidt sieht es aus wie immer, ist doch immer gleich in ihr, und jeden Morgen um sieben geht sie in die Blindenanstalt, trifft dort Kollegen, die sie kennt und mag, macht Unnützes, aber gerne, dann heim, und später geht sie mit ihrem Mann in die Stammkneipe. In ihren Sparverein. Eine alte Eckkneipe am Mariannenplatz.

Frau Hammerschmidt kommt seit Jahrzehnten hierher, trifft Freunde in der Kneipe, die ist, wie man sich Kneipen in Kreuzberg vorstellt, braun und mit bierfeuchter Luft, mit einem Mann hinter dem Tresen, der da geboren scheint. Sparvereinkumpel Margot ist schon am Trinken, sie küßt Frau Hammerschmidt, hält sich an deren Wange fest, weil der Boden schwankt und weil sie Angst hat seit neuem. Eine Reihe von Kneipenüberfällen verunsichert Kreuzberg. Gestern war das Café Anal dran, und morgen vielleicht ihr Sparverein. Wie in Amerika ist das.

Vor ein paar Tagen ist Margot fast ausgeraubt worden. Früher war es anders. Da waren die Punker, die Anarchos, und da war Solidarität im Kiez. Die gibt es nicht mehr, seit jeder um sein Überleben rennt. Frau Hammerschmidt hat keine Angst. Sie sieht nicht die Gruppen junger Männer, die herumlungern, keine Arbeit haben und Hunger in den Augen. Wir gehen wieder los, und Frau Hammerschmidt hat Spaß. Das Leben ist gut zu ihr, vielleicht, weil sie nie dachte, daß Leben etwas Großartiges sein muß. Sie läuft mit festen Schritten, führt mich und zeigt an genau den rechten Stellen Sehenswertes. Hier ist das Bethanienkrankenhaus, da hatte ich als Kind einen Unfall, das ist die Pennerpalme, ein häßliches Sozialgebäude, in dem die wohnen, die zum Armsein zu arm sind, hier ist eine Moschee, ein türkischer Frauenfußballverein, eine Koranschule, Klein-Istanbul, »und da drüben im Restaurant Henne war Kennedy«, sagt Frau Hammerschmidt stolz. In das alte Lokal würde heutzutage Clinton kaum gehen, um ein Huhn zu essen.

Im November sind die Menschen in ihren Wohnungen, die Straßen grau, im Sommer ist es anders. Bunt ist es hier, und junge Menschen hocken auf den Bürgersteigen. »Immer hocken sie auf den Bürgersteigen«, sagt Frau Hammerschmidt, und dann stolpert man.

Am Oranienplatz ist das Kattelbach. Frau Hammerschmidt erkennt an den Treppen ein altes Café von vor dreißig Jahren. »Heute ist es aber kalt hier«, sagt sie und hat recht. Ein Café, wie sie alle aussehen, mit unbequemen Stühlen und neuer Sachlichkeit.

Frau Hammerschmidt erzählt, wie sie ihren blinden Mann kennengelernt hat. Er arbeitet auch in der Blindenanstalt. »Wir sind lange aneinander vorbeigelaufen«, sagt Frau Hammerschmidt, »aber er ist der schönste Mann weit und breit, ich bin glücklich mit ihm.« Sie erzählt, daß sie nachts Fenster putzt, wenn sie nicht schlafen kann, und wie schwierig es ist, Blinden eine Farbe zu beschreiben. Grün ist, wie über eine feuchte Wiese laufen, Blau ist wie Wasser. Und wie Blinde träumen. Von ihrer Heimat und daß sie Stimmen hören. »Ich mag die bemalten Häuser nicht. Ich kann mir vorstellen, wie das aussieht. Erst machen sie Gerüste und Baugruben, in die Blinde permanent reinfallen, und kaum ist das fertig, kommen welche und schmieren die Häuser wieder voll. Aber ich habe mich daran gewöhnt.«

Frau Hammerschmidt lächelt. Bald fährt sie mit dem Sparverein ins Fichtelgebirge, und Weihnachten wird sie ihre Wohnung schmücken, für etwas, das nur sie sieht, und das macht, daß ihr wohl ist. Dann gehen wir wieder raus, auf den Oranienplatz.

Frau Hammerschmidt pressiert es. Die Band der Anstalt probt, und sie spielt den E-Bass. Frau Hammerschmidt seufzt. Ein bißchen Sonne ist hinter den Wolken hervorgekommen. »Ist das ein schöner Tag«, sagt sie, und wir laufen die Oranienstraße zurück zur Blindenanstalt. Frau Hammerschmidt verabschiedet sich. »Kommen Sie mich mal wieder besuchen«, sagt sie. Das werde ich wahrscheinlich nicht tun. So was tut man nie.

Ich stehe auf der Oranienstraße, und die Sonne scheint ein wenig. So viele verschiedene Kulturen und Menschen, die alle nach einem kleinen Glück suchen. Kinder quietschen, Hunde, auch ein paar Leute lächeln, und in den Cafés hocken Liebespaare. Kreuzberg kann man sich anschauen. Alles kann man sich anschauen. Überall gibt es irgendwas zu sehen, das sich lohnt. Wenn man keine Wunder erwartet, ist es überall gut. »Lieber blinder Freund«, würde ich sagen: »Komm nach Kreuzberg, es ist nett hier, es ist überall nett, wenn du die Augen schließt und schaust, was Schönes in dir ist.«

Judith Holofernes

NEULICH
BEI MIR IN
KREUZBERG

O*b handgestrickte Handgranaten an den Häusern hängen, Kinder Blesshühner suchen oder
die Brücke um die Ecke zum Pavianfelsen der
Jung-Hipperia wird, die Sängerin Judith Holofernes wundert sich über nichts mehr in ihrem Kiez.*

Beschwerdeführerinnen

Mir fällt auf, dass in Kreuzberg überdurchschnittlich viele
verrückte Frauen zwischen Mitte 50 und Mitte 60 wohnen.

Die aus unserem Nachbarhaus hat uns das Klettergerüst-
Schaukel-Multifunktionsdings aus dem Hof wegbeschwert,
indem sie der Hausverwaltung schrieb, es behindere die Ab-
wasserdings. Was lustig ist, weil das Gerät mitten auf der grünen Wiese stand und ungefähr vier Quadratzentimeter Erde
berührte. Vielleicht hat sie eher Probleme mit den Junkies,
die nachts darauf knutschten.

Eine andere Nachbarin hat den in der Remise wohnenden
Künstler auf dem Weg zwischen Hofeinfahrt und seiner Tür
von ihrem Fenster aus mit Kaffeesatz beworfen. Danach
zeigte sie ihn wegen »Übertretung / Missachtung des Wege-
rechts« an. Und wo sie schon dabei war, zwang sie gleich noch
das nette neue Café im Alleingang gerichtlich zur Schließung.

Maifest

Von der Sozialbaracke quer über der Adalbertstraße, dem Eingangstor zur Oranienstraße, baumeln handgestrickte Handgranaten, heruntergelassen von blumenbekränzten, aufgekratzten jungen Menschen. Dazu wird ein einzigartiges Wettrüsten der Lautstärken veranstaltet, alle Regler stehen auf 11. Ich würde sogar behaupten, dass man an jeder Stelle auf diesem Fest alle 50 dargebotenen Musiken hören kann – gleichzeitig, gleich laut, verschmolzen zu einer nie gehörten Maienkakofonie. Krrrrzzzzbummmtschaakkkkkkbrazzzzzzztwiedeldoummdoummm!

Vor jedem Soundsystem stehen ein paar Hartgesottene, die Lautsprecher umarmend, und versuchen so was wie einen Beat zu finden. Die, die einen gefunden haben, schwingen in tinnitöser Ekstase vor sich hin.

Ein seltsames, gemischtes Völkchen trifft sich hier. Die Umlandjugend mit Partyhüten und Sangriafahne – »ey, gibshier noch ürnkwo Kocktehls?«. Die »Entfernteres Umland«-Jugend (aus New York, Mailand, Warschau, Hyderabad, Texas, Neuilly-sur-Seine) – »this is so, like, cool!«. Dazwischen: Kreuzberger Muttis, Vatis, Kinder, Teenager – am unbeeindruckten Kaugummikauen zu erkennen. Und dann natürlich, puh, wenigstens ein paar gute alte Chaoten.

Abends und bis in den frühen Morgen kreisen Hubschrauber direkt über unserem Haus. Auch das fühlt sich sehr international an, aber auch ein bisschen wie in diesem Zombiefilm, in dem sich die letzten normalen Menschen in einem Kaufhaus verbarrikadieren.

Admiralbrücke

So etwa jeden zweiten Tag müssen mein Mann und ich die Admiralbrücke überqueren – jene Brücke, die so lauschig und gleichzeitig total happening ist, dass sie es bis in den »Lonely Planet« geschafft hat, mit der Folge, dass sie jetzt nicht mehr ganz so happening ist, sondern eher der Warteschlange vor einem Justin-Bieber-Konzert gleicht.

Trotzdem, ich mag die Brücke. Da wird schöne Straßenmusik gespielt, der Kioskbetreiber nebenan hat sich soeben eine Jacht gekauft – auch das freut mich. Und sogar das Bingobongo bis spät in die Nacht stört mich nicht. Schwierig wird es nur, wenn man versucht, den angesagten Hangout seiner ursprünglichen Bestimmung zuzuführen und die Brücke in einem Fahrzeug zu überqueren. Oft haben wir überlegt, das Auto zu parken und die schlafenden Kinder die geschätzten zwei Kilometer bis nach Hause zu tragen. Aber dann fahren wir doch wieder los – begleitet von spöttischen bis ungläubigen Blicken der wie über einen Pavianfelsen verteilten Jung-Hipperia und Haute-Touristika, die auf den Bordsteinen sitzen und ihre engbehosten Beinchen weit auf die – na ja, tut mir echt leid, aber – Straße strecken. Und hoffen, dass die Knirschgeräusche unter den Reifen nur von abgestellten Bierflaschen herrühren.

Pam, Pam – Papadaaaaaam!!!

Berlin versucht ja immer, auf den letzten Metern seine vergrützten Sommer wettzumachen – es ist September, und der Sommer geht erst richtig los. Und so liege ich hier, kinder- und arbeitsfrei, auf dem Rasenstück zwischen Urban-Krankenhaus und Landwehrkanal, und genieße im Kollektiv die Sonnenstrahlen, angenehm eingenebelt vom Kiffgeruch von mindestens drei Parteien im Umkreis von etwa drei Metern. Auch um mich herum: sanftes Stimmengewirr und geschätzte siebenundvierzig Sprachen.

»Papadaaaaaam!!!« Schreit es plötzlich direkt neben meinem Ohr. »PaaaaaapadAAAAMMM!!!« Um mich herum wird sich aufgesetzt, ich stelle mich tot. Wenn ich nicht schon so lange hier wohnen würde, würde ich vielleicht darauf tippen, dass einer der Bewohner der geschlossenen Station vom Urban sich ans Ufer verirrt hat. Kommt ja vor.

Aber nein, diesen Schreihals kenne ich, seit ich hier wohne, also seit mindestens zehn Jahren. Der Mann möchte uns indische Brotfladen verkaufen. Ich glaube, dass jener Borderline-Inder seit zehn Jahren versucht, sich mit seinem Geschrei als »Berliner Original« zu positionieren und damit, ähnlich wie die benachbarte Admiralbrücke, in die Reiseführer zu kommen und so letztendlich sein Geschäft zu beleben. Clevere Idee – eigentlich. Nur, ich möchte zwei riesige Gongs aus meinen Taschen ziehen und sie über Herrn Papadaaams Kopf mit einem laut scheppernden Pammpaaammmm! zusammenschlagen.

Bewerbungs-Café

»So, why do you think you should come and work for us ...?«
»Well actually, I think I'm very qualified ...«

Bewerbungsgespräch. In meinem Lieblingscafé? Aus dem Augenwinkel sehe ich einen kreuzberguntypisch coiffierten Hinterkopf, bin mir aber sicher, dass das nur ein hyperbewusstes Detail eines postcoolen, sehr kreuzbergtauglichen Gesamt-Style-Kunstwerkes sein kann. Ihm vis-à-vis sitzt ein hippes, junges, selbstbewusstes Kreuzberg-Exilanten-Mädchen, wahrscheinlich Großstadtspanierin.

Und innerhalb eines Fünf-Minuten-Gesprächs darf ich

nun unfreiwillig Zeugin der gesamten Igittness des modernen Arbeitsmarkts sein, des linkshändigen Brechens eines aufgeweckten jungen Menschen, des Zerplatzens der IT-Blase im Kopf jenes sympathischen Mädchens.

Dann:»We'll call you.«

Keine fünf Minuten später betritt eine weitere junge Frau, diesmal eine Asiatin, das Café. Der Mann hat offensichtlich beschlossen, in seiner zurückgelehnten Sackhaltung zu bleiben, und streckt nur ächzend die Hand zum Gruß aus. Der macht einen Bewerbungsmarathon! In meinem Café!

Ich kann dem Hinterkopf dabei zuschauen, wie er innerhalb von zwei Minuten das Interesse verliert. Das Gespräch tröpfelt noch gequälte fünf Minuten weiter, dann beugt er sich mitten in einer der gestammelten Bewerbungsfloskeln vor und gibt der jungen Frau die Hand.

»We'll call you.«

Beim nächsten Gespräch zieht er einen dünnen Stapel Blätter hervor. Und beginnt, vorgescriptete Bewerbungsgesprächfragen abzulesen, direkt nach dem »Hallo«. Die New Yorker IT-Spezialistin mit Afro-Frisur sitzt ihm gegenüber und beantwortet schmerzhafte zehn Minuten lang seine Fragen. Bei »What do you think it is you can bring to our enterprise?« stellt sie ihre Kaffeetasse ab und sagt »You know what, I don't think this is going so well.

I'll pay for my coffee.«

Bless you, Huhn

»Blethhuhn!!!«, schreit meine Tochter und zeigt aufgeregt auf einen schwarzen kleinen Vogelhintern, der aus dem brackigen Wasser des Landwehrkanals hervorguckt. Was klingt, als würde ein hustender Amerikaner einem verschnupften Amerikaner »Gesundheit« wünschen, ist tatsächlich eine korrekte Feststellung. Ja, das ist ein Blesshuhn, mein Kind, und du hast es am Hintern erkannt. Das ist sehr schön. Da soll mir noch mal einer sagen, er wolle aufs Land, damit seine Kinder in der Natur aufwachsen.

Meine Kinder wohnen in Kreuzberg in Ufernähe und können mindestens zwanzig Vogelarten unterscheiden. Darunter Reiher, Graugänse und, na ja, Blethhühner. Und letzten Winter habe ich auf dem zugefrorenen Kanal 40 herumschlitternde, konsterniert dreinblickende Schwäne gezählt. Das Einzige, was noch fehlt, wenn es nach dem Töchterlein gehen würde, wären: Pingehuhne.

Jutetaschen raus

»Looooook! It's so oooooooold!«, schreit ein junger New Yorker und zeigt, vor Begeisterung von besandaltem Fuß zu besandaltem Fuß hüpfend, auf meinen Balkon. Ich hoffe, er meint nicht mich. Seine turbantragende, goldbeohrringte Begleitung ruft entzückt »Ah, mais oui, que c'est beau!!« Hmm, vielleicht meinen sie doch mich? Nee, klar, beide meinen: mein Haus. Weil es älter als dreißig Jahre alt ist, wahrscheinlich. Aaaah, Touristen. Ich mag sie. In Kreuzberg ist es ja schick geworden, »Touristen raus« und ähnliche post-post-postmodernen Danebenheiten auf Jutetaschen herumzuparadieren. Und jeder, der so was trägt, trägt es im tiefen Gauben, dass er sich vom hergelaufenen niederbayrisch-dörflichen Überfremdungsphobiker durch schiere Coolness und Ironievermögen unterscheide. Was natürlich nicht stimmt, Angst vor Ausländern ist das, und da passen keine Anführungszeichen drum.

Ich wünschte, um auch mal was Reaktionäres zu sagen, die Kreuzberger blieben, verdammt noch mal, bei ihren alten Parolen. »Spekulanten raus« hieß das in den Siebzigern, und so sollte es auch heute heißen. Die gucken auch nicht so niedlich, die Spekulanten, und sie geben mir auch nicht das Gefühl, in meiner Stadt im Urlaub zu sein.

Ingeborg Drewitz

MEINE
ORTSCHAFTEN

I n Gedanken wandert die Schriftstellerin Ingeborg
Drewitz durch die Bezirke, die ihr Leben berührt hat.
Sie macht Station in Moabit, Oberschöneweide und
endet in Zehlendorf, wo sie vierzig Jahre lebte.

Wie Inseln heben sich aus dem Stadtplan von Berlin die Bezirke, deren Straßennamen vertraut sind, deren Plätze und
Höfe in der Erinnerung nicht nur Plätze und Höfe irgendwo
in der großen Stadt sind, sondern Ortschaften, Stationen
des eigenen Lebens. Früheste Erinnerung an dunkle hohe
Zimmer, an Urgroßmutter und Großeltern, an den langen
Familientisch.

Nur die Urgroßmutter erzählte von damals, und das war
die Zeit um 1870, als ihre Kinder geboren wurden und die
Stadt schneller wuchs als die Häuser. Wohnungselend, Wohnungsnot. In der Tiefe unter dem Fenster der Hof, graubraun
und sonnenlos. Dahinter, hieß es, ein zweiter Hof. Un-
erreichbar. Beängstigend unbekannt. Geboren in *Moabit*.
Durch die Ansiedlung von Fabriken hatte sich der sandige
Landrücken zwischen Spree und Plötzensee, der 1718 französischen Gärtnern zur Besiedlung überlassen worden war,
in den Depressionen und Konjunkturen des Kaiserreichs
zu einem Arbeiterwohnbezirk entwickelt. Riesige Back-
steinkirchen und das Wohlwollen der kaiserlichen Familie
hatten den Trotz der Einwohner nicht gebrochen. Sie waren

nach dem Sturz des Kaiserreichs über den Beusselberg auf die Innenstadt zumarschiert, sie schlugen sich bis ins Jahr 1933 mit der SA. Aber der tägliche Wettlauf mit der Entwertung 1923 hatte ihre Gesichter gezeichnet. Die Frauen waren müde geworden vom Warten an den Fabriktoren, wo sie mittags den Lohn abgeholt hatten. Vor solchem Hintergrund muß die Szene in dem Wohnzimmer gedacht werden. Die Familie hatte sich zum Essen versammelt, die Lampe über dem Tisch gab müdes Licht, die Großmutter hatte eben die Teller gefüllt, als es klingelte. Sie ging öffnen, kam zurück und flüsterte mit dem Großvater, denk an das Kind, verstand ich, aber Großvater schob den Stuhl zurück und brachte die Frau ins Zimmer. Ein Gesicht, wie ich's nicht kannte, die Augen von Haarsträhnen verhangen, die Lippen gedunsen. Die Frau wollte sich nicht setzen, nicht essen, und saß dann doch über den Teller gebeugt, den Großmutter für sie gefüllt hatte. Niemand sprach. Nur das Löffeln und Schlürfen war zu hören. Meine Mutter zog mich vom Tisch weg, ich wehrte mich, es gab Tränen. Die Frau sah auf, strich das Haar weg, sah mich an, aber sah mich gar nicht, war ganz damit beschäftigt, das Haar aus der Stirn zu halten.

Ich weiß nichts anderes von ihr. War sie's, deren Mann bei Gleisarbeiten verunglückt war? War sie's, die die Kinder an Diphtherie verloren hatte, drei Kinder in zwei Tagen? War sie's, deren Mann bei der Schlägerei mit der SA umgekommen war? Großvater war Armenpfleger in Moabit und immer zwischen Turmstraße und Quitzowstraße unterwegs. Manchmal hörte ich die Erwachsenen über Fälle sprechen, ein paar Sätze, kaum mehr. Denn Großvater sah wohl zuviel, um noch darüber zu reden.

Wenn ich heute dort entlanggehe und in der Lübecker oder Wiclef- oder Huttenstraße in die Fenster hineinsehe, hinter denen die Gardinen noch immer gefältelt sind und noch immer Kakteen und Fleißige Lieschen blühen, denke

ich manchmal daran, ob eine von den Frauen sich wieder-
erkennt abends, wenn verstörte junge Frauen in die Kamera
hineinlaufen und der Fernsehreporter ihren Fall erläutert;
und ob sie das Gerät abschaltet oder sich in die Sofaecke zu-
rücklehnt, schicksallos, zufrieden?

In *Oberschöneweide* warteten wir am Fabriktor auf die Väter,
die Jungen und die Mädchen aus der Siedlung, machten uns
einen Spaß daraus, zu wetten, wessen Vater zuerst über den
Hof käme. Die Eltern hatten endlich eine eigene Wohnung,
Neubau; im ersten Winter schimmelten die Tapeten, und die
kleine Schwester wurde krank. Aber zum Rodeln und auch
nachher im Sommer war die Wuhlheide nahe. Und es gab
einen großen Hof ohne Zäune zwischen den Grundstücken.
Es gab auch die aus den Laubenkolonien, denen die Schule
schwerfiel. Vom Hof wurden sie manchmal durch Jungen-
horden verjagt, die Zündplättchen für ihre Revolver hatten
und Wimpel und Fahrräder. Doch die Laubenkinder hatten
ja nicht viel Zeit zum Spielen, sie mußten die Geschwister
hüten, mußten einkaufen, kochen und mittags mit Essen-
töpfen ans Fabriktor gehen, solange die Väter noch nicht
zu Hause herumsaßen, weil es keine Arbeit mehr gab. Mein
Vater erfuhr das am 24. Dezember. Als er mich warten sah,
nahm er mich bei der Hand (das tat er sonst nie), und wir
gingen zwischen Industriebahn und Fabrikmauer entlang,
nicht drüben, wo die Schaufenster noch weihnachtlich ge-
schmückt waren und nur beim Schlächter Leute Schlange
standen. Ecke Edisonstraße lehnten Tannenbäume gegen
den Draht, der von Laterne zu Laterne gespannt war, Vater
schien die nicht zu sehen, sondern zog mich zur Brücke.
    In den Fabriken an beiden Spreeufern war es dunkel. Im-
mer wenn eine Straßenbahn über die Brücke fuhr, flogen die
Möwen auf. Ich zählte die weißköpfigen Pfähle. Im Sommer
hatten wir die Zillen gezählt.

Verdammt still! Und nicht wegen Weihnachten, sagte Vater endlich und packte mich und brüllte: Verdammt still, verstehst du? Ich habe erst später begriffen, warum er mit mir auf die Brücke gegangen war, sein Schicksalsweg an wie vielen Tagen! Zwei Jahre vor Hitlers Krieg kam er wieder ans Reißbrett. Großtransformatoren sind wie Eisen und Kohle Voraussetzung industrieller Erschließung. Elektrizität ist das Stichwort für Oberschöneweide.

Im Sommer 1945 konnte Vater auf dem schmalen Fußgängersteg, der zwischen die Betonblöcke der gesprengten Brücke gespannt war, nicht stehenbleiben, da stießen sie ihn weiter, brauchten ihn nicht mehr, brauchten niemand. Der Maschinenpark war als Beutegut verladen.

Und wieder war Elektrizität das Stichwort. Wenn's auch an Kupfer fehlte und der Walzstahl schlecht war, wurde wieder gearbeitet, zäh, verbissen. Die Lautsprecher gaben Betriebsnachrichten durch, beim Transport durch Polen wurden die Isolatoren von den Transformatoren geschossen, es gab Verhaftungen in der Halle und im Konstruktionssaal. Stalinära. Vater schwieg und rauchte mittags eine Pfeife unten an der Spree und bei jedem Wetter. Später haben sie ein Foto von ihm gemacht, das ihn neben dem metallnen Dinosaurier zeigte, der für die Leipziger Messe verladen werden sollte. Er freute sich wie ein Junge darüber. Die Hauptsache ist doch, daß es ein bißchen heller wird in der Welt!

Hatte er recht? Ich weiß es nicht. Die alten Häuser in der Wilhelminenhofstraße hinter den Fabriken sind noch schmuddliger als damals, in »unserer« Siedlung bröckelt der Putz, aber die Kleidung ist farbiger geworden, und neue Autos beleben die Straßen. Ob immer noch Kinder von Kindern verjagt werden, wenn sie sich auf fremde Höfe wagen?

Zehlendorf nennt sich der grüne Bezirk. Die Kinder lernen das in der Schule und wachsen so auf zwischen Wald und

Parks, zwischen den Seen und der Grenze am Teltowkanal, vertraut mit Singvögeln und Igeln und Autoschlangen an den Sonntagen und der Langenweile des sommerlichen Gartensprengens. Keine Kämpfe auf den Höfen, hinter den geöffneten Fenstern der Villen manchmal noch Klavierüben, fünfmal die Läufe der linken Hand, in den Einfamilienhäusern längst vom Radio verdrängt. Trotz der Erschließung durch den Bau der Wannseebahn ist das Siedlungsgebiet zwischen den 700 und 750 Jahre alten Dörfern ein junges Wohngebiet mit unscharfer Sozialstruktur, ein Bezirk ohne eigene Handschrift, die sich im Stadtplan eingezeichnet hat. Ein paar Erinnerungen an Preußen, an Brandenburg: die charmante Rundkirche in Zehlendorf, wo der Königsweg von der Potsdamer Chaussee abzweigte; das verstiegene Schlößchen auf der Pfaueninsel; die heiteren Glienicker Schlösser und die strenge Grazie der Peter-und-Paul-Kirche neben dem russischen Blockhaus Nikolskoe; der Kurierweg vom Schloß Charlottenburg nach Potsdam, der noch als Reitspur durch den Wald läuft; und Caspar Theyß' Jagdschloß für Joachim II. Aber auch die Geschichte von Michael Kohlhaas gehört nach Zehlendorf und der Bericht von Kleists Selbstmord im Wald über dem Kleinen Wannsee.

Zehlendorf, ein Ort auf der Wanderung, ein Sonntagsziel. Die bewachten Grenzen sind lang. Drüben in Teltow sind die Wachhunde an Gleitschienen angekettet und heulen nachts hungrig und aufmerksam. Und in den vielen Villen sind die viel zuvielen Alten von Berlin untergebracht und gehen wie Fremde zwischen den Gärten und Kiefern spazieren, von denen sie ein Leben lang geträumt haben.

Richard Wagner

IM
BAYERISCHEN
VIERTEL

Ein Schriftsteller sitzt im Hinterhaus und kann nicht schreiben. *Richard Wagner über das Bayerische Viertel, über Benn und Bernstein, Ulrike Meinhof und all die anderen, die hier lebten – mit oder ohne Gedenktafel.*

Es ist elf. Wieder mal elf. Sie ist raus. Rausgegangen. Mit dem Hund, wie sie sagt. Um elf bringt sie den Hund runter. Gassi, wie sie sagt. Wenn ich das Wort nur höre.

Sie führt den Hund runter. Kanns kaum erwarten. Sieht ein Blinder. Soviel Fürsorge hat der Hund schon lange nicht mehr gehabt. Als ginge es um den Hund. Wir haben ihn schließlich lange genug. Und es gab Zeiten, in denen mußte ich ihn rausbringen. Ist schon länger her. Gebe ich zu.

Jetzt geht sie mit dem Hund raus. Abend für Abend. Nacht für Nacht. Ich geh mit dem Hund raus, ruft sie aus dem Flur, und ich sehe ihre Augen leuchten. Ich sehe ihre Augen gar nicht, aber ich sehe sie leuchten.

Ich sitze in meinem Zimmer und blicke auf das Bücherregal. Die Marx-Engels-Ausgabe steht jetzt ganz oben. Man muß schon zur Zimmerdecke blicken, wenn man sie sehen will. Was können die Klassiker dafür, sage ich mir. Agnes hat sie trotzdem raufgestellt.

Ich blicke auf die Bibliothek, und mir fällt kein einziger

Satz ein. Ich denke immer nur, sie ist wieder mit diesem Vorwand raus, mit diesem Hund. Steht jetzt vor dem Bernstein-
Haus, in der Bozener. Ja, richtig, der alte Sozi hat da gewohnt.
Bernstein, der Revisionist. Dessen Bücher hätten wir damals,
als wir uns kennenlernten, nicht einmal mit Handschuhen
angefaßt. Das war in den Siebzigern.

Ich versuche zu schreiben, aber ich sehe sie den Hund
zum Bernstein-Haus führen. Und den Kerl sehe ich aus
der Gegenrichtung kommen. Vom Benn-Haus her. Der hat
nämlich auch in der Bozener gewohnt, ein paar Häuser
weiter. Und etwas später. Als sie die meisten Juden hier bereits weggebracht hatten. Das Viertel war mal jüdisch. In den
Zwanzigern. Benn, stell dir das vor! Jetzt wohnen wir neben
all denen. Neben all diesen Gedenktafeln wohnen wir. Und
Agnes läuft mit dem Hund von Gedenktafel zu Gedenktafel,
und der Kerl kommt ihr entgegen.

Geht schon seit Wochen so. Ich bin informiert. Ich sitze
hier und versuche zu schreiben, aber ich bin informiert.
Ich sitze in dieser verdammten Hinterhauswohnung am
Schreibtisch, und mir fällt kein einziges Wort ein. In dieser
Wohnung ist man wie eingesperrt. Du gehst ans Fenster, und
was siehst du, den Hinterhof. Keine Straße, nichts. Wenn
wir im Vorderhaus wohnen würden, könnte ich das Stra-
ßenschild sehen. Ich würde sehen, wie sie mit dem Hund
rübergeht in die Bozener. Aber Agnes gefällt die Hinterhauswohnung. Sie ist so ruhig, sagt sie. Wahrscheinlich will sie
nicht ins Vorderhaus umziehen, damit ich sie nicht mit dem
Kerl sehe.

Dabei ist im Vorderhaus öfter mal eine Wohnung frei. Wir
wohnen in der Kufsteiner. Wenn ich zu Leuten sage, wir wohnen in der Kufsteiner, sagen sie sofort, ach da, wo der *Rias* ist.
Dabei ist der *Rias* gar nicht in der Kufsteiner. Wir wohnen am
anderen Ende der Straße, sage ich. Zur Grunewald hin. Und
zwischen dem *Rias* und uns liegt der Volkspark. Außerdem

gibt's den *Rias* gar nicht mehr. Trotzdem sagen die immer *Rias*, wenn ich Kufsteiner sage.

Unser Haus steht direkt neben dem Haus, in dem zeitweise Ulrike Meinhof gewohnt hat. Wußten Sie das? Nein, Sie wußten es nicht. Ist ja keine Gedenktafel dran. Aber ich bin informiert. Ich weiß es eben. Gut, daß Agnes nicht da ist. Sie würde nämlich laut loslachen. Das macht sie immer öfter in der letzten Zeit, wenn ich was sage. Du bist so witzig, Süßer, sagt sie dann. Was aber ist daran so witzig, wenn ich sage, hier hat die Meinhof gewohnt. Es ist nämlich wahr.

Agnes trifft diesen Kerl zwischen dem Bernstein-Haus und dem Benn-Haus. Sie geht mit ihm, der ebenfalls den Hund dabei hat, weiter. Richtung Grunewaldstraße. Die beiden Hunde beschnuppern sich. Ich kann es deutlich aus meinem Hinterhauszimmer sehen. Es ist eine Schande. Unser Hund mit dem Hund dieses Kerls. Jedenfalls ist es ärgerlich.

Sie trifft den Kerl, weil er so nett ist und sie gern am späten Abend noch plaudert. Mit mir könne man ja nicht reden, sagt sie. Ich schreibe an diesem blöden Artikel. An diesem Transformations-Artikel. Seit Wochen schon sitze ich dran. Abend für Abend. Und mir fällt nichts ein. Was soll einem auch zu diesem Thema einfallen. Es stimmt doch gar nichts mehr. Das fängt schon mit neunundachtzig an, daß nichts mehr stimmt. Kein Begriff, nichts ist wirklich brauchbar. Was ist eine Revolution, was ist eine Reform? Stell dir bloß eine samtene Revolution vor! Die sagen das doch allen Ernstes. Eine schlechte Zeit für Politologen. Jetzt sind die Essayisten dran. Die Spekulanten des Weltzustands.

Wie ich diesen Hund hasse. Agnes haßt die Klassiker und ich den Hund. Gäbe es den Hund nicht, könnte sie auch nicht rausgehen. Hätte sie den Vorwand nicht. Und ohne den Hund hätte sie den Kerl gar nicht kennengelernt. Die beiden haben sich beim Gassigehen kennengelernt. Er ist sozusagen ihr Hundeausführpartner. Der unterhaltsame Ex-

Dissident aus der Tschechoslowakei. Tschechoslowakei! Die
gibt's, wie's den *Rias* gibt. Und ich habe den Salat.

Sie stehen jedesmal eine Weile vor dem Benn-Haus, dann
gehen sie zur Grunewald. Sie gehen die Grunewald runter.
Da, wo jetzt all die Läden verschwinden, die kleinen rühren-
den Läden mit den handgemalten Firmenschildern aus den
Sechzigern. Die verschwinden jetzt alle. Seit der Vereinigung
verschwinden die, Stück für Stück geht das alles den Bach
runter. Seit neunundachtzig. Aber wie soll man das beschreiben?

Die beiden überqueren die Grunewald, gehen in die Bam-
berger rein und dann die Güntzel rauf und kommen durch
die Helmstedter zurück. Vor dem Seghers-Haus bleiben sie
stehen. Immerhin. Anna Seghers. Sie bleiben eine Weile vor
dem Seghers-Haus stehen, und er erzählt ihr irgend etwas
über die schrecklichen Kommunisten, und die Hunde beschnuppern sich schon wieder. Vor dem Seghers-Haus.
Dann kommt sie zurück. Ich höre sie schon im Treppenhaus.
Und habe keinen einzigen Satz geschrieben. Wie ich diesen
Hund hasse. Aber was kann der Hund dafür!

Henryk M. Broder

ONKEL GUSTAVS ERBEN

D ie Konditorei Buchwald ist nicht nur eine *Berliner Institution, sondern auch eine Insel des Matriarchats. Und auf jeden Fall Henryk M. Broders Lieblingscafé.*

Am Anfang war Onkel Gustav der Erste, Konditormeister und Unternehmer in Cottbus. Er gründete im Jahre 1852 dort die Baumkuchenbäckerei Buchwald. Damit wurde er wohlhabend und weit über die Grenzen der Stadt bekannt.

Sein ältester Sohn, Gustav der Zweite, übernahm das Geschäft und eröffnete im Jahre 1900 eine Filiale in Berlin, an der Brückenallee in Moabit, die heute Bartningallee heißt. Dort, wo die Bärenbrücke über die Spree führt, mietete er ein Ladenlokal mit zwei Räumen, hinten wurde gebacken, vorn serviert und verkauft. Bald wussten auch die Berliner: Den besten Baumkuchen der Stadt gibt es bei Buchwald, dem Hoflieferanten der Hohenzollern.

Onkel Gustav der Zweite war noch fleißiger als sein Vater, er arbeitete Tag und Nacht und vergaß darüber, eine Familie zu gründen. Ohne Frau und Nachkommen übergab er die Bäckerei Ende der zwanziger Jahre an seine Nichte Käthe, eine gelernte Kauffrau. Die führte das Geschäft gute 65 Jahre, bis sie 1993 starb. Nur während des Krieges musste sie eine Weile aussetzen, denn »Baumkuchen war nicht kriegswichtig, und Mama musste in einer Brotfabrik am Alex Brot backen«, sagt ihre Tochter Ursula Kantelberg, die 1941 geboren wurde und mit 22 ihren Meisterbrief bekam. »Ich war die jüngste Konditormeisterin, die Berlin je hatte.«

Seit Mutter Käthes Tod ist sie die Chefin im Buchwald, ihre Tochter Martina, 1960 geboren, hat ebenfalls Konditorin gelernt und wird das Geschäft eines Tages übernehmen. »Die Konditorei ist unser Leben, darum dreht sich alles.«

Und so ist das Buchwald nicht nur eine Berliner Institution, die man in keinem Reiseführer findet, sondern auch noch eine Insel des Matriarchats. Und eine historische Rarität, die man unter Denkmalschutz stellen müsste, damit nachkommende Generationen erfahren, was es alles gegeben hat, bevor das Bistro und der Imbiss erfunden wurden. Es hat sieben Tage in der Woche und 364 Tage im Jahr geöffnet, nur am 1. Januar wird nicht serviert.

Der Besucher betritt ein Reservat, das so eingerichtet ist wie eine Berliner gute Stube zur Zeit von Heinrich Zille. An den Wänden kleben Strukturtapeten, von der Decke hängen handgeschnitzte Holzkandelaber, die hohen Fenster werden von weißen Raff-Stores verdeckt. Das Parkett wurde seit Kriegsende, als eine alliierte Bombe ins Haus stürzte, nicht erneuert. Während das Möhring und das Kranzler am Kurfürstendamm ständig modernisiert wurden, hat man hier alles so gelassen, wie es war. »Die Leute mögen so was Altmodisches«, sagt Ursula, »wir sind etwas Besonderes, darauf legen wir Wert.«

Im Buchwald gibt es selbst gemachte Kuchen und Torten, wer ein belegtes Brötchen zum Frühstück oder eine Mini-Pizza zu Mittag haben möchte, hat sich in der Tür vertan. »Wenn man reinkommt, soll es nach Kaffee riechen«, erklärt Ursula, »nicht nach Teig aus der Mikrowelle.« Ein Sofa und sechzehn Tische bieten Platz für 60 Besucher. Im Sommer kommen noch vier Tische im Vorgarten dazu.

Drei Viertel der Gäste sind Stammkunden, der Rechtsanwalt und grüne Bundestagsabgeordnete Hans-Christian Ströbele, der seine Kanzlei gleich um die Ecke hat, »kommt öfter rüber« und bestellt eine Marzipantorte. Seit dem Regierungsumzug erscheinen auch die Leute vom Innenministerium auf der anderen Seite der Spree. »Die kennen wir aber nicht persönlich, und es hat sich auch noch keiner vorgestellt.«

Einst war das Buchwald Hoflieferant des Kaiserhauses. »Onkel Pauli« konnte sich noch daran erinnern, wie alle paar Tage eine Kutsche mit dem Wappen Seiner Majestät zum Einkaufen vorfuhr. Pauli war kein richtiger Onkel, »aber er gehörte zur Familie«, sagt Frau Kantelberg, weil er über 60 Jahre in dem Betrieb gearbeitet hatte. »Er war nie krank, nur zweimal im Krieg.«

Heute liefert Buchwald in alle Welt. Der Baumkuchen wird das ganze Jahr über hergestellt und verkauft, ab Oktober läuft die Produktion auf Hochtouren. Dann gehen Hunderte von Paketen auf die Reise, vor allem in die USA, wo die Spezialität aus Berlin vielen das Weihnachtsfest versüßt. »Wir machen keine Reklame, nicht einmal in Berlin, unsere Qualität ist die beste Werbung.«

Einmal im Jahr macht sich Ursula Kantelberg selbst auf den Weg, ein Stück Baumkuchen im Gepäck. Sie reist zum Urlaub in die Wüste, am liebsten nach Namibia. Afrika ist ihre zweite große Liebe. Gleich nach dem Café Buchwald an der Bärenbrücke in Berlin-Moabit.

BERLINER
HISTORIEN

Begegnungen mit der Geschichte

Wolf Jobst Siedler

DAS SCHLOSS SOLL WIEDER HER!

Als einer der ersten trat der Berliner Verleger und Publizist Wolf Jobst Siedler 1992 in MERIAN für den Wiederaufbau des Stadtschlosses ein. Ein ebenso fulminantes wie erfolgreiches Plädoyer, aus dem auch viel über Berlin zu lernen ist.

Alle großen Städte Europas sind ohne ihre Schlösser denkbar. In Rom weiß man gar nicht, welchen der vielen Paläste man als Mittelpunkt der Stadt nehmen soll. Den Palazzo Venezia, den alten Sitz der Republik Venedig, von dessen Balkon Mussolini einst den Eintritt seines Landes in den Zweiten Weltkrieg ausrief? Oder den Palazzo Madama, wo heute der Senat zusammenkommt? Oder doch den Quirinal, die alte Residenz der Päpste, wo jetzt der Staatspräsident residiert? Niemand weiß es zu sagen; fragt man die Römer, wird jeder eine andere Auskunft geben.

In London kann man stundenlang durch die Stadt wandern, ohne vom Schloß der englischen Könige, dem Buckingham-Palast, etwas wahrzunehmen, übrigens liegt er außerhalb der alten Stadt in seinem Park. Aber dieses Königliche Schloß wurde erst im achtzehnten Jahrhundert gebaut, erhielt sogar erst 1825–37 seine endgültige Gestalt. Es ist das jüngste aller alten Schlösser Europas, und London war schon weit über tausend Jahre alt, ehe man daran dachte, es zu errichten. Lange hatten die englischen Könige im Windsor Castle gesessen, weshalb sich das Königshaus nach ihm nannte, als es im Ersten Weltkrieg 1917 seinen deutschen Namen Sachsen-Coburg-Gotha loswerden wollte.

In Paris wird heute jedermann den Louvre nennen, aber das ist ein Augentrug. Was man heute den »Neuen Louvre« nennt, wurde erst unter den beiden Napoleons errichtet, und die wirklich alten Teile nimmt der Besucher kaum zur Kenntnis. Napoleon hat selbstverständlich nicht im Louvre, sondern im Tuilerien-Schloß gewohnt, das erst beim Aufstand der Commune 1871 niedergebrannt wurde, und heute erinnert nur noch der Tuileriengarten an den verschwundenen Bau – und zwei einzelne Säulen, die in Berlin am Eingang zur Insel Schwanenwerder aufgestellt wurden. St.-Cloud, das dritte Königsschloß von Paris, war älter als jener Bau, in dessen Hof heute die Glas-Pyramide des chinesischen Amerikaners I. M. Pei steht. Und die Schlösser von Fontainebleau aus dem zwölften oder Rambouillet aus dem vierzehnten Jahrhundert? Paris ist nicht mit einem einzigen Königsschloß zu identifizieren.

Berlin aber war das alte Stadtschloß »Unter den Linden«, das eigentlich älter ist als die Stadt selber. Das Schloß an der Spree, oder doch sein ältester Flügel, war schon da, als Brandenburg noch ein Kurfürstentum des Heiligen Römischen Reiches deutscher Nation war, und es nahm seine jüngste Gestalt an, als Kurfürst Friedrich III. von Brandenburg gerade in Königsberg zu Friedrich I. in Preußen, nicht von Preußen, erhoben wurde, zum ersten preußischen König. Dann wurde nach eindreiviertel weiteren Jahrhunderten aus dem König von Preußen der Deutsche Kaiser.

Das Berliner Schloß hat das alles miterlebt; es ist nicht nur genauso alt wie das Geschlecht, das darin residierte, sondern es ist so alt wie das alte Brandenburg und das junge Preußen. Es hat eine ganz andere Bedeutung für Berlin als die Schlösser Englands, Italiens und Frankreichs für ihre Hauptstädte. Überall war die Stadt vor dem Schloß da; in Berlin gab es das Schloß, und dann erst kam die Stadt. Nur etwa achttausend Einwohner hatte Berlin, als hier die erste Burg gebaut wurde. Dieses Schloß ist ausgelöscht worden. Es war durch den Bombenkrieg und die Straßenkämpfe schwer beschädigt worden; einige Flügel waren stark zerschossen, andere waren nahezu vollständig ausgebrannt. Aber große Teile des Schlosses waren noch so gut erhalten, daß hier sehr bald schon, als die Waffen schwiegen, Versammlungen und Ausstellungen stattfanden. Das Jahrhunderte jüngere Charlottenburger Schloß war weit schlechter durch den Krieg gekommen. Die erste berühmte Nachkriegsausstellung Hans Scharouns über den Wiederaufbau der zerstörten Reichshauptstadt wurde 1946 im Stadtschloß Unter den Linden eröffnet, und die Berliner gingen zu Zehntausenden durch die Trümmerwüste, um zu sehen, wie sie dereinst leben sollten.

Einige Monate brauchte man noch, um die Schäden des Daches zu beheben und die geborstenen Fenster neu zu verglasen. Dann waren so viele Räume wiederhergestellt, daß die verantwortlichen Museumsleute des Louvre ihre Schätze nach Berlin schickten. So gut war die Flucht von Sälen wieder instand gesetzt, daß der französische Militärgouverneur hier die erste große Ausstellung nach dem Kriege eröffnete; die Konservateure aus Paris hatten keine Bedenken gehabt, ihre Manets, Monets, Renoirs und Cézannes dort zu zeigen, wo einst die Kurfürsten, Könige und Kaiser gewohnt hatten. Übrigens war das Schloß nach der Revolution von 1918 ein Museum geworden, ganz wie der Louvre in Paris. Genau das hatte der erste frei gewählte Magistrat von Berlin mit dem wiederaufgebauten Schloß nach dem zweiten verlorenen Weltkrieg 1945 vor.

Jene französische Gemäldeausstellung, die acht Wochen nach Scharouns Ausstellung eröffnet wurde, war das große

gesellschaftliche Ereignis der frühen Nachkriegsjahre, und
es fand in jenem Königlichen Schloß statt, an dem von der
Renaissance über das Barock bis zum Klassizismus Jahrhunderte gebaut hatten. Erst Caspar Theyß und dann Johann
Gregor Memhardt hatten die uralte Burg umgebaut und ein
wirkliches Schloß daraus gemacht; das war in der zweiten
Hälfte des siebzehnten Jahrhunderts. Die Hauptfront und
den grandiosen Innenhof, der seinen Namen trug, hatte
Andreas Schlüter gebaut, der größte Barockbaumeister und
Bildhauer Nordeuropas, der dann nach St. Petersburg gegangen war. Nach ihm war Johann Eosander von Göthe gekommen und hatte den zweiten Schloßhof errichtet, der das
barocke Pathos Schlüters ins Elegante wendete. Zum Schluß
hatten alle Architekten des Klassizismus, von Erdmanns-
dorff über den älteren Gilly und Langhans, den Erbauer des
Brandenburger Tors, bis zu Schinkel, Persius und Stüler, an
seinem Innenausbau mitgewirkt, und manche waren der
Meinung, daß dies Preußens größte Innenarchitektur gewesen sei.

Wer in Preußen und Berlin über die Jahrhunderte zur
Verfügung gestanden hatte, der hatte in irgendeiner Weise
am Schloß mitgebaut, so daß daraus am Ende so etwas wie
ein Architekturmuseum geworden war, an dem sich die verschiedenen Schichten der Bau- und Stilgeschichte Preußens
ablesen ließen. Beherrscht wurde es von der mächtigen
Kuppel, die ihm um 1850 aufgesetzt worden war und deren
ausgebranntes Gestänge noch im Ruinenzustand die Silhouette der Innenstadt bestimmte, bis zum Untergang des Staates wie der Stadt. Friedrich Wilhelm IV. ließ August Stüler
eine Kuppel auf das Hauptportal setzen, zuvor war kein Geld
dagewesen, oder die Architekten waren vorzeitig gestorben.
Schließlich war Stülers Schloßkuppel doch eines der Wahrzeichen Berlins geworden, und sie überragte die Kuppel der
Hedwigskirche und die der beiden Gontardschen Dome auf

dem Gendarmenmarkt, die Friedrich der Große nach dem Vorbild der Doppelkirchen auf der Piazza del Popolo in Rom hatte bauen lassen.

Der letzte Kaiser des spät gewonnenen und schnell verspielten Reiches, Wilhelm II., achtete streng darauf, daß kein profanes Bauwerk die Schloßkuppel überrage, und diese Hierarchie der Höhen hatte sogar zu einem ernsthaften Konflikt geführt, als der Architekt des Reichstagsgebäudes, Paul Wallot, gewagt hatte, mit seiner gläsernen Reichstagskuppel die Schloßkuppel um ein paar Meter zu übertreffen. Da stand im Verständnis des letzten deutschen Kaisers die Souveränität des Parlaments gegen die Souveränität des Monarchen von Gottes Gnaden. Der Reichstag mußte im wörtlichen Sinn zurückstecken und seinen Bau niedriger halten. So blieb das Schloß mit seiner Schloßkuppel der beherrschende Bau des alten Berlin. In dem Trümmermeer von 1945 war es wie ein Symbol, daß wenigstens die größte und bedeutendste Architektur der Stadt einigermaßen über den Krieg gekommen war.

Dieses Schloß ließ Walter Ulbricht fünf Jahre nach dem Krieg abreißen, und weil das gar nicht ganz leicht ging, denn die Mauern waren zum Teil einige Meter stark, rückten Sprengkommandos an, die mit geliehenem sowjetischem Dynamit in monatelanger Arbeit Flügel für Flügel in die Luft sprengten. Nicht nur in den westlichen Stadtteilen, selbst im sowjetischen Sektor fanden Protestversammlungen statt. Kunsthistoriker aus der ganzen Welt, der siebzigjährige Richard Hamann aus Leipzig als Bannerträger voran, schickten Protestadressen, und sogar im Zentralkomitee der sich inzwischen »Sozialistische Einheitspartei Deutschlands« nennenden Kommunistischen Partei regte sich Widerspruch. Auf einer dieser Versammlungen ergriff ein Liebknecht, der Neffe von Rosa Luxemburgs Liebknecht, selber ein alter Kommunist, das Wort: »Genossen, ich höre immer, daß die Zwingburg der Junker abgerissen werden müsse. Aber ich habe noch nie einen Junker mit einer Maurerkelle oder einem Hobel gesehen. Genossen, ihr wollt das Werk der deutschen Arbeiter zerstören. Das ist unser Schloß, nicht das Schloß der Hohenzollern.« Aber es half alles nicht. Walter Ulbricht mochte das Schloß nicht, er wußte nichts von seiner Geschichte, begriff nicht seine Bedeutung, und er scherte sich auch nicht darum. Manche seiner ehemaligen Kampfgefährten, vor allem die Mitglieder seines Politbüros Wilhelm Zaisser und Rudolf Herrnstadt, die er später wegen einer angeblichen Parteirevolte stürzte, behaupteten sogar, daß er das Schloß immer schon als Symbol des alten Deutschland gehaßt habe.

Wichtiger wird sein, daß Walter Ulbricht auch darin dem Moskauer Vorbild sklavisch folgt:»Von der Sowjetunion lernen, heißt siegen lernen.« Wie in Moskau vor dem Kreml der riesige Rote Platz seit der Zeit der ersten Volkskommissare ein Aufmarschgelände für Kundgebungen abgab, so mußte nun im Herzen Berlins eine gewaltige freie Fläche für »machtvolle Demonstrationen der Arbeiterklasse« geschaffen werden, wie Wilhelm Pieck erklärte. Da Berlin in der Stadtmitte aber keinen freien Platz hatte, störte eben das Schloß.

Eine abgeräumte Leere, über die der Wind fegte, hielt jahrzehntelang die Erinnerung an das einstige Zentrum Berlins wach: der Marx-Engels-Platz. Hier wurden zu jedem 1. Mai die Tribünen aufgebaut, auf denen die Funktionäre von Politbüro, Zentralkomitee, Regierung und Volksarmee den Vorbeimarsch der von den Betrieben abgeordneten Massen abnahmen, auch darin dem sowjetischen Vorbild folgend, wo sich von Stalin bis Breschnew die Gewaltigen auf dem Dach des Mausoleums versammelten, in dem die konservierte Mumie Lenins liegt. Übrigens war das selbst für Rußland eine sonderbar archaische Totenehrung, nie war ein Zar mumifiziert und ausgestellt worden. Von der Antike über das Mittelalter bis zur Neuzeit wäre in Europa niemand auf den Gedanken gekommen, die toten Herrscher auszustopfen, damit sie jahrhundertelang angebetet werden könnten. Wie die Sowjetunion den ägyptischen Totenkult von vor fünftausend Jahren imitiert hatte, so ahmte nun Ost-Berlin das ferne Moskau nach, und gerade an jenem Ort, wo einst Berlins Schloß gestanden hatte.

Die Mitte Berlins, nämlich das Stadtschloß und seine Umgebung, war ein Ort der Fülle auch in baulicher Hinsicht gewesen. Auf alten Bildern ist noch zu sehen, wie die Quartiere der Handwerker und Bürger bis an die Mauern des Schlosses heranreichten. Es gab ja sonst in Preußen nur landgesessenen Adel, dessen Gutshäuser, das alte Herrenhaus der Bismarcks an der Elbe oder das der Marwitzens an der Oder, draußen in Brandenburg lagen. Nie hatte das Herrscherhaus die Aristokratie an den eigenen Hof gezogen, wie das in Frankreich der Fall gewesen war, wo die großen Familien alle ihre Stadtpalais im Herzen von Paris haben mußten, die Rochefoucaulds wie die d'Ormessons. In Preußen saßen die Dohnas Hunderte von Kilometern entfernt in Ostpreußen, die Henckel-Donnersmarcks in Schlesien, die Thaddens in Pommern und die Kleists in Brandenburg. Um das Schloß herum drängte sich das Bürgertum, und die »Linden« waren, die dynastischen und sakralen Plätze abgerechnet, eine bürgerliche Allee. Diese Straße reichte vom Ochsenmarkt im Osten, der später aus Anlaß eines Zarenbesuchs Alexanderplatz genannt wurde, bis zum Pariser Platz am Brandenburger Tor am anderen Ende der »Linden«. Sein Name sollte das Gedächtnis an den Einzug der verbündeten Monarchen Rußlands, Österreichs und Preußens in der Hauptstadt Napoleons bewahren.

Das war die klassische Meile des monarchischen Berlin, das paradoxerweise eine bürgerliche Stadt gewesen war. Auf alten Stichen – der berühmten »Linden-Rolle« vom Anfang des neunzehnten Jahrhunderts – ist zu sehen, wie hier kleine, meist nur zweistöckige Häuser einander drängten, wo Konditormeister neben Offizierswitwen, Handschuhmacher neben märkischen Adelsfamilien wohnten, eine Mischung der Stände, die in Sichtweite des Schlosses fast demokratisch anmutete, wenn denn dieses Wort in jener Zeit irgend etwas bedeuten würde. Das war das Zentrum der sonderbaren Militärmonarchie der Hohenzollern. Nur ganz oben, in der unmittelbaren Nähe der Residenz des Herrschergeschlechts, standen die Bauten des Staates: das Zeughaus voran, dann das etwas einfältige Palais des Prinzen Heinrich, des Bruders Friedrichs des Großen, danach die Königliche Bibliothek und schließlich die Hofoper neben jener Hedwigskirche, die Friedrich für den katholischen Adel der neugewonnenen Provinz Schlesien bauen ließ. Auf der anderen Seite des Schlosses aber begann schon das Gewirr der Gassen, neben denen der Marstall lag, in dem dann auch die Akademie Platz finden mußte, woher das Wort kommt, daß in Preußen immer die Mulis neben den Musis wohnen.

Aber alles, die engbrüstigen Häuser der Handwerker und die bescheidenen Palais' des Adels, über die man in Paris gelächelt hätte, war auf das Schloß bezogen, das sie alle überragte. Kam man vom Tiergarten her durch das Brandenburger Tor, so ragte seine dunkle Masse in der Ferne auf und gab den »Linden« Halt. Sie waren ja erst Jahrhunderte später angelegt worden und bezogen sich bis auf die Einzelheiten hinein auf das Schloß. Warum laufen die »Linden« jetzt so merkwürdig diagonal in Richtung Osten und enden im Nichts? Selbst aus der Leere, auf der nun sinnlos verloren, einem provinziellen Warenhaus gleich, der nach hinten versetzte »Palast der Republik« als Monument für das Honecker-Regime steht, kann man schließen, daß hier einmal etwas gewesen sein muß. Warum steht das Alte Museum so sonderbar am Auftakt zur Museumsinsel, leicht in der Achse gewendet, so daß es den Eindruck macht, es müsse auf etwas bezogen gewesen sein? Schinkel, dessen Meisterwerk der flache Bau mit seiner Säulenvorhalle ist, hatte mehr als ein Dutzend Zeichnungen gemacht, bevor er Baumasse, Lage und Winkel des Museums endgültig festgelegt hatte, damit es im rechten Verhältnis zum Schloß stehe.

Sehr auffällig, daß die größten Bauanstrengungen der in den Napoleonischen Kriegen wider Erwarten siegreich gebliebenen Monarchie nicht königlichen Palästen und staatlichen Repräsentationsbauten galten, sondern eben dem Museum und dem ebenfalls von Schinkel entworfenen Schauspielhaus, Stätten der bürgerlichen Bildung; nicht ein Schloß Berlins ist nach dem achtzehnten Jahrhundert gebaut worden, während doch die Repräsentationslust der Habsburger, Romanows und Windsors gerade im neunzehnten Jahrhundert eine späte Nachblüte erlebte. Die Stadt an der Spree ist im neuen Jahrhundert erst einmal die Stadt der Bildungsbauten, dann die der Verkehrs- und Industriearchitektur.

Aber all diese Schauspielhäuser, Opern und Museen standen eben, anders als in London oder Paris, wo sie über die Stadt verteilt sind, nur einen Steinwurf weit vom Schloß entfernt. Jetzt aber steht das Alte Museum wunderlich verloren an seinem Platz. Das Schloß, der Maßstab seiner ganzen Umgehung, ist nicht mehr da. Aber auch die Handwerker- und Bürgerhäuser im Süden und Osten sind abgeräumt worden, um »Magistralen« nach moskowitischem Beispiel Platz zu machen. Ein Areal von zwölfbahnigen Rennstrecken, auf denen bis zur Wende die Trabants fuhren, Miniaturautos aus Leukoplast.

Das alles führt die Großmannssucht eines gescheiterten Sozialismus geradezu zum Greifen anschaulich vor mit einem Fernsehturm als Symbol – dem einzigen Fernsehturm

Europas, der als Stadtmitte gedacht war, denn dergleichen gibt es nicht einmal in Moskau neben dem Kreml, von Paris oder London zu schweigen. Die meist berufslosen Berufskommunisten – wie Schabowski, Krenz und Herrmann –, die im Politbüro zusammensaßen, hatten niemals eine Handwerkerausbildung hinter sich gebracht, gar eine Gesellen-, geschweige denn eine Meisterprüfung gemacht; Honecker war mit seiner Dachdeckerlehre eine Ausnahme. Sie sahen wohl tatsächlich in dem neuen Alexanderplatz ihren Anspruch auf Weltniveau befriedigt. Ob sie, all die Mittags und Axens, allen Ernstes glaubten, die Tristesse des Marx-Engels-Platzes sei der sozialistische Städtebau der Zukunft? Das jedenfalls war die real existierende Stadtplanung des Sozialismus, der alle seine eigenen Traditionen verraten hatte. Keine mustergültigen Arbeitersiedlungen wie in der Weimarer Republik, keine in die Zukunft weisenden Industriebauten, wie sie das späte Kaiserreich mit Siemens, Krupp und Borsig gegeben hatte, keine Staatsbauten, wie sie die Moskauer Wettbewerbe nach der Oktoberrevolution ausgeschrieben hatten (»Sozialismus ist Sowjetmacht plus Elektrifizierung«) und an denen sich in den zwanziger Jahren die Avantgarde der westlichen Welt beteiligt hatte, von Walter Gropius über Perret bis zu Le Corbusier.

Selbst auf seinem eigenen Feld war der Sozialismus gescheitert, und fährt man heute durch die müden Relikte dieser zerbrochenen Revolution, so stehen seine Hinterlassenschaften Bausteinen aus einem Märklin-Baukasten gleich sinnlos herum. Was das untergegangene Regime den vergifteten Äckern, der verpesteten Luft, den verdorbenen Flüssen angetan hat, ist schlimm genug; am sichtbarsten ist seine Erbschaft in Deutschlands Städten, in denen es eine Wüste hinterlassen hat. Trümmer schaffen ohne Waffen – dieser bittere Vers aus den späten siebziger Jahren war zehn Jahre später wahr geworden.

Das Stadtschloß aber war jenseits dessen, was es für sich selbst bedeutete, der Bezugspunkt jener historischen Mitte Berlins, die von dem Pariser Platz im Westen, dem Gendarmenmarkt in der Mitte, dem Alexanderplatz im Osten und dem Belle-Alliance-Platz im Süden begrenzt wurde. Dieses Geviert war in vielerlei Hinsicht eine städtebauliche Heraufrufung des Platzmusters von Rom, denn die Ewige Stadt war ja auch von ihren vier Platzräumen eingegrenzt, der Piazza di Spagna, der Piazza del Popolo, der Piazza Navona und der Piazza Venezia. Wie dort alles auf das antike Rom bezogen war, so erhielt hier das einzelne seinen Halt durch die gewaltige Masse des Schlosses. Daher geht die Diskussion darüber, ob der Bau, an dem viele Jahrhunderte gearbeitet hatten, kunsthistorisch zu den großen Werken der europäischen Architekturgeschichte gehörte oder ob Versailles und Schönbrunn bedeutender waren, an seiner wirklichen Bedeutung vollkommen vorbei.

Das Berliner Schloß war nicht nur, vielleicht sogar nicht einmal in erster Linie seiner selbst willen wichtig, sondern der anderen Bauten wegen, die ohne es nun ihre Bedeutung verloren haben. Das gilt selbst für die Brücken, die einst die Museumsinsel und die Schloßfreiheit verbanden und die Spree und den Kupfergraben überspannten. Warum kämpfte die späte Honeckerwelt eigentlich so verzweifelt um die Rückgabe der in den Kriegswirren nach West-Berlin verbrachten Figurengruppen, die nach Schinkels Vorzeichnungen die Schloßbrücke gesäumt hatten?

Die empfindlichen Marmororiginale, die niemals mehr in der giftigen Luft des Verkehrs aufgestellt werden durften, hatte in den achtziger Jahren der Westberliner Senat im Tausch gegen das Archiv der Porzellan-Manufaktur an Ost-Berlin zurückgegeben, das die gebrechlichen Meisterwerke sogleich in den Ruß des Kraftwerks Klingenberg und den Auspuffqualm der Trabanten aufstellte. Aber nun stehen die Heldenjünglinge auf ihren Sockeln – gleich ob Originale oder Repliken – sinnlos im Nichts und werden langsam, aber sicher in der vergifteten Luft verrotten und zerbröckeln. Die Frage eines Wiederaufbaus des Stadtschlosses gilt also nicht so sehr dem Schloß selber als dem klassischen Zentrum Berlins. Auf was werden die »Linden« zulaufen, wenn der »Palast der Republik« über kurz oder lang entfernt werden wird? Denn der Abriß ist unvermeidlich, nicht etwa weil er ein Symbol des zerbrochenen Staates gewesen wäre und nicht einmal, weil seine architektonische Mediokrität alles beschädigt, was in seiner Nähe steht. Zumindest ebenso wichtig ist, daß diese sozialistische Mehrzweckhalle am falschen Ort mit falschem Winkel steht und ihr Volumen nicht ausreicht, Knobelsdorffs Oper, Nerings Zeughaus, Boumans Universität und Schinkels Museum aneinanderzubinden.

Das war ja die eigentliche Funktion der Architektur des Schlosses, daß es durch sein pures Dasein so Verschiedenartiges zusammenhalten konnte – die barocke Gewalt des Zeughauses, das englisch-gebändigte Rokoko der Oper, den vergleichsweise simplen Palladianismus vom Palais des Prinzen Heinrich und die reine Linie von Schinkels Klassizismus. Dieser Zusammenhang von Nichtzusammengehörendem war das eigentliche Wunder der »Linden«, und Vergleichbares gab es in keiner anderen Stadt Europas, weshalb man dann in St. Petersburg diesen Boulevard »die glänzendste Perspektive« Alteuropas nannte. Was sind die »Linden« ohne das Schloß?

Das Argument der Kosten spielt aber in solchem Zusammenhang ernsthaft überhaupt keine Rolle; man entscheidet Fragen dieser Art nicht mit dem Rechenschieber. Erstens wird niemand daran denken, das Schloß heute oder morgen wiederaufzubauen, und zweitens ließe sich durch die Einsparung der etwa achthundert Millionen für das geplante Deutsche Historische Museum nach Aldo Rossis geistreicheklektizistischem Entwurf zumindest die äußere Hülle des Schlosses sofort aufführen. Die andere Milliarde könnte nach dem Wiederaufbau Ostdeutschlands kommen, nach einem Jahrzehnt oder auch nach einer weiterer Generation. Das macht nichts.

Die neuesten Bonner Schätzungen des Finanzbedarfs der neuen Bundesländer gehen auf zumindest eintausend Milliarden Mark, die des Bundeswirtschaftsministeriums auf eintausendfünfhundert, die von Schweizer Wirtschaftsforschungsinstituten auf zweitausend Milliarden. Der Wiederaufbau des Schlosses kostete also nichts Nennenswertes, nämlich 0,01 bis 0,02 Prozent. Wer will eine nationale Aufgabe, die sich das arme Polen mit dem Warschauer Königsschloß gleich nach dem Krieg leistete, ernsthaft dagegen aufrechnen?

Und es gäbe in republikanischer Zeit keine Verwendung für ein Schloß? Warum sollte man denn das wiedererstandene Bauwerk nicht als Historisches Museum nutzen? Meint man ernstlich, die historistische Zitatarchitektur von Stirling, Rossi und Krier sei originaler als ein rekonstruiertes Schloß?

Nach dem Krieg hat man das Argument der mangelnden Authentizität immer wieder gehört, Kunsthistoriker und Architekten führten es gleicherweise ins Feld. Die Reste von Xantens romanisch-gotischem Dom aus dem 13./16. Jahrhundert wollten damals die Kunsthistoriker abreißen, da sein Wiederaufbau, wie der Denkmalpfleger als Gutachter versicherte, nur eine Fälschung ergeben würde. Das romanische Meisterwerk wurde von einem einzelnen gegen den Zeitgeist auf eigene Faust wiederhergestellt, wofür er übrigens Jahrzehnte später den Schinkelpreis erhielt.

Das Frankfurter Goethe-Haus war so gut wie nicht mehr vorhanden, und unter der Anführung der Fachleute wurde gegen seinen Wiederaufbau protestiert. Walter Dirks, mit Eugen Kogon zusammen Herausgeber der *Frankfurter Hefte*, beschwor das Land Hessen wie die Stadt Frankfurt, seinen Wiederaufbau nicht zuzulassen. Der Geist des Hirschgrabens und des Frauenplans habe die Barbarei nicht verhindern können; seine Kopie laufe auf eine Verfälschung der deutschen Geschichte hinaus. So ging es in fast jeder deutschen Stadt zu, und fast immer blieben die Puristen siegreich. Hunderte von Bauten von Ulm bis Braunschweig hätten gerettet werden können, hätten nicht fehlgeleitete Doktrinen dem 5. Bomberkommando nachgeholfen. Nur zuweilen retteten Volksaufstände das Bedrohte vor den Denkmalpflegern. Das Stuttgarter Neue Schloß war vom Oberbürgermeister der Stadt und vom Ministerpräsidenten des Landes Baden-Württemberg schon zum Abriß freigegeben, wie das Braunschweiger Welfen-Schloß ja tatsächlich Jahre nach dem Krieg aus solchem Ehrlichkeitswahn beseitigt wurde. In Stuttgart aber retteten Bürger die eigene Geschichte; lange vor den Ereignissen um die Frankfurter Alte Oper bildete sich eine Bürgerbewegung gegen kunsthistorischen Expertenverstand und politischen Willen zum Neuen und trotzte dem Gemeinwesen den Wiederaufbau des Neuen Schlosses ab. Jetzt gibt Württembergs Landesregierung dort ihre Staatsempfänge.

Und Schinkels Neue Wache, deren Rettung der Ostberliner Denkmalpfleger mit Hilfe des sowjetischen Oberkommandos gegen Erich Honecker durchsetzte, der persönlich die Resolution der Partei formuliert hatte, in der ihr Abriß vom Generalsekretär verlangt wurde? Walter Ulbricht wollte dafür Schinkels schwerbeschädigtes Altes Museum wiederaufbauen als Mahnmal für den antifaschistischen Kampf der Arbeiterklasse. In Berlin geht der Besucher heute die »Linden« entlang am Kronprinzenpalais vorbei, und er dankt dem Geschick, daß wenigstens dieser Bau überdauerte. Aber in Wirklichkeit war das Kronprinzenpalais nicht mehr vorhanden. Weit schwerer beschädigt als das Schloß, wurde es nach dem Krieg abgerissen; jahrelang erinnerte nur eine mit Wasser gefüllte Baugrube an das einstige Prinzenpalais. Plötzlich befand man, daß eine inzwischen etablierte Regierung ein Gästehaus brauche, und so wurde das Palais nach den alten Plänen, Zeichnungen und Fotografien neu aufgebaut. Nicht ein einziger Stein des heutigen Kronprinzenpalais ist original. Die Geschichte hat die Gewissenhaftigkeit der Puristen besiegt, nach deren Argumenten niemand mehr fragt, wenn das nachgeahmte Alte selber alt geworden ist.

Die Auseinandersetzungen über einen Wiederaufbau des Schlosses gehen an der Sache vorbei. Natürlich ist ein wiederhergestelltes Schloß nur eine Replik; soviel an originalen Fassadenteilen, Gesimsen und Skulpturen sich auch noch finden lassen mag, niemals mehr wird ein originaler Bau aus Renaissance, Barock und Klassizismus entstehen. Es wird in jedem Falle nur eine Kopie sein, und man muß das deutlich sagen, wenn man sich nicht in die Phalanx jener Nostalgiker einreihen will, die in allen Himmelsrichtungen nach Argumenten suchen, ein wiederaufgebautes Schloß besitze doch so etwas wie Authentizität. Die wird es nie wieder haben.

Was wird im Zusammenhang des Streites um einen Wiederaufbau des Schlosses nicht alles von der Authentizität in der Architektur geredet, vor allem von jenen, die das Originale von dem nur Nachgeahmten gar nicht zu unterscheiden wissen. Alle Welt bewundert den Knobelsdorffschen Palladianismus des Opernhauses unter den »Linden«. Viele wissen, daß der Bau Ende des Krieges schwer beschädigt wurde und erst Jahrzehnte nach dem Krieg wiederhergestellt wurde. Einige wissen sogar, daß die Staatsoper zu Anfang des Krieges schon einmal von Bomben getroffen wurde und in einer Gewaltanstrengung mitten im Krieg wiederaufgebaut worden war. Wir fahren heute die »Linden« an Kopien entlang, an Schinkels Ende des Krieges zerbombter, Jahre später zum Teil eingestürzter Neuer Wache, an Stracks als Kopie wieder-

aufgebautem Kronprinzenpalais und Knobeldorffs gleich
dreimal rekonstruierter Oper: Die Baugeschichte Berlins ist,
wie die ganz Europas, eine Geschichte von Falsifikaten. Aber
es geht nicht um die Authentizität eines einzelnen Bauwerks.
Man hat nicht das Schloß, sondern die Stadt im Auge, und
insofern sind das wiederaufgebaute Goethe-Haus in Frankfurt und das restaurierte Schiller-Haus in Weimar unzuläng-
liche Beispiele. Frankfurt und Weimar haben durch die Imi-
tationen des Einstigen ja nichts gewonnen als eben diese
musealen Häuser. In Berlin ist aber nach allen Erfahrungen
der Nachkriegszeit schwer vorstellbar, daß die Innenstadt
wiedergewonnen werden kann, wenn nicht das Stadtschloß
zumindest in seiner äußeren Gestalt neu geschaffen werden
wird.

Es geht, um die Sache auf die Spitze zu treiben, um die
Rettung der Stadtgestalt. Natürlich läßt sich gegen die Beispiele vom Wiederaufbau von Kirchen, Schlössern und Museen einwenden, daß diese in der Vergangenheit zumeist in
veränderter, zuweilen in gänzlich neuer Form wiederaufgebaut worden seien, weshalb dann romanische Dome beim
Wiederaufbau gotische Portale, Renaissancepaläste barocke
Fassaden erhielten und Rokokoschlösser auf klassizistische
Weise wiederhergestellt worden seien. Aber eben diese Kraft
hat die Gegenwart nach allen Erfahrungen der zurückliegenden Zeit verloren. Die Versuche der Nachkriegszeit, das
beschädigte Alte modernisierend mit dem Stilwillen unserer
Zeit wiederherzustellen – Luckhardts Experiment mit dem
Bremer Rathausplatz, die von Scharoun erzwungene Moder-
nisierung des Reichstags und die Gesichtslosigkeit der unter
Federführung des Werkbunds 1948 erneuerten Paulskirche
in Frankfurt –, führen allzu deutlich vor Augen, daß zwar ein
Weg von der Romanik zur Gotik führte, aber keine Straße
vom Bauhaus zum Barock.

Die wirkliche Entscheidung, vor der die Stadt steht, liegt

also in der Antwort, die Berlin auf die Frage geben wird, ob man der Gegenwartsarchitektur zutraut, daß sie das Loch, das die Sprengung des Schlosses im Gesicht Berlins hinterlassen hat, zu füllen vermöge. Auf diese Frage pflegen die Architekten, die in den verflossenen Jahrzehnten in fast jedem Einzelfall falsche Ratschläge gegeben haben, den scheinbar einleuchtenden Gesichtspunkt ins Feld zu führen, daß schließlich jede Epoche aus dem Geist ihrer Zeit bauen müsse, und mit frommem Populismus fügen sie hinzu, daß sie nicht so gering von der eigenen Zeit denken.

Aber mit diesem Argument ist es mißlich bestellt. Bleiben wir, da es um das Berliner Stadtschloß geht, bei Berliner Beispielen. Dann hätte man also in den sechziger Jahren an das Ende der »Linden« Scharouns monströse Staatsbibliothek mit dem Charme eines Atlantikwall-Bunkers gestellt, die schon heute sein eigenes Kulturforum ruiniert, weshalb dann Mies van der Rohe beklagte, daß seine Neue Nationalgalerie mit Scharouns anthroposophischer Architektur konfrontiert werde. In den Siebzigern hätte man Schülers Internationales Congress Centrum gleich neben Knobelsdorffs Oper und als Widerpart von Schinkels Altem Museum gestellt. Und wieder ein Jahrzehnt später wäre dann an den Boulevard ein Bau aus dem Geist von Heinrichs' Autobahnüberbauung an der Schlangenbader Straße gestellt worden. Kann man sich Zeitgeist-Architektur dieser Art an Deutschlands einzigem klassischen Boulevard vorstellen? Es sind die drei Bauten Berlins, die am ehesten noch an das Volumen des Schlosses heranreichen. Damit man das nicht falsch versteht: Hier werden nicht aus polemischen Gründen absurde Monstren der zeitgenössischen Architektur genannt, von denen ja genug namhaft gemacht werden könnten. Alle drei Architekten sind unverächtliche Baumeister der Gegenwart, zählen zu den besten Köpfen der Nachkriegsarchitektur, immer wieder mit großen Architekturpreisen bedacht.

Soll man westdeutsche Exempel heranziehen, etwa das
Beispiel der provisorischen Hauptstadt Bonn? Hier war Jahrzehnte hindurch Gelegenheit, das der modernen Architektur Mögliche an Dutzenden von öffentlichen Gebäuden vor-
zuführen – an einem Bundeskanzleramt, einem Konzerthaus,
der Beethovenhalle und an fast zwanzig neuen Ministerien,
die zusammengenommen die größte Bauanstrengung des
neuen Staates ergeben, der sich so seinen auswärtigen Besuchern empfiehlt. Fährt man heute die Adenauerallee von
Godesberg nach Bonn, so fällt kein einziges Gebäude in die
Augen, das man im wiedervereinigten Berlin sehen möchte.
Dabei sind das nicht provisorische Zweckbauten, etwa weil
sie für ein politisches Provisorium gebaut worden seien. In
jedem Einzelfall sind es Gebäude von Kunstanspruch, mit
dem »Langen Eugen« von Egon Eiermann als Ausrufungs-
zeichen. Sie haben die Ausstrahlung einer kleinstädtischen
Assekuranz. Jene Akademien, Hochschulen und Architek-
tenverbände, die sich auch jetzt wieder zu Wort melden,
stellten auch damals die Gutachter und Preisrichter; würde
man die Namen der Experten, die für das neue Bonn verant-
wortlich waren, heute veröffentlichen, so hätte man ein nahezu lückenloses »Who's who« derer, die in den verflossenen
Jahrzehnten das Sagen in Deutschland hatten. Der Staat hat
sich über die Fachleute nicht hinweggesetzt, er ist ihnen nur
allzu getreu gefolgt. Woher nehmen sie jetzt nur immer das
gute Gewissen, man müsse ihrer Weisheit folgen? »Ich habe
keine Zeit, mich mit meinen alten Fehlern zu beschäftigen;
ich bereite mich auf meine neuen vor«, so Brecht.

Aus Betrachtungen dieser Art spricht natürlich Resigna-
tion. Die moderne Architektur hat so Mustergültiges zustande gebracht wie das Bauen früherer Epochen. Niemand
wird Mies van der Rohe, Gropius, Corbusier und Frank Lloyd
Wright geringschätzen, das Bauen des späten neunzehnten
Jahrhunderts hat Mühe, gegen es aufzukommen. Aber nicht

in einem einzigen Fall hat es das Neue Bauen fertiggebracht, die Mitte einer Metropole aus dem Nichts zu entwerfen; Brasilia, Dacca und Chandigarh sind melancholisch stimmende Beispiele. Ist es nicht ein schreckenerregender Gedanke, daß Le Corbusier seine Berliner Cité radieuse statt neben dem Olympiastadion wirklich in der Stadtmitte gebaut hätte, wie er das ursprünglich von Berlins Bauverwaltung verlangte? Wollte Gropius nicht am Ufer der Havel zwischen Pichelsdorf und Wannsee Reihungen von Hochhäusern errichten, um ein Ausufern der Stadt ins Land hinein zu verhindern? Nahm er, sekundiert von seinem Dessauer Schüler Wils Ebert, diese Lieblingsidee nicht in dem absurden Viertel in Buckow-Rudow wieder auf, das seinen Namen trägt? Soll man die Dutzende von Vorschlägen in Erinnerung rufen, die von dem Projekt einer Avus-Überbauung vom Funkturm bis nach Wannsee bis zu den Wunderlichkeiten reichen, die jüngst im Frankfurter Architekturmuseum als Projekte für das neue Berlin versammelt waren?

Ach, die Baugeschichte hat selten solche Aufschwünge wie in dieser zweiten Nachkriegszeit gesehen und kaum jemals ein vergleichbares Desaster erlebt. Wer die Gremien von immer neuen »Weisen« und »Stadtforen« lange genug verfolgt und beobachtet hat, wie jeder Moderne eine Vulgärmoderne und dieser dann eine Postmoderne folgt, bis das Spiel von neuem beginnt, kehrt zu Carlo Schmids Satz zurück: »Wehe dem Staat, der auf seine Intellektuellen nicht hört. Doppelt wehe dem Staat, der ihnen folgt!«

In diesem Sinne läßt sich sagen, daß eine Wiederherstellung des Schlosses natürlich nur ein Notbehelf ist, nachdem es die zur Macht gelangten Kommunisten abgerissen haben. Man kann nur eine Kopie zustande bringen, wie man das vor einigen Jahrzehnten mit dem Kronprinzenpalais bewerkstelligte. Warum soll man bestreiten, daß eine Replik des Stadtschlosses unter denkmalpflegerischen Gesichtspunkten ein Falsifikat wäre? Das Original läßt sich niemals wiedergewinnen, und wenn man tausend Einzelteile findet, die man in den Neubau einfügt. Aber es gibt keine andere Möglichkeit, die Stadt als Stadt zu retten, und deshalb wird man nicht triumphierend, sondern resignierend das Verlorene mit Abschiedsschmerz wiederherstellen müssen.

Günter Kunert

BERLINER GEMÄUER

Günter Kunert streift 1970 durch die Höfe Ost-Berlins, begegnet dabei noch einmal seinen jüdischen Großeltern. Doch das alte Berlin ist verschwunden, so gründlich untergegangen wie das legendäre Vineta.

Einzig Vineta vielleicht versank derart gründlich in einer Sintflut, wie die Stadt versank, von der ich rede. Doch wie der Wanderer Vinetas Glocken hört, wenn der Zufall es will, und Vinetas Turmspitzen, Dachfirste, Söller und einen Schimmer von Höfen, Gassen und Plätzen wahrnimmt, wenn der Einfallwinkel des Lichtes ins Meer günstig ist, so auch spürt der Spaziergänger in Berlin manchmal einen Anhauch der gewesenen Stätte. Ohne eine verschwommene Sentimentalität, für die die Ortsbewohner ohnehin anfällig sind, zu mystifizieren und zu romantisieren, muß doch gesagt werden, daß gerade hierorts das verbaute verbrauchte Gestein ganz besonders redselig erscheint. Wahrscheinlich weil es immer weniger wird und, ähnlich den Menschen einer schrumpfenden Generation, dadurch gedrängt, seine aussterbenden Erfahrungen weiterzugeben. Wer die mürben Mietshäuser betritt, den umschließt sogleich eine gänzlich andere Luft; die Luft der Vergangenheit, hängengeblieben, abgestanden, eine Mischung nicht mehr zu trennender Gerüche. Diese Gemäuer haben ihre eigene unverwechselbare

Ausdünstung, eine körperhafte Losung, durch die sie zu erkennen geben, daß das viele und vieldeutige Leben, welches
Epochen hindurch in ihre Mauern gezogen, sie selber ver-
lebendigt hat.

In »Stillen Portiers«, flachen, vielfenstrigen Kästen, meist
noch von jugendstilvollem Pflanzenwerk umrankt, wechseln
die Namen; auch Hausnummer und Straßenname mögen
im Verlauf der Historie schwanken, wie das Erscheinungsbild der Historie selber, doch tragen die handgefertigten
Hohlkörper unverändert die Atmosphäre einer gewesenen
Welt bis in unsere Gegenwart, die ihre Mehrheit bereits
ausgerottet hat und den Rest noch beseitigen wird, weil sie
das gewandelte Wohnbedürfnis nicht mehr erfüllen; greise
graue Geschöpfe, derer man sich bediente und deren Gna-
denfrist unaufhaltsam abläuft.

Die Häuser, von denen ich rede, stehen nicht mit hoch-
herrschaftlicher Miene und erneuertem Make-up im alten
oder im neuen Westen, sondern in nur an Armut reicheren
Gegenden, wie zum Beispiel um den Alexanderplatz, wo ich
ihr schnelles Sterben gesehen habe, ein hastiges Abschlach-
ten, das dem betroffenen Spaziergänger manchentags die
klaffenden Leichen zeigte, enthauptet, des Daches beraubt,
aufgerissene Fassadenflanken, durch die man uralte ver-
blichene Tapeten erblickte, aus deren unmodernen Mus-
tern Generationen von Kindern im Spiel und zu eigenem
Schauder Gesichter gebildet, solche von Gespenstern und
Ungeheuern, die sogar, wenn auch nicht mittels kindlicher
Phantasie, Wirklichkeit wurden und durch deren Einbruch
in die städtische Realität der weitaus größte Teil unserer Metropole zu Schall und Rauch ward. Aber das weiß man schon,
darüber lohnt das Reden nicht mehr.

Ich rede von etwas anderem; von Häusern jenseits der
Spree, jenseits der Friedrichstadt: von denen in der Doro-
theenstadt, an der Chausseestraße, wo ich geboren bin und

wo ich viel später, in einer nachmaligen Existenz, manchmal über einen Hinterhof ging, dessen Katzenkopfpflaster moosig grün verfärbt war, um dort eine Rechtens so geheißene Stiege zu einer Wohnung hinaufzusteigen, von der aus man auf den Dorotheenstädtischen Friedhof hinabblickte, auf welchen der Wohnungsinhaber nach einiger Zeit verzog; dort liegt er jetzt gegenüber Fichte und Hegel und hat für seine dialektischen Späße die richtige Gesellschaft.

Selbstverständlich rede ich auch von der Linienstraße, einstmals verrufen als Slum; Schlupfwinkel der Kriminalität und Prostitution; Unterkunft armer ostjüdischer Einwanderer, dicht besiedelt, menschenüberfüllt: Dort entdeckt man die seltsamsten Höfe, halb verkommen und halb verwunschen, was wohl dasselbe ist. Von ihnen rede ich.

Geht man durch eine bestimmte Toreinfahrt und überquert den ersten Hof, einen quadratischen, nur im Sommer helleren Schacht, gelangt man auf den zweiten, der dem ersteren so unähnlich ist, daß man ihre architektonische Verwandtschaft nicht glauben möchte. Rechts und links in diesem Hofe breite Blumenrabatten, in der Mitte ein grob gepflasterter Weg, der vor dem Eingang eines klassizistisch wirkenden, frisch getünchten, nur zwei Stockwerke hohen Gebäudes endet: Produkt einstmaliger preußischer Bautätigkeit; Eindruck von friderizianischem Schlößchen und friderizianischer Kaserne, was hierzulande ja eine berüchtigte, zukunftsdeformierende Symbiose bildete. Linker Hand wird der unerwartet freundliche Hof von einem gleichfalls niedrigen Bauwerk flankiert, lange vor Erfindung der Mietskaserne errichtet; rechter Hand kein Bau, sondern ein weiterer, zum Nachbarhaus gehörender, durch keine Mauer abgetrennter Hof, der aber gut zwei Meter tiefer im Niveau liegt. Ein kurzes Stück Steintreppe führt hinunter, beidseitig von breiten, gerasterten, verrosteten Eisenschienen begleitet, über die man wahrscheinlich einen Wasserwagen hinauf-

und hinunterrollte, denn in einer Ecke des tiefer gelegenen
Hofes befindet sich ein abgedeckter Brunnen; sonst ist die
ganze Fläche grasbewachsen und von riesigen fensterlosen
Brandmauern an einer Quer- und einer Längsseite wie von
einem fremdartigen Gebirge begrenzt; nur die Querseite in
Richtung Straße zeigt reglose Fenster. Mitten in grüner Ver-
lassenheit eine Laube, fast eine Art Pavillon, holzgeschnitzt,
vermutlich mit der Laubsäge aus veralteten Modellvorlagen
geschnitten und vor hundert Jahren aufgestellt und gleichzeitig zum letzten Male benutzt.

Von den schweren Lastkraftwagen, welche die Fabriken
am Ende der Linienstraße, da wo sie mit der Oranienburger
zusammenstößt, mit Material beliefern, vernimmt man hier
keinen Laut mehr. Auch keinen Vogellärm. Keine mensch-
liche Stimme. Die Bewohner, ob Mensch, ob Tier, sind hier
glaubhaft vor einem Säkulum ausgestorben, und seitdem
liegen die Höfe da, still und ergeben, aber es kommt niemand, der sie erneut zu dem Leben erweckt, das zwar ver-
wehte, aber durch seine Überbleibsel auf sich selber ver-
weist, auf seine Unwiederholbarkeit, seine Einmaligkeit,
mit solcher Intensität, daß der Wasserwagen deutlich wird,
sein knarrendes Hinauf und Hinab, und Frauen in fußlan-
gen Kleidern vor der überdimensionalen Laubsägearbeit,
schwätzend und strickend; vollbrüstige barfüßige Mädchen, Wäsche auf ausgespannte Leinen hängend; Katzen
schlafen zusammengeringelt in der Sonne, und ein weißer
Spitz, Liebling des deutschen Fin de siècle, tanzt auf seinen
Hinterbeinen vor Kindern, die, gekleidet wie Erwachsene,
einen Wurstzipfel vor seiner Nase schwenken. Projektion
des einsamen Hofbetrachters auf die vergessene Kulisse:
Bild einer heilen, harmonischen Welt, die es niemals gab
und niemals geben wird, von deren Fiktion wir jedoch nicht
lassen können und die wir als Verlust in die Vergangenheit
oder als Gewinn in die Zukunft verlegen und um deretwil-

len wir zu jedem Unheil bereit gewesen und es wohl immer noch sind.

Ein anderer Hof, von dem ich reden will, liegt nur wenige hundert Meter von dem eben beschriebenen entfernt, auch er in der Linienstraße. Ich stand in einem engen unregelmäßigen Rechteck mit einem Déjà-vu, wie es jeder einmal erlebt hat, erblickt er zum ersten Male etwas, das ihm so bekannt vorkommt, als kenne er es von jeher. Auf diese nicht ganz geheure Weise war der nie vordem aufgesuchte Hof einer der Höfe meiner Kindheit, identisch mit einem in der ehemaligen Weißenburger Straße, die heute den Namen ihrer prominentesten Bürgerin trägt, Käthe Kollwitz, und wo damals meine Großeltern lebten: Haus und Hof verschwanden im Feuer; wo sie gewesen, grünt jetzt vom Trottoir bis zu himmelhohen Brandmauern ein Rasen, der nichts deckt. Die Brandmauern selber: Rückseiten der Häuser, von deren Fundament bis zum Bürgersteig der Schönhauser Allee, Parallele der Kollwitzstraße, sich der älteste jüdische Friedhof Berlins erstreckt: eine verwilderte Erinnerung an jene, die noch friedlich starben.

Aber nicht davon rede ich, sondern von dem völlig fremden, wiedererkannten Hof, wo im linken Seitenflügel das Schlafzimmerfenster meiner Großeltern offenstand, das heißt: das Fenster, das an der gleichen Stelle die Fassade durchbricht wie das vergangene, aus dem ich als Kind hinunter- und zu dem ich hinaufgesehen hatte. Eine Frühjahrssonne erleuchtete und wärmte den abbröckelnden Putz und ließ die Erinnerung sprießen, wie das immer Frühjahrssonne tut. Hinter den geöffneten Fensterflügeln hingen Spitzengardinen, gleichfalls wiedererkannt, und es fehlte nur noch, damit die Illusion phantastische Wahrheit werde, daß mein Großvater dort oben aus dem ersten Stock hinauslehne, als liebenswürdiger Mittagsspuk, doch starb er weder in dieser noch in seiner wirklichen Wohnung, aus der er, bevor sie in Schutt

zerfiel, schon in ein Jenseits deportiert worden war, dessen
Pforte, hinter der es keine Hoffnung mehr gab, sich in einer
weit entfernten, einer ehemaligen Garnison- und späteren
Gettostadt befand; von den dortigen Häusern jedoch, aus
deren Fenstern heute statt der zum Tode Verurteilten zum
Leben Begnadigte schauen, mit Mienen aber, die vom Unbe-
hagen des Wohnens in aufgelassenen Grüften künden, will
ich hier nicht reden, sondern von den alten Berliner Gemäu-
ern, in denen viele Wohnungen ein Ortsspezifikum, eine
bauliche Mißgeburt umschließen; das berüchtigte »Berliner
Zimmer«, meist schlauchförmig langgestreckt zwischen vor-
deren und hinteren Räumen und durch ein einziges Fenster
zum Hof kaum erhellt; den ganzen Tag über muß das Licht
brennen, sonst wird der Raum sogleich zur Grotte undel-
phischen Orakelns darüber, ob man selber nicht bloß eine
Ausgeburt des Hauses sei, ein beweglicher Stalagmit, auf
Gnade und Ungnade seiner Höhle ausgeliefert, von der anzunehmen war, daß sie einen lange, lange überdauerte.

In Berlin war diese Annahme ein Irrtum, eine Verkennung
der örtlich wirksamen Kräfte; hier überdauerten die Gebäude nie historisch lange ihre Bewohner. Was aus dem 17. Jahrhundert übriggeblieben ist, kann man an den Fingern einer
Hand abzählen, und was aus dem 18., an den Fingern der
anderen. Keine Stadt auf Erden ist so traditionsfeindlich
wie Berlin, so bemüht, Tabula rasa mit Überkommenem zu
machen, so unfähig, nach geschichtlichen Umschwüngen
architektonisch Irrelevantes zu integrieren; keine wirft leichter über Bord, was sie ererbt von ihren Vätern hat, und sei es
auch restaurabel: weg damit!

In dieser Stadt besteht eine fatale Neigung zur Selbstzer-
störung, scheinbar unabhängig von politischen und öko-
nomischen Gegebenheiten und ihnen doch allerunterttä-
nigst unterlegen. Berolina, trotz ihres üppigen Umfanges,
trotz gesundheitsträchtiger Stattlichkeit, ist eine defekte Ty-

che, die seit ihrer Geburt an Anfällen von Suizidsucht leidet. Sie wird zwar immer wieder gerettet, aber ihre Persönlichkeit blutet dabei doch immer weiter aus. Am Ende bleibt ein anämisches verwechselbares Neutrum.

Aber von ihr wollte ich gar nicht reden, sondern von ihren wenigen charakteristischen Zügen, an denen man sie noch erkennt und die sich mir so eingeprägt haben, daß ich sagen könnte: Sie sind mein Wasserzeichen. Wollte mir jemand die Haut, die ich zu allen möglichen Märkten trage, abziehen und gegen das Licht halten, er entdeckte weder die üblichen Stempel noch die verbrauchten Symbole, Brandenburger Tor und Funkturm, aber statt dessen etwas wahrhaft Wesentlicheres: ein altes animalisches Haus.

Julia Franck

IM DICKICHT DER VERWILDERTEN GRÄBER

Der *Jüdische Friedhof Weißensee ist einer der intensivsten Orte Berlins. Doch über seinen Boulevards lastet die Gegenwart der Vergangenheit. Die Autorin Julia Franck findet hier das Grab ihrer jüdischen Ururgroßmutter.*

Friedhöfe sind Orte des ewigen Friedens, Stätten der Ruhe und Beschaulichkeit. Die Geschichten der Einzelnen verschmelzen zu einer Geschichte vieler. Steige ich ganz im Norden der Stadt am Antonplatz aus der Straßenbahn und gehe die wenigen Meter Kopfsteinpflaster hinauf zum Eingang des Jüdischen Friedhofs Weißensee, fällt der Lärm der Stadt von mir ab, und nur noch ihr Staub klebt auf meiner Haut. Ich atme auf.

Der kleine Blumenladen am Eingang hält Kopfbedeckungen für die männlichen Besucher bereit. Ich nicke dem Verkäufer durch die Scheibe zu, und schon bin ich allein unter den hohen Bäumen. Spitzahorn und Winterlinde. Eine Amsel hüpft über den Weg. Sie flattert auf den Grabstein von Karl Emil Franzos und wartet dort, bis ich vorbeigegangen bin. »Wär' dein auch alle Erdenpracht – Und aller Weisheit Blüte – Das, was zum Menschen erst dich macht – Ist doch allein die Güte«, lese ich und denke, viel Güte wurde ihm nicht zuteil, nicht einmal Gleichstellung erfuhr der jüdische

Schriftsteller und Publizist Franzos, der 1871 in Österreich als Sprecher progressiver Studenten vor Gericht stand und auf Grund seiner politischen Aktivitäten, aber auch wegen seiner Konfession keine Stelle im Staatsdienst erlangte. Die Amsel hält den Kopf schief und äugt mir nach.

Neben Franzos liegen einige Ehrenmänner der jüdischen Gemeinde und ihres kulturellen Lebens begraben, der Rabbiner Frankl, der Hebraist David Cassel und Louis Lewandowski. Komponist und Chordirigent – Feld A 1 ist die Ehrenreihe des Jüdischen Friedhofs. Wer reich war, setzte Zeichen seiner Zeit. So blieb Albert Mendel seinem Architekten, der bereits das Wohnhaus am Lützowplatz entworfen hatte, treu und heuerte zur Gestaltung seines Mausoleums keinen Geringeren als Walter Gropius an. Doch ich möchte weg von den Großen und hin zu den Kleinen, deren Geschichten vergessen wurden und ich also neu ersinnen kann.

Ich vergleiche die unzähligen steinernen Baumstümpfe, einer kunstvoller als der andere gemeißelt, mit zerfurchter Rinde und Astgabeln, manche mit Gedenktafel. Einer ist ganz unter Efeu verschwunden, nur die Form lässt vermuten, dass es sich um einen solchen Stein handelt. Die Pflanzen wuchern, üppig verdecken sie Namen und Daten, schlingen sich umeinander. Der Rhododendron hatte hier Zeit, offenbar mehr als anderswo – und er ist zu Bäumen gediehen. Drei, vier Meter ragen die schlanken Stämme in die Höhe, bevor sie sich neigen, sich biegen sich unter ihrer Last, der Schwere ihrer Blütenpracht. Violett für Lyda Coblenz, Rosa für Samuel Brasch und Weiß für Täubchen Silberschmid.

In Dolden hängen die Blüten. Sie wetteifern mit den schmiedeeisernen Blüten der Grabstätte Moritz Israels. Tiefer Purpur leuchtet im Dickicht der verwildernden Gräber. Wo einst 200 Gärtner 115 000 Gräber umhegten, hat sich Stille über den Ort gesenkt. Die Gärtner von einst wurden ermordet, wenn nicht vertrieben und versprengt in alle Welt.

Kaum mehr ein Verwandter lebt, der käme, ein Steinchen niederzulegen oder einen Gärtner zu bezahlen. Nur wenigen Toten wird noch gedacht, selten ein Grab gepflegt. Die größte jüdische Nekropole Europas liegt einsam und verlassen von den Menschen, eine Geisterstadt – vom Wind gehütet, von Weiden betrauert.

Und so neigen sich in Feld D die Steine von Sara und Isaak Rosenthal ihre Köpfe zu – als flüsterten sie miteinander und suchten noch im Tod die Nähe des anderen. Efeu rankt vom Stamm einer alten Traubeneiche und streckt die sich verjüngenden Blattspitzen nach den beiden Steinen aus, setzt seine feinen Wurzeln auf Isaaks Haupt und klettert hinüber zu Sara. Die Steine berühren sich. Zwischen Feld D und Feld X haben Vögel in den Wipfel eines Ahorns ein Nest gebaut, ein großes, schwarzes Nest, das an Störche erinnert – aber anderen gehören wird.

Der Wind fährt durch die Äste, vielleicht hat es angefangen zu regnen, ich weiß es nicht, das Blätterdach hält dicht. Ein eigener Himmel, er bewahrt nicht nur die Ruhe unter sich, auch die Zeit scheint hier gefangen, sie ist langsamer geworden und gealtert, der Krieg hat sie gezeichnet, nur wenige Tote brachten die letzten Jahre, denn wo keine Überlebenden mehr sind, hört das Sterben auf und beginnt der Geruch von Ewigkeit. Waldboden.

Knollen brechen aus der Erde und bringen die Steine in Bewegung, heben sie an, helfen ihnen in der Neigung, dem Zueinanderneigen, der Zuneigung – wie der des Ehepaars Rosenthal. Die Farne sind verholzt, mit dünnen Stämmen ragen sie weit über die Steine hinaus.

Auch die marmorne Grabplatte des Apothekers Emmanuel Stern hat sich seitlich geneigt und vor die seiner Frau Emma geschoben. Sie stützt ihn von hinten, als halte sie ihm den Rücken frei, stärke sein Rückgrat, trete ehrfürchtig in den Hintergrund.

Wie hatte meine jüdische Urgroßmutter gesagt? Eine gute Frau ehre und stütze ihren Mann. Sie sei stolz auf jeden seiner Erfolge, selbst seine amourösen Eroberungen schmeicheln ihr. Dieses Verständnis erscheint mir überaltert. Und so wird ihr Wissen zum Glauben – erfährt seine Metamorphose. In Feld C 3 finde ich das Grab ihrer Mutter, Martha Steinitz, eine Ururgroßmutter. Auch auf dem steinernen Baumstamm nebendran liegen Steinchen, in der Asthöhle, auf den Astgabeln – überall kleine Gedanken an Julius Simon.

Auf dem Stamm ist eine Platte angebracht mit der Inschrift »Mein heissgeliebter Mann«. Er ist früh gestorben, mit 22, vielleicht war er herzkrank. Vielleicht hat seine Frau einige Jahre Steinchen gesammelt und sie hierher getragen, Jahre, in denen das Kleid mit dem Riss, den sie ihm zum Zeichen der Trauer und des Risses in ihrem Herzen beigebracht hatte, zerschliss, bis sie sich eines Tages ein neues Kleid kaufen musste und einem Mann begegnete, der sie bald heiratete und schließlich in die Stätte seiner ewigen Ruhe mitnahm. Vielleicht war er gar der Tuchhändler. Möglicherweise ihr Schneider. Entführt, die heiß liebende Frau – oder ermordet. Zumindest hier liegt sie nicht, nicht neben Julius Simon.

Nicht einmal ihr Name ist geblieben, nur ihre Gedanken.

Gert Heidenreich

ARKADIEN
AN DER
HAVEL

Über die Schloßstraße von Steglitz her führt uns Gert Heidenreich kurz nach der Wende in das Herz Preußens. Es ist keine bürgerliche, es ist eine monarchische Landschaft. Das Zentrum dessen, was in früheren Jahrhunderten als »deutsch« galt.

»Luxus ist der Gebrauch, den man von Reichtum und Gewerbe macht, um sich ein angenehmeres Dasein zu verschaffen.«
Denis Diderot, 1765

Gemächlich fließt die Havel, gemächlich gleiten die Segelboote, ziehen die Schwäne auf ihr. Wer vom flirrenden Berlin aus sich der preußischen Kulturlandschaft an den Ufern des Flusses nähert, kann sich selbst in jenes Zeitmaß fügen, das Natur und Geschichte gemeinsam ist: langsames Werden. Wir Fernsehgewohnten ohne Weitblick geraten da aus dem Gebiet der kurzen Schnitte in das der langen Schwenks, aus städtischem Allegro in das Andante der Parks.

Manche freilich bestehen auf ihrer Hast, jagen über die Avus nach Potsdam, stoßen geradlinig ins preußische Herz vor. Andere gewinnen den Pfad der Geschichte, wählen die breite Schloßstraße von Steglitz her und gelangen Unter den Eichen, während ihre Strecke den Namen mehrmals wechselt – Berliner Straße, Potsdamer Chaussee, Königstraße –, an ihr feudales Ziel. Angemessen, mit Tempo 30 auf mehr als zehn Kilometern Länge, nähern die Glücklichsten sich auf der Havelchaussee unter den lichten Laubbäumen des Grunewalds dem alten, jetzt neu zu entdeckenden brandenburgischen Zentrum, wo versammelt ist, was im 18. und 19. Jahrhundert als »deutsch« galt – Größenwahn und Behutsamkeit, Naturunterwerfung und Naturschwärmerei, militaristische Repräsentation und Sehnsucht nach dem Gespräch unter Bäumen.

Kenntliche Geschichte: von der sommerlichen Lustbarkeit des Großen Kurfürsten in Schloß Caputh am Templiner See über die Sehnsucht des Alten Fritz nach einem Ort für Kontemplation und Konversation in Sanssouci, hin zu dem Parvenu Hitler, mit dessen Vereidigung in der Potsdamer Garnisonkirche die Tragödie der Neuzeit begann, bis zum Neuen Garten, wo im Schloß Cecilienhof die Potsdamer Konferenz Europa einen langen Frieden, der Welt viele Stellvertreterkriege beschert hat.

Keine bürgerliche Landschaft. Eine monarchische. Erst künftig wird sich entscheiden, ob es der Demokratie gelingt, das Ensemble zu öffnen und zu bewahren, ohne daraus ein friderizianisches Disneyland zu machen. Militärischer Dummheit, der noch am Ende des Zweiten Weltkriegs die Baukunst von Dresden, Würzburg und Potsdam zum Opfer fiel, gesellte sich realsozialistische Spießerarchitektur im Wechsel mit bedeutsamer Sorgfalt in der Erhaltung des »Erbes«. Geblieben sind uns heitere Zeichen des Rokoko, triumphierende des Klassizismus; bleibend sind – unbeirrt hoffen wir das – die Gärten und Parklandschaften, der Zusammenklang menschlicher und naturgegebener Dimensionen.

Ihrer Vielfalt gegenüber, die sich quadratkilometerweit zu einer epischen Konzeption verdichtet – die Havel liefert gleichsam die Dramaturgie –, wirkt selbst die Anlage von Versailles wie ein Solitär; das Loiretal »klingt« ähnlich, die britischen Parks, die großen normannischen Gärten des

18. Jahrhunderts. Doch hält kein anderer, für seine Kunstgestalt gerühmter Ort jene märkische Weite bereit, jenen Glanz über den Havelseen, der die Schlösser ins Licht hebt.

Es geht nicht um ehrgeizigen Vergleich, sondern um Suche nach Korrespondenz: Einzigartig in Europa, bezeichnet durch die Symbiose von Herrschaft und Demut, ist das Uferensemble der Havel dort, wo sie sich zwischen Großem Wannsee und Schwielowsee in Buchten, Haffe, Kanäle und Seen verwandelt und – in der Form einer Schaukel, sagt Fontane – nach südlichem Fluß überraschend wieder ihren Weg nach Norden nimmt. Im Wechselschwung von Nord und Süd spiegelt sich das Temperament der Gärten und ihrer Architektur: Das schwer und das leicht genommene Leben schwingen hier ein und aus in derselben geographischen und geschichtlichen Wiege – dem preußischen Absolutismus und seiner arkadischen Sehnsucht. Pflichtgefühl und Hoffnung auf Sorglosigkeit: Sans souci – eine Illusion, die Gestalt annahm und doch nicht realisierbar war.

Ihr Planer, der Alte, der Große Fritz, war sich bewußt, daß er erst in seiner letzten Ruhestätte *sans souci* sein würde; und die Legende will wissen, daß jenes falsche Komma in der Giebelschrift des Schlosses (Sans, souci) darauf hinweisen sollte: Im Arbeitsflügel des Königs herrschte *souci*, die Sorge, im Gästeflügel kam man *sans*, ohne sie aus. »Ich weiß nicht mehr«, schrieb er seinem Geistesfreund, dem Marquis d'Argens, »ob es auf Erden noch ein Sanssouci gibt.« Seinem Vorleser, de Catt, gegenüber ließ er sich gehen: »Zum Teufel, das ist ein schöner Ruhm, den Sie an mir preisen! Brennende Dörfer, eingeäscherte Städte, Tausende von unglücklichen Menschen …!«

Schon hat die Geschichte uns in ihren Kreis gezogen. Gerade erst waren wir auf drei unterschiedlichen Wegen aus Berlin aufgebrochen – und alle drei haben sich an der Havel vereinigt: an der Glienicker Brücke, vor der rechter

Hand das Tor zum Schloß Glienicke liegt. Nicht nur venezia-
nisch geflügelte Löwen gibt es da zu sehen, auch wasser-
speiende, und von der Pergola des Schlosses öffnet sich,
über einen breiten Schilfgürtel hinweg, der Blick auf Jungfernsee und Havel, die soeben nach Norden hin schwarz im
Wolkenschatten liegt, südlich unter einer silbernen Sonne
gleißt. Dazwischen die Brücke, ihre grünen Eisenpfeiler im
Licht, weltberühmtes Gestänge, das an die Stelle der im
Krieg zerstörten Schinkelschen Steinbögen gesetzt wurde.
Hollywood hat sie nachgebaut, jene Gelenkstelle zwischen
Ost und West, wo im Film wie in der Wirklichkeit das Ri-
tual des Agentenaustauschs zelebriert wurde. Der Ort an-
gespannter Stille jetzt schon wie selbstverständlich vom Verkehr überrauscht. Zu schnell, um übers Wasser auf die Ufer
des Babelsberger Parks zu blicken, werden wir an den einst
für unüberwindlich gehaltenen Zeichen des Eisernen Vor-
hangs vorbeigetrieben, und nur für einen Augenblick zuckt
im Bewußtsein die Ungeheuerlichkeit auf, die in der neuen
Normalität, der plötzlichen politischen Bedeutungslosigkeit
der Glienicker Brücke verborgen liegt.

Jetzt erst tritt zutage, daß die politische Trennung gleichsam der Überbau einer anderen, nicht minder schmerzhaf-
ten und konkreten Zerteilung war: Hier war das ideal gedach-
te Ensemble, war die »Landschaftsverschönerung« an der
Havel des Zusammenhangs beraubt, die Wechselwirkung
der Gärten gelöscht, war das Gesamtkunstwerk zerschnitten
worden. Der Wannsee-Forst, die Pfaueninsel, die Parks von
Schloß und Jagdschloß Glienicke, der Böttcherberg gehörten zum Westen; Park Babelsberg und Sanssouci, der Neue
Garten, Schloß und Heilandskirche Sacrow zum Osten. Die
Havelufer mit Mauern verstellt, im Wasser die imaginäre, be-
drohliche Grenze. Wie bittere Ironie las sich der französische
Wunschzettel, den die vergoldeten Putti in der Supraporte
des Empfangszimmers von Schloß Sanssouci ausgefüllt ha-

ben: »Möge uns die Sonne bei ihrer strahlenden Wiederkehr noch hier im Gespräch über Verse und Liebe finden, als Vorzeichen eines noch schöneren Tages voller Freuden; laßt uns dann die Blumen und die Morgenröte schauen ...«

So schwerelos – Antoine Watteau gab die Bildwelt dafür vor – sollte das höfische Leben in der gestalteten Natur jene Heiterkeit gewinnen, die als Kehrseite von Macht und Krieg ersehnt war. Weit zurück, ins 17. Jahrhundert, weist die Sehnsucht, zum Großen Kurfürsten, dem Brandenburg seine Aufwertung verdankt, Potsdam seine Erhebung zur Residenz. Dennoch wäre die Geschichte der Region weniger feudal verlaufen, hätte der tolerante Genießer nicht der Aufhebung des Edikts von Nantes sein Edikt von Potsdam entgegengesetzt und damit die in Frankreich verfolgten Hugenotten ins Land geholt – mit ihnen ihr Geld und ihre hohen technischen Künste; hätte sein Nachfahr, der Soldatenkönig, sich nicht am Fuß eines sandigen Hügels vor der Stadt in seinem Obstgarten – nach dem Alterssitz von Ludwig XIV. spöttisch »Marly« genannt – mit seinen Offizieren beim Scheibenschießen vergnügt und hierbei seinem Sohn, dem späteren Friedrich II., den Ort lieb und vertraut werden lassen. Aber selbst dieser von Gartenbaukunst und Architektur affizierte Große Friedrich hätte hier kein Schloß Sanssouci bauen können, wären nicht auch ihm »Ausländer«, Ostfriesen nämlich, zu Hilfe gekommen – unfreiwillig, denn erst das in Erbfolge 1744 an Preußen gefallene Ostfriesland brachte von seinen Domänen jene 100 000 Taler jährlich in die Schatulle des Königs, die es ihm erlaubten, den oberhalb von »Marly« geplanten Weinberg mit einem Lustschloß zu krönen und dabei Lehren in die Tat umzusetzen, die er als Kronprinz bei Jean de la Qintinie gelesen hatte, dem Gartendirektor Ludwigs XIV.

Die Terrassen – nach aufwendiger Restaurierung von 1979–83 heute wieder mit Weinstöcken und Feigenbäumen in der Gestalt von 1770 – steigen von der französischen Gartenanlage an ihrem Parterre zu dem breit auf der Hügelkuppe gelagerten Schloß auf, das sie nicht wuchtig überragt, eher anmutig beschließt – so, wie es der König seinem Baumeister Knobelsdorff skizziert hatte.

Eine Anlage, die im Blick hinauf ganz jene spielerisch aufgefaßte Ordnung entwickelt, der in der Musik der Zeit die Variationen eines Themas entsprechen – nicht mehr Georg Philipp Telemanns frankophile Stilgewißheit, Johann Sebastian Bachs schon aufgeklärte Freiheit klingt in dieser Ansicht; und sie wandelt sich ganz und gar, wenn wir nach dem Aufstieg zwischen Taxus-Pyramiden von der Schloßterrasse hinabblicken – sehen wir dabei doch über das 18. Jahrhundert hinaus ins 19., in dem der aus Bonn stammende Peter Joseph Lenné den französischen Garten zum Landschaftspark erweitert und ausgestaltet hat. Die gradlinigen Wegachsen geraten in Schwünge, verführen uns scheinbar zufällig zu Aussichtspunkten, Baumgruppen, lenken bedacht hin zur wieder künstlich-zierlichen Gartenform vor »Schloß Charlottenhof« oder zum »Chinesischen Teehaus«.

»Ich habe dreihunderttausend Taler vergebens aufgewendet, um Wasser hierhinzuführen«, gesteht Friedrich der Große dem Chevalier de Seingalt, der ihm 1764 den Segen einer Staatslotterie für Preußens Kasse darlegt. Auch der Chevalier, besser bekannt unter dem Namen Casanova, verhalf dem Alten Fritz nicht zur Fontäne, an der sich zuvor berühmte Experten aus Holland vergeblich versucht hatten. Zum Erfolg bedurfte es der Firma Borsig und ihrer Dampfmaschine, mit deren Hubkraft es erst sechsundfünfzig Jahre nach dem Tod Friedrichs II. gelang, Havelwasser ins hochgelegene, von kunstvoll errichteten Ruinen umgebene Bassin zu pumpen, aus dem es in Röhren hinabschießt und sich in den Fontänen von Sanssouci befreit.

Das frühe Industriezeitalter verbarg seine Maschinen-

künste noch phantasievoll: die Wasserpumpe für Sanssouci
in der bunten Moschee mit einem Minarett als Schornstein,
die Potsdam ziert wie eine osmanische Hinterlassenschaft;
das Pumpenhaus für Park Babelsberg in einer neugotischen
Miniaturburg am Havelufer. War das nur Mode, nur Camou-
flage? Nicht auch Tribut an die Schönheit des Flusses, dem
die Gartenkunst alles verdankt, ihren Spiegel, ihr Licht – vor
allem ihr Leben, denn der Boden ist seiner geologischen
Natur nach kaum geeignet für Linde und Buche, Ahorn und
Eiche; der märkische Sand trägt Kiefer, Föhre und Lärche,
allenfalls Eibe und Taxus. Havelwasser und Havelschlamm
mußten die Erde der angelegten Hügel und Senken im Park
Sanssouci, im Neuen Garten, in Babelsberg auf die Pflan-
zenphantasie von Lenné und Fürst Pückler-Muskau vor-
bereiten, selbst die Pfaueninsel bedurfte der Bewässerung
ihrer Rosengärten. Wer heute durch die Parks flaniert, ge-
nießt die Ergebnisse einer Kunst, die mit mühsamer Boden-
verbesserung in Handarbeit begann und deren Gestalt sich
spät erhob als Folge einer Sorgfalt, die um jeden Busch, jede
Baumgruppe bekümmert war.

Nicht allein die Buchenriesen im Park Babelsberg, deren
ungeheuerliche Höhe das Holzmaß von eineinhalb Jahrhunderten ist, auch die knorrig in den Himmel greifenden
Eichen des Neuen Gartens, seine freigestellten Blutbuchen
mit ihrer geschlossenen, dunkel glühenden Form begegnen
uns darum heute wie große Individuen, weil sie einst – jede
von ihnen – so sorgsam umhegt, wenn nicht umkämpft
waren wie Sätze eines literarischen Kunstwerks. Ludwig
Tieck spricht im *Phantasus* (1816) davon, daß eine Landschaft »gedichtet« werde mit dem »Schmuck der Bäume«.
1809 behauptet Goethe in den *Wahlverwandtschaften*, daß
Pflanzen »eigensinnigen Menschen« gleichen, »von denen
man alles erhalten kann, wenn man sie nach ihrer Art behandelt«. Und was meint dies? »Ein ruhiger Blick, eine stille

Konsequenz, in jeder Jahreszeit, in jeder Stunde das ganz Gehörige zu tun.«

Die Gartenkunst, die dem 18. Jahrhundert entwächst, hat Lenné in ästhetischer Kontinuität aufgenommen und bei seiner »Landschaftsverschönerung« um die Flußschaukel der Havel erhalten, ihr seine in England erworbene Sicht gegenübergestellt. Ihm ging es um ein Fortschreiten im Verhältnis von Mensch und Natur, das zugleich schön und moralisch zu sein hatte. Ähnlich sah Karl Friedrich Schinkel im Zusammenwirken mit Lenné seine Aufgabe als Baumeister:»Der Architekt ist seinem Begriff nach der Veredler aller menschlichen Verhältnisse.« Im Ergebnis tritt uns nun ein gleichermaßen umsichtiges wie sittliches Konzept gegenüber, das sich geistesgeschichtlich im Übergang von selbstgewissem Absolutismus und sich selbst befragender Aufklärung befand. Das unmittelbare Nebeneinander von französischem und englischem Gartenverständnis macht dies heute noch sichtbar – und beschämt unsere Gegenwart, die sich zu erschöpfen scheint in der lapidaren Erkenntnis, daß Grün gut sei, Beton zu verstecken.

Als unzufriedene Zeitgenossen sollten wir uns nicht auf die Allmacht schöngeistiger Monarchen hinausreden. Heute, im reichen Europa, wären die Chancen unendlich viel größer als im agrarischen Preußen, jene Hauptfrage, wie denn das biblische »Die Erde untertan machen« zu verstehen sei, sowohl ethisch – das heißt ökologisch – als auch ästhetisch zu beantworten. Doch die ratlose Postmoderne, die mit diesem Begriff wegschwindelt, daß sie hinter die Aufklärung zurückgefallen ist, flüchtet sich zu Collagen aus vorgedachtem Material, ist nur noch Verbrauch von Formen-Geschichte. Darum wohl laufen wir so staunend durch die Landschaftsräume an der Havel, die uns als ein Beispiel – nicht als museales Ambiente – dafür hinterlassen wurden, daß menschlicher Gestaltungswille gegenüber der Natur

eine philosophische Entscheidung voraussetzt, sich weder
auf das Rousseausche »Zurück!« noch auf Gestaltung als
Unterwerfung einschränken darf, sondern Natur und Kunst
im Dialog zueinander zu setzen hat.

Im Rehgarten und Park Charlottenhof sowie in den kleinen Anlagen des Nordischen, Sizilianischen und Hollän-
dischen Gartens von Sanssouci ist diese Beziehung anschaulich geworden. Lenné hat sie 1816 fortgeschrieben, als er
beauftragt wurde, für den von Friedrich Wilhelm II. bereits
drei Jahrzehnte zuvor erworbenen Neuen Garten zwischen
dem Heiligen See und dem Jungfernsee einen Plan vor-
zulegen. Anders als in Sanssouci fand er hier bereits Ansätze
englischer Gartenkunst vor, die Johann August Eyserbeck
aus Dessau nach dem Vorbild des Wörlitzer Parks konzipiert
hatte. Heute ist das Gelände mit seinen ägyptisierenden
Zierden – der Pyramide über dem Eiskeller, der Sphinx-
Schauseite der Orangerie – eine exemplarische Anlage weit-
räumiger Perspektiven, in der Eichen, Blutbuchen, Linden
gleich lebenden Skulpturen angeordnet sind – ganz Freiheit
und Ruhe; die weichen Schwünge der Parkwiesen verlangen
nach dem romantischen Wort »Matten«, alle menschlichen
Zutaten sind im Maß zurückgenommen, die Wege nicht
breit, die Marmorbänke zierlich, fast zerbrechlich. Durch
Symmetrie betonte Künstlichkeit erst wieder in der Anlage
des Marmorpalais – das in den letzten Jahrzehnten bis zur
Einsturzgefährdung heruntergekommen war und jetzt vollständig restauriert wird –, ein Entwurf von Carl v. Gontard.

Solch kalkulierender Manierismus findet im kleinen Garten an der Orangerie eine pflanzliche Entsprechung: Hier
sind Pyramideneichen durch gärtnerische Schnittkunst
in die Form hoher Zypressen gezwungen worden; dazu
Taxushecken zu Pfauen geschoren, die Blumenbeete von
handbreiten, knöchelhohen Buchsstreifen gefaßt. Geschickt
leiten breit ausgreifende Rhododendronbüsche von solcher

Dressur zurück zur kunstvollen Freiheit des Parks, zum Schloß Cecilienhof hin, das – in den Jahren 1912 bis 1917 im Stil eines großen normannischen Landgutes errichtet – an seiner Rückseite die Sicht freigibt auf die zweite Havelseite des Neuen Gartens, den Jungfernsee. Daß am runden Tisch in der großen Halle des Schlosses Truman, Stalin und Attlee am 2. August 1945 das Potsdamer Abkommen unterzeichneten, ist auch eiligen Touristen Verpflichtung – Eyserbeck-Lennés Gartenkunstwerk, der Zusammenhang der Landschaftsräume sind nur mit Muße zu erlaufen; folglich drängt sich abseits des Schlosses die Welt nicht wie in Sanssouci.

Wer ganz ungestört sein will, geht nach Babelsberg und kann dort, wo Lenné begann, was Pückler-Muskau vollendet hat, ein englisches Gartenkonzept in seiner verwilderten Form betrachten – noch, denn die Wiederherstellung des ursprünglichen Bildes geht zügig voran. Jahrzehntelang lag das bedeutende Landschaftskunstwerk nicht im staatlichen Interesse. Das ans Mittelalter gemahnende Schloß, ein nicht zu seinen Gunsten vielfach abgewandelter Entwurf Schinkels, ist wie alle Bauten im Park restaurierungsbedürftig. Wilhelm I., »von Gottes Gnaden deutscher Kaiser«, ließ es sich als Residenz errichten, ernannte hier am 8. Oktober 1862 Otto v. Bismarck zum preußischen Ministerpräsidenten und Außenminister, ließ hier dessen »Sozialistengesetz« durch Kronprinz Friedrich Wilhelm unterzeichnen. Wohl darum entbehrte der Park der Sympathie der SED-Nomenklatura, was ihn zu einem Lehrstück für den Unterschied von englischem Garten und sich selbst überlassener Natur werden ließ. Turmhohe Buchen wechseln mit buschigem Wald, Brennessel und Quecke, Wildgräser und Ackerwinde haben sich angesiedelt. Die berühmten Blickachsen blieben erkennbar, jene über den Pleasureground, vom Schloß nach Glienicke hinüber, vom Flatowturm aus zu der von Neubauten verschandelten Silhouette Potsdams.

Der Rundsicht von den Hügeln des Parks erschließt sich noch einmal die Idee des landschaftlichen Gesamtkunstwerks an; der Havel: Babelsberg verbindet die Potsdamer Gärten mit der nördlich gelegenen Gartengestalt um die Glienicker Schlösser – wiederum Ausdruck der genialen Zusammenarbeit von Schinkel und Lenné; und von der Nordspitze des Glienicker Parks, dem in die Havel ragenden Krughorn, spannt der Blick sich zum gegenüberliegenden Ufer nach Westen, zu Schloß und Heilandskirche von Sacrow, nach Nordosten zur Pfaueninsel, Theodor Fontanes umschwärmtem Eiland: »Wie ein Märchen steigt ein Bild aus meinen Kindertagen vor mir auf: ein Schloß, Palmen, Känguruhs; Volieren, Springbrunnen, überschattete Wiesen; Schlängelpfade, die überall hinführen und nirgends; ein rätselvolles Eiland, eine Oase, ein Blumenteppich inmitten der Mark.« Sprach Fontane noch von der Havel als »deutschem Kulturstrom«, nennt die Unesco nun die Landschaftsgestalt zwischen Zehlendorf und Potsdam ein »Weltkulturgut«. Welche »Welt« ist zu entdecken? Eine des Übergangs von unbezweifelter Herrschaft über Natur und Menschen in die Idee der Kunst als Erlösung zur Freiheit. »Verschönerung« hieß ja, menschliches Maß und Natur in Einklang zu bringen. Eine tiefe Sehnsucht nach Trost ist hier allenthalben zu spüren – tatsächlich entfallen uns leicht die politischen Schrecken, die zeitgleiche Wirklichkeit waren. Die Geschichte der Hohenzollern ist nicht eben arm an Grausamkeit, und in Babelsberg finden wir die Gräber von Filmschauspielern, die von Nazis umgebracht wurden. Trotz alledem:

Wer sich Zeit läßt in den Parks und langsam frei wird für ihre Wirkung, erlebt mehr als ein Kulturgut, wird verändert Abschied nehmen. Wie aber diese Erfahrung beschreiben? Die Musik kann helfen. Theodor W. Adorno widmete in seinen *Moments musicaux* einer Figur aus Mozarts *Don Giovanni*, der Zerlina, eine »Huldigung« – und hier finde ich, obschon die Worte einem anderen Zusammenhang gehören, genau beschrieben, was der Erinnerung an die Gärten um Potsdam unverlierbar bleibt:

»Zerlinas Musik klingt, als dränge sie durchs offene Flügelfenster in den weiß und goldenen Saal des achtzehnten Jahrhunderts. Sie singt noch Arien, aber deren Melodien sind schon Lieder: Natur, deren Hauch den Bann des zeremonialen Wesens löst und doch noch von Formen umfangen ist, geborgen beim verblassenden Stil. Im Bild Zerlinas hält der Rhythmus von Rokoko und Revolution inne. Sie ist keine Schäferin mehr und noch keine citoyenne. Sie gehört dem geschichtlichen Augenblick dazwischen, und an ihr geht eine flüchtige Humanität auf, die unverstümmelt wäre vom feudalen Zwang und geschützt vor bürgerlicher Barbarei.«

BERLINER
PETITESSEN

Gedichte und Gedanken

Sarah Kirsch

DER SCHNEE
LIEGT SCHWARZ
IN MEINER STADT

Der Schnee liegt schwarz in meiner Stadt
die Hunde gehn voll Schlamm und Rauch
die Menschen sind um diese Zeit
auf ihrem breiten Chaiselongue
und essen warmes Brot

Nur Tauben brüllen auf dem Dach
die suchen in den Schuppen Schutz
sie denken schon ans nächste Nest
und rupfen eine Feder los
und legen sie ins Ziegelfach

Ich gehe aus im schwarzen Pelz
ich red den Hunden freundlich zu
da heulen sie und wedeln matt
und zeigen mir den weißen Schnee
der auf dem Judenfriedhof ist

Durs Grünbein

BERLINER RUNDE

I Tauentzienstraße)

Ach, kein Liedchen wirbelt mehr durch diese Straße.
Und der Fahrtwind der vorbeischaut flirtet mit den Kanten
Dekorierter Stahlvitrinen, drei vier Stockwerk hoch und
                                              voller Waren.
Die hier leben, eilig und in kleinen Raten, sind Passanten.

Kehrmaschinen sorgen nachts für reibungslose Flächen.
Überm Glanz von Eislaufbahnen streuen Leuchtreklamen
Wie Gerüchte Namen aus, von denen es im Telephonbuch
                                              wimmelt.
Früh im Schlußverkauf gibt man die letzten bürgerlichen
                                              Dramen.

Eine Kirche steht hier, die erinnert streng an Bunker
Seit ihr Turm, ein abgebrochner Flaschenhals, plombiert ist
Mit demselben Baustoff der im Parkhaus höllisch von
                                              Motoren dröhnt.
Taucht ein Lächeln aus dem U-Bahn-Schacht, stößt es auf
                                              Manieriertes.

Stecken Zähne im Asphalt, sind sie von Fahrradboten
Die beim Slalom stürzten oder Fensterputzern, vom Gerüst
                                              gefallen.

Grün der Mittelstreifen wird zum Sprungtuch. Durch den
                                        Stoßverkehr
Blitzt ein Glücksrad für die einen, wo die andern Bußgeld
                                        zahlen.

Wieviel Krimskrams trägt man in den Taschen
Mit sich fort von hier und wieviel bleibt an Ort und Stelle
Für die junge Archäologin, die im Schutt der legendären
                                        Städte kniet,
In der Hand den weichen Pinsel, dieses Echo jeder
                                        Maurerkelle.

II Anhalter Bahnhof)

Hier haben die Panzer gewendet
Und Machorkarauch stieg aus dem plumpen Turm.
Wo kein Gleis mehr, kein Reichsbahnzug endet
Legte sich der *Mongolensturm.*
Griechenland Expreß. Abfahrt der Schönen und Reichen
In verhängten Coupés, südwärts, in Polster gelehnt.
Ein Russe stand an der letzten der Weichen
Und sammelte Uhren ein, Goldschmuck, den Siegeszehnt.
An den Kreuzungen las man kyrillisch. Den Weg
Durch die Trümmeralleen zeigten Dachbalken an.
Den Roten Stern zu belächeln, kein Sakrileg
Wäre schlimmer gewesen. Verworfen der Plan
Berlin, das Räubernest, zu schleifen wie Karthago,
Im Staub von Brandenburg ein Großstadtschatten.
Doch Gulasch dämpfte bald, Kosakentanz das Largo,
Wenn auch Frau Krause nichts zu lachen hatte.

III Am Friedrichshain)

Nein, von Begrüßung konnte keine Rede sein,
Sieht man die Einschußlöcher Haus für Haus.
Es waren Trommelfeuer, keine Salven
Damals am Friedrichshain.

Und vom Verbrüdern war das alles weit entfernt.
Wer im MG-Nest saß, der schoß heraus.
Kann sein, im Park die Hunde und die Malven
Haben dazugelernt.

Die weißen Fahnen zog ein strenger Winter ein.
Verbandszeug brauchte man und Bettuch auch.
Daß in den Kellern keine Bitten halfen,
Ahnt man am Friedrichshain.

IV Potsdamer Platz)

Um und um wird die Erde gewühlt für die Hauptstadt in spe.
Der nächtlichen Menschenleere gehn Raupen vorweg.
Germania im Bunker, auf preußischem Kanapee
Von Baggern im Schlaf gestört, wälzt die Hüften im Dreck.

Downtown Berlin hilft der Diva den Gürtel zu lösen.
Und schmachtend macht sie, Walküre, die Schenkel breit.
Das Gehirn, in den hellsten Momenten, den bitterbösen
Wittert etwas, das nach Zerstörung schreit.

Oskar Pastior

ROTAZISMEN

Das L zum Hof der Zähringer
war damals erheblich geringer

als vom Balkon der Xantener
da hing es am verwandten R

erst zwischen Pariser und Spichern
begann es im Larynx zu kichern

die Jahre in der Clausewitz
fielen durch die Post im Schlitz

gelegentlich zur Sarrazin
sah man es durch die Güntzel ziehn

und noch in der Leibniz / Kant
ging rollend es vom Mund zur Hand

jetzt klirren es und mommsen
die Brillen von den Gesimsen

wie waren doch in der Schlüter
die Sommer zum Hof verglühter

Cees Nooteboom

WARTEN

Kurz nach der Wende erscheint Berlin dem nie-
derländischen Autor Cees Nooteboom wie ein
Wartezimmer. Als hätten die Menschen nicht
begriffen, dass eine neue Zeit angebrochen ist.

Ich bin nach Berlin zurückgekehrt, weil ich sehen wollte,
wie diese beiden so ungleichen Teile der zerrissenen Stadt
samt ihren Bewohnern aufeinander zugehen. Doch nun,
da ich hier hin, weiß ich eigentlich nicht so recht, weshalb
ich in Berlin bin. Die Atmosphäre in der Stadt ähnelt der eines Wartezimmers. Man wartet auf bessere Straßen, auf einen ausgeglichenen Etat, auf die Bebauung des Potsdamer
Platzes, auf den Prozeß gegen Mielke, auf neue Zuwanderer,
auf Arbeit und auf Enthüllungen, Investitionen und Kon-
kurse. Die Wartezeit wird mit Reden, Klagen, Beschuldigen,
Erinnern verkürzt, und vielleicht wäre es seltsam, wenn es
nicht so wäre. Während alles, was geschieht, sehr wirklich
ist, liegt gleichzeitig ein Anflug von Unwirklichkeit über den
Straßen und Plätzen, als wäre die Welt nicht ganz echt, als
könne noch etwas ganz anderes geschehen und niemand
weiß, was. Doch was es auch sein mag, es wird etwas mit der
Idee der Geschichte zu tun haben. Dem entrinnt diese Stadt
nicht. Sie ist gesättigt mit Erinnerungen, mit Denkmälern
und Einschußlöchern, historischen Stätten, und das alles
doppelt, zwiespältig.

Vielleicht hat diese Wartestimmung ihren Ursprung in
der Gewöhnung der Berliner, daß Geschichte ein Ende hat

oder zumindest so tut: Weimar endete, das tausendjährige Reich endete – historisch gesehen – nicht sehr lange danach, die DDR existierte 40 Jahre, aber dann fiel auch dort der (Eiserne) Vorhang, und zum dritten Mal in einem Jahrhundert, wenn man das Ende des Ersten Weltkriegs und die nachfolgende Revolution mit allem, was in Berlin dazugehörte, der Einfachheit halber nicht mitzählt, war etwas endgültig zu Ende. Das macht vielleicht begreiflich, warum die Berliner noch nicht recht glauben mögen, daß eine Zeit angebrochen ist, die – wer weiß? – tatsächlich kein Ende hat.

Jens Sparschuh

DUNKLE
GESCHÄFTE

Jens Sparschuh wundert sich. Er geht in einen Laden, dort steht: »Alles muss raus!« Ist das die neue Einkaufswelt?

Früher gab es dort, wo ich wohne, noch richtige Läden. Sogar einen für Hüte. Obwohl ich nie drin war – er erfreute durch seine schlichte Anwesenheit mein Herz: blitzende Messinggestänge, tiefroter Samt. Und verschwenderische Leere, in Hülle und Fülle. Er stand in Bereitschaft für den Tag, an dem ich, begleitet vom Schellen des Ladenglöckchens, eintreten und leise sagen würde: »Guten Tag, ich möchte einen Hut.«

Daraus wird nun leider nichts mehr. Seit längerem ist dieser Laden dunkel. Eine Geschäftsaufgabe, die ich nicht lösen kann.

Stattdessen bemerke ich, wenn ich verdrossen durch mein städtisches Revier streife, wie ein alter DDR-Begriff aus den Untiefen der Vergangenheit aufsteigt und nackter und ungeschminkter als jeder andere den modernen Handel auf den Punkt bringt: »Verkaufsstelle«. Noch schwanke ich zwischen »Rudi's Resterampe« und »Conny's Container«. Oder soll ich lieber gleich ins »Kaufland« ausreisen? Davor, in der Freihandelszone der Fußgänger, steht ein Kleiderständer unterm Himmelsgrau. Schon auf der Stange vermitteln die hier aufgehängten fleischfarbenen Stücke einen lebhaften

Eindruck davon, wie sie auf den Leibern ihrer zukünftigen Opfer aussehen werden.

Gleich um die Ecke ein Laden, wo es »alles für 99 Pfennige« gibt. Wie früher, als ich mit dem aus der Haushaltskasse geklauten Kleingeld durchgebrannt war und über die Ladentheke fragte: »Haben Sie was für 40 Pfennige?«

Soll ich hier in meine Kindheit strafversetzt werden? Oder geht es sogar noch weiter zurück, zu den Jägern und Sammlern? »Schnäppchenjäger aufgepasst – Hier können Sie Bonuspunkte sammeln! Hier können Sie sparen!« Ich wollte eigentlich nur etwas kaufen. Also spare ich mir auch das.

»Alles muss raus!«, lese ich auf einem anderen Schild im Laden. Diese Aufforderung ergeht eindeutig an mich, und schon schwenke ich, durch die offene Tür davonschreitend, zum Abschied meinen Hut, den ich – siehe oben – gar nicht habe.

Péter Esterházy

DER
OST-WESTDIEB

I *n Berlin sind die Busse das Schönste, schreibt der Ungar Péter Esterházy. Aber was tun, wenn man dort plötzlich einem Taschendieb begegnet?*

Der junge Mann mit der Geldbörse in der Hand war eben dabei, aus dem 129er Bus zu steigen. (Ich liebe die Berliner Busse, sie verkehren mit ungewöhnlicher Pünktlichkeit, wirken wie Matchboxautos, wie Spielsachen, und ich steige möglichst zum oberen Stock hinauf, setze mich ganz vorne hin und tu, als würde ich den Bus fahren, ich schnurre sogar ein bißchen; in Berlin sind die Busse das Schönste.)

Der Mann ist mir nur aufgefallen, weil er die Börse mit zwei Fingern hielt, geziert hielt er sie in Kopfhöhe, wie ein Schwimmer, als wollte er, daß die Börse nicht naß wird. Neben mir sagte eine Frau leise: ein Dieb, und sie zeigte auf den Mann. Irgendwie war das unglaubwürdig, im Verhalten des Mannes sah ich nichts Verdächtiges, auch die Börse war nicht verdächtig, sondern interessant oder höchstens eigenartig. Das heißt, glaubwürdig ist es nicht, daß jemand ein Dieb sein könnte, beziehungsweise etwas wegnehmen könnte, was nicht ihm gehört. Sobald wir jemanden aus der Nähe betrachten, können wir uns nicht vorstellen, daß er ein Dieb sei. Der Dieb ist etwas Abstraktes. Das Opfer sah aus wie eine Studentin älteren Semesters, und sie trug ein

Kind auf dem Rücken. Sie hatte Ähnlichkeiten mit der ungarischen Schauspielerin Mari Csomós, nur war sie nicht so schön (die Mari Csomós war in ihr nicht vorhanden).

Ein Dieb, wiederholte sie. Ich zuckte nicht mal mit den Wimpern. Ein Fremder zu sein, ist nämlich schön. Faschistische Halbwüchsige in den Außenbezirken? Sollen das Problem doch die Berliner selber lösen. Aber bei der gleichen Szene in Budapest bekäme ich einen Magenkrampf. Sorgen machte mir nur das Gesicht der Mari Csomós in unmittelbarer Nähe. Zum besseren Verständnis könnten wir auch Edith Clever sagen. Also Edith Clever stand neben mir, man hatte sie beraubt, und ich spielte einfach Busfahrer?

Wer, rief ich, und damit versetzte ich mich in Aktion (wie man sieht, bestehen meine Aktionen aus Sätzen). Die Frau schnappte nur mehr nach Luft, und mit dem Zeigefinger verfolgte sie ihre Geldbörse. Da ging die Bustür gerade zu, auf diese Bewegung hin legte ich los, schon war ich unten bei der Tür, sprang hinaus, die Frau hinter mir her.

Der Mann blickte zu uns zurück; sein Gesicht war ruhig, also würde er kaum losrennen. Aber er schien zu beschleunigen. Da rief ich, Dieb, stehenbleiben! Welch ein Wunder, der Mann blieb nicht stehen. Ich ging ihm nach, zehn Meter mochte er von mir entfernt sein, ich lief nicht, ich überlegte, daß man ihn nicht erschrecken sollte. Daher wiederholte ich etwas verhaltener: Dieb! Stehenbleiben.

Aber nicht nur, daß er selbst nicht stehenblieb, auch die dort Wartenden rührten sich nicht, was heißt, sie rührten sich nicht, keine Miene verzogen sie. Als wäre ich nicht vorhanden. Der Satz hatte mich unsichtbar gemacht. Je verhaltener ich rief, desto schneller ging ich. Und nun sagte ich:

Dieb, bleiben Sie stehen!

Wahr ist, daß auch in meinem Gesicht kein Schrecken, keine Entrüstung lag, nur Verwunderung, und das spiegelte

sich in den Gesichtern der Umgebung. Nun schrie ich aber
richtig los.

Bleiben Sie endlich stehen!

Wie in einem Western, wumm, begannen wir plötzlich zu
laufen, vorne der Dieb, ich hinter ihm her, und ich brüllte.
Mir scheint, da hatte ich bereits Angst. Höflich gaben die
Leute den Weg frei. Wir kamen an immer neuen Zuschauern
vorbei, und ich bemühte mich, sie mit Informationen und
Anweisungen zu versehen, namentlich mit der Aussage, daß
dies ein Dieb sei, den man fangen sollte. *Bittä schön.*

Offensichtlich ist er ein Ostdeutscher, dachte ich keuchend. Anscheinend rennt er sogar Richtung Osten. In Berlin verkomme ich sofort zu einem blöden Wessi, als würde
ich eine Reise durch die Zeit unternehmen. Die DDR habe
ich sehr gehaßt. Und jetzt, in meiner neuen Unaufmerksam-
keit, vergesse ich, daß auch ich ein Ossi hin, letztendlich ein
DDRler.

Zwar kam ich ihm nicht näher, aber ich hielt mich gut. Wir
rannten über eine Kreuzung hinweg, und plötzlich gab es
niemanden außer uns zwei. Er blieb stehen. Keuchend erreichte ich ihn. Jetzt erst war deutlich, daß ich, der gealterte
Fußballer, wirklich gealtert war; ich brachte kein Wort heraus.
Auch jetzt sah er nicht wie ein Dieb aus, er war wie jemand
von uns, nur kam er mit dem Laufen besser zu Rande als ich.
Mir aber hatten moralische Gründe Flügel verliehen.

Kannst die Hälfte haben, sagte er einnehmend. Nicht einmal lachen konnte ich, so gebannt war ich vom Luftholen.
Mein Gott, wie martialisch mußte ich wirken, daß er mich
beteiligen wollte. Mein Schweigen mochte ihn in der Annahme bestärkt haben, daß es besser sei, keinen Streit zu
beginnen. Bist durchgeknallt, Arschloch, sagte er, hier die
Hälfte, und ab mit uns!

Ich wußte wirklich nicht, was tun. Es gab einfach keinen
Satz, den ich sagen konnte. Höchstens: Mein Herr, Sie sind

ein Schlitzohr. So riß ich ihm die Börse aus der Hand und begann zu laufen, zurück, er mir nach, über die Kreuzung hinweg, und da mußte ich dann hören:

Ein Dieb! Fangen Sie ihn! schrie mir der Dieb hinterher. Meine arme Mutter, wenn sie das noch erlebt hätte. Wieder gaben uns die Leute den Weg frei, jetzt erregten wir etwas mehr Aufmerksamkeit, ich näherte mich Edith Clever, das Kind heulte bereits, der Dieb näherte sich mir, offensichtlich spielte er sonst Rechtsaußen, die sind traditionell die schnellsten Läufer.

Stehenbleiben konnte ich nicht, also rannte ich an der Besitzerin vorbei, die blickte mich entsetzt an, ihre Augen weiteten sich, etwas so Unverständliches war für sie schier nicht möglich, hinter mir lief der Dieb, und er schrie, daß man mich fangen sollte. Na, was für ein Deutscher war ich nun? Was dachten sie über mich? Meine primitive und nostalgische Verbundenheit zu West-Berlin war mir nicht anzusehen. Meine Kleidung hätte eher die Ossi-Vermutung bestätigen können. Doch war das alles nichts im Verhältnis zu meiner Aussprache! Alle waren offensichtlich überzeugt, daß ich ein Türke sei! Nach hundertfünfzig Jahren türkischer Unterdrückung würde ich nun so, als Ehrentürke, enden! Das ist ungerecht.

Vor dem Bus sprang ich plötzlich zur anderen Straßenseite hinüber, ein Taxi kam gerade, ich warf mich hinein, schnell, fahren Sie! sagte ich, wie in einem Film, sogar synchronisiert. Der Taxifahrer nickte, betrachtete die Börse in meiner Hand, sagte nichts. Zwei Straßen weiter ließ ich ihn anhalten und stieg aus.

Vorsichtig habe ich mich dann zum Kurfürstendamm zurückgestohlen. Keine bekannten Gesichter. In der Geldbörse keine Papiere, nur zweihundertvierzig Mark. Was nun!

AUTORENVERZEICHNIS

Peter Bamm wurde 1897 als Curt Emmrich bei Neuss geboren. Als Freiwilliger im Ersten Weltkrieg kämpfte er an der Westfront. Er studierte Medizin und Sinologie, war Schiffsarzt, bevor er sich in Berlin niederließ. Nebenher schrieb er Feuilletons für eine nazikritische Zeitung. Um der Verhaftung durch die Gestapo zu entgehen, ließ er sich als Stabsarzt zur Wehrmacht einziehen. Seine autobiographischen Werke erzielten relativ hohe Auflagen. Bamm starb 1975 in der Schweiz und wurde in Hannover beerdigt. In Munster ist eine Kaserne nach ihm benannt worden.

Egon Bahr wurde 1922 im thüringischen Treffurt geboren, machte eine kaufmännische Ausbildung in Berlin und wurde 1944 wegen »Einschleichens in die Wehrmacht« als »nichtarischer« Rüstungsarbeiter in seinen Ausbildungsbetrieb rückversetzt – Bahr hatte eine jüdische Großmutter. Nach dem Krieg machte Bahr Karriere als Journalist, dann als Senatsprecher des Regierenden Bürgermeisters Willy Brandt und als Staatssekretär in dessen Bundeskanzleramt. Als solcher war Bahr einer der wichtigsten Architekten von Brandts erfolgreicher Ostpolitik. Er war Abgeordneter, Bundesminister und danach Friedensforscher an der Universität Hamburg; er ist Mitglied des deutschen PEN. Bahr ist mit Preisen und Orden hochgeehrt, in Treffurt ist eine Straße nach ihm benannt.

Sibylle Berg wurde 1962 in Weimar geboren. Sie machte eine Ausbildung zur Puppenspielerin und konnte 1984 in den Westen Deutschlands ausreisen. Hier versuchte sie sich in mehreren Berufen und fing an zu schreiben. Ihr erster Roman *Ein paar Leute suchen das Glück und lachen sich tot* erschien 1997 und wurde zum Bestseller. Seitdem schrieb sie mehrere Romane, Essays, Theaterstücke und immer wieder auch für MERIAN. Berg ist verheiratet und lebt inzwischen als Schweizer Staatsbürgerin in Zürich.

Henryk M. Broder wurde 1946 in Kattowitz geboren. 1957 verließ er mit seinen Eltern Polen und kam über Wien nach Köln. Nach dem Abitur begann er, dort mehrere Fächer zu studieren, wurde dann jedoch einer der bekanntesten deutschen Journalisten. Mit scharfem Sinn und spitzer Feder ist er ein ebenso streitbarer wie unterhaltender Beobachter der gesellschaftlichen Gegenwart, besonders in Sachen Antisemitismus. Broder lebte einige Jahre in Jerusalem, bevor er für die Wochenzeitung DIE WOCHE nach Deutschland zurückkehrte. Der mit zahlreichen Literaturpreisen ausgezeichnete Broder lebt als Kolumnist in Berlin.

Günter de Bruyn wurde 1926 in Berlin geboren. Nach dem Krieg, in dem er zur Wehrmacht eingezogen wurde, lebte er als Landarbeiter in Hessen und »Neulehrer« in Brandenburg. Er wurde zum Bibliothekar ausgebildet und war Dozent für Bibliothekswissenschaft. Ab 1961 lebte er als freier Schriftsteller und war einer der wenigen, die im Zentralvorstand des Schriftstellerverbandes der DDR auch kritische Ansichten äußerten. 1989 lehnte er die Annahme des Nationalpreises der DDR ab. Als Schriftsteller setzt er sich häufig mit historischen und autobiographischen Themen auseinander. De Bruyn wurde für sein Werk mit den bedeutendsten Literaturpreisen, dem Deutschen Nationalpreis, Verdienstorden und einer Ehrendoktorwürde ausgezeichnet.

Ingeborg Drewitz wurde als Ingeborg Neubert 1923 in Berlin geboren, wo sie auch Germanistik studierte und 1945 promovierte. Ingeborg Drewitz war eine wichtige Stimme im Nachkriegsdeutschland, weil sie sich in ihren Werken mit sozialkritischen Themen wie der Lage der Frau und dem Schicksal der »kleinen Leute« auseinandersetzte. Sie wurde mit zahlreichen Preisen und Ehrungen ausgezeichnet, in mehreren Städten wurden Straßen nach ihr benannt. Drewitz starb 1986 in Berlin.

Péter Esterházy, eigentlich Péter Graf Esterházy de Galántha, wurde 1950 in Budapest als Spross einer alten ungarischen Magnatenfamilie geboren, die im Kommunismus enteignet wurde. Er studierte Mathematik, arbeitete dann als EDV-Spezialist und begann mit Ende zwanzig zu schreiben. Der 2000 erschienene Familienroman *Harmonia caelestis* gilt als sein Hauptwerk. Esterházys Werke wurden übersetzt und mit Preisen ausgezeichnet, u. a. mit dem Österreichischen Staatspreis für europäische Literatur und dem Friedenspreis des Deutschen Buchhandels. Er ist Mitglied der Deutschen Akademie für Sprache und Dichtung in Darmstadt und der Berliner Akademie der Künste.

Horst Evers wurde 1967 in Evershorst bei Diepholz als Gerd Winter geboren. Evers kam 1987 nach Berlin, studierte Germanistik und Sozialkunde und blieb. Seine kleinen, feinen Alltagsbeobachtungen finden Niederschlag in seinen Kabarettprogrammen, im Radio und in bisher sechs Büchern und zahlreichen CDs. Als Kabarettist erhielt er den Deutschen Kleinkunstpreis und zahlreiche weitere Auszeichnungen.

Julia Franck wurde 1970 im Ostteil Berlins geboren, von wo die Mutter mit ihren Töchtern 1979 nach Schleswig-Holstein ausreiste. Franck ging 1983 alleine nach Berlin zurück, absolvierte das Abitur und studierte Altamerikanistik, Philosophie und Germanistik. Nach zahlreichen Jobs und Versuchen als freie Journalistin etablierte sich Franck als Autorin, deren Romane immer wieder ihre Familiengeschichte und damit die deutsch-deutsche Geschichte berühren. Für ihren Roman *Die Mittagsfrau* erhielt sie 2007 den Deutschen Buchpreis. Sie lebt als Mutter zweier Kinder in Berlin.

Günter Grass wurde 1927 im Danziger Stadtteil Langfuhr geboren. Er wurde mit dem Nobelpreis für Literatur ausgezeichnet und gilt als einer der bedeutendsten deutschen Schriftsteller. Grass ist auch als Maler, Bildhauer und Grafiker tätig. Er meldete sich zur Wehrmacht und wurde zur SS eingezogen, was er allerdings erst 2006 bekannt gab. Grass studierte in Düsseldorf und Berlin Bildhauerei und Grafik und lebte einige Jahre in Paris, wo auch *Die Blechtrommel* entstand. Er engagierte sich über viele Jahre für die SPD, deren Mitglied er zeitweise war. Heute lebt Grass in der Nähe von Lübeck.

Durs Grünbein wurde 1962 in Dresden geboren und machte sich als Lyriker und Essayist einen Namen. Grünbein brach ein Studium der Theaterwissenschaft in der DDR ab und arbeitete fortan als freier Journalist. Nach der Wende begann er zu reisen und veröffentlichte zahlreiche Bücher. Grünbein erhielt zahlreiche bedeutende Literaturpreise und ist Mitglied der Berliner Akademie der Künste, der Deutschen Akademie für Sprache und Dichtung in Darmstadt und seit 2005 Professor für Poetik an der Kunstakademie Düsseldorf.

Katharina Hacker wurde 1967 in Frankfurt am Main geboren und studierte Geschichte, Philosophie und Judaistik in Freiburg und Jerusalem. In Tel Aviv arbeitete sie neben dem Studium als Deutschlehrerin. Die Schriftstellerin erhielt für ihren Roman *Die Habenichtse* 2006 den Deutschen Buchpreis und ist auch als literarische Übersetzerin aus dem Hebräischen und Autorin für MERIAN tätig.

Peter Härtling wurde 1933 in Chemnitz geboren und wuchs in einem Dorf in der Nähe auf. Als Flüchtlingswaise kam Härtling ins schwäbische Nürtingen, wo er das Abitur absolvierte und zum Zeitungsredakteur ausgebildet wurde. Härtling war fünf Jahre Redakteur in Berlin, dann Lektor und Verlagsgeschäftsführer in Frankfurt am Main, bevor er 1974 als Schriftsteller zu arbeiten begann. Er veröffentlichte autobiographische und biographische Werke sowie Kinderbücher. Er wurde häufig ausgezeichnet und ist Ehrenbürger von Nürtingen. Härtling lebt in der Nähe von Frankfurt am Main.

Gert Heidenreich, Jahrgang 1944, ist Schriftsteller, Journalist und Sprecher. Studium in München, freie Mitarbeit beim Bayerischen Rundfunk, progressive Rockmusik auf Bayern 3. Er verfasste Reisereportagen, Romane, u. a. *Die Nacht der Händler, Im Dunkel der Zeit, Die Steinesammlerin*, die Krimis *Mein ist der Tod* und *Das Fest der Fliegen* und die Biographie des TV-Entertainers Thomas Gottschalk. Als Sprecher ist er auf zahlreichen Hörbüchern, u. a. *Der Herr der Ringe, Der große Gatsby, Der Name der Rose*, zu hören. Er erhielt den Adolf-Grimme-Preis, den Marieluise-Fleißer-Preis, den Literaturpreis der Stadt München und andere Auszeichnungen. Heidenreich lebt in Seefeld am Starnberger See.

Jakob Hein wurde 1971 in Leipzig geboren, studierte Medizin in Berlin, Stockholm und Boston. Er war lange Oberarzt für Psychiatrie und Psychologie an der Charité und arbeitet heute als niedergelassener Arzt in Berlin. Gleichzeitig verfolgt Hein eine Karriere als Schriftsteller, er veröffentlichte zahlreiche Erzählbände. Er ist ein Sohn des Schriftstellers Christoph Hein.

Judith Holofernes wurde 1976 in Berlin geboren und heißt bürgerlich Holfelder-Roy. Sie ging in Freiburg zur Schule, wo sie auch als Straßenmusikerin erste Erfahrungen sammelte. Holfernes wurde vor allem als Sängerin und Gitarristin der Band *Wir sind Helden* bekannt, ist aber auch – ausgestattet mit wachen Sinnen und kritischem Geist – als Autorin und Songtexterin tätig. Holofernes ist verheiratet und hat zwei Kinder.

Florian Illies wurde 1971 im hessischen Schlitz geboren. Er studierte Geschichte und Kunstgeschichte in Bonn und Oxford, war Redakteur der *FAZ* und Feuilletonchef ihrer Sonntagsausgabe, bevor er mit seiner Frau Amelie von Heydebreck die Kunstzeitschrift *Monopol* gründete. Illies schrieb die Bestseller *Generation Golf* und *1913: Der Sommer des Jahrhunderts*. Er ist heute Gesellschafter des Berliner Auktionshauses Villa Griesebach.

Heinrich Jaenecke wurde 1928 in Berlin als Enkel des vormaligen Reichspräsidenten Friedrich Ebert geboren. Sein Vater war preußischer Landrat. Jaenecke wanderte nach dem Krieg in das damals wohlhabende Argentinien aus, wo er begann, Architektur zu studieren und für eine deutschsprachige Tageszeitung zu schreiben. 1954 kehrte er nach Deutschland zurück und arbeitete als Journalist. Ab 1966 war er für 30 Jahre Reporter und Autor beim *Stern*. Jaenecke schrieb mehrere Bücher zu historischen Themen und für MERIAN den Reiseführer Algarve / Lissabon. Er lebt als freier Autor in Hamburg.

Wladimir Kaminer wurde 1967 in Moskau geboren, wo er auch seinen Wehrdienst ableistete und Dramaturgie studierte. 1990 erhielt er politisches Asyl in der DDR und deren Staatsbürgerschaft. Seine Kolumnen und Erzählungen zeugen von einer pointierten und humorvollen Beobachtungsgabe des Alltags im wiedervereinigten Ber-

lin. Kaminer verkaufte bisher weit über eine Million Bücher. Immer
wieder schreibt Kaminer auch für MERIAN.

Sarah Kirsch wurde 1935 in Thüringen als Ingrid Bernstein gebo-
ren. Sie studierte in Halle Biologie und heiratete den Lyriker Rainer
Kirsch. Ab 1960 veröffentlichte sie selbst Gedichte unter dem Pseudo-
nym Sarah Kirsch und wurde zu einer der bedeutendsten deutschen
Lyrikerinnen. Ihr Geburtshaus in Hohenstein ist heute Gedenkstätte.
Kirsch starb 2013 in Heide in Holstein.

Lena Kugler wurde 1974 in Singen geboren, studierte Judaistik und
Slawistik in Heidelberg und Konstanz, Literatur- und Kulturwis-
senschaft in Berlin und Frankfurt an der Oder und promovierte in
Konstanz, wo sie heute lebt und forscht. Ihr Roman *Wie viele Züge*
erschien 2001, außerdem verfasste sie einige Kinderbücher.

Günter Kunert wurde 1929 in Berlin geboren und durfte wegen seiner jüdischen Mutter keine weiterführende Schule besuchen. Nach
dem Krieg studierte er einige Semester Grafik und wurde schon in
der DDR zu einem der bedeutendsten deutschen Schriftsteller. Nach
der Unterzeichnung der Petition gegen die Ausbürgerung Wolf Biermanns geriet er in Ungnade und durfte 1979 die DDR verlassen. Kunert lebt seitdem, vielfach ausgezeichnet für sein literarisches Schaffen, in der Nähe von Itzehoe.

Alexa Hennig von Lange wurde 1973 in Hannover geboren und
jobbte nach dem Abitur als Schnitt-Assistentin beim Fernsehen, als
Modell, als Moderatorin einer Kindersendung und als Drehbuch-
autorin für die Soap *Gute Zeiten, schlechte Zeiten*. Nachdem sie
schon mit 13 einen Schreibwettbewerb für Kinder gewonnen hatte,
erscheint 1998 ihr Roman *Relax*, der sie auf einen Schlag im Literatur-
betrieb etabliert. Seitdem verfasste sie mehrere Romane und Theaterstücke und gibt eine Jugendbuchreihe heraus. Hennig von Lange lebt
als eine der erfolgreichsten Schriftstellerinnen ihrer Generation und
Übersetzerin mit zwei Töchtern in Berlin.

Cees Nooteboom wurde 1933 in Den Haag geboren, verlor seinen
Vater 1945 und brach die Schule später ab. Er war Gelegenheits-

arbeiter, Leichtmatrose und fuhr als Tramp um die Welt. Das inspirierte ihn zu seinem ersten Roman *Philip und die anderen*, der 1955 erschien, 1957 mit dem Anne-Frank-Preis ausgezeichnet wurde und in den Schulkanon aufgenommen wurde. Nooteboom schrieb auch Gedichte und Liedtexte, u. a. für Hermann van Veen, und arbeitete lange als Journalist – dabei berichtete er 1963 auch aus der DDR und später über deren Zusammenbruch. Den kommerziellen Durchbruch erreichte er 1991 mit *Die folgende Geschichte* und 1999 mit *Allerseelen*, einer Geschichte aus dem wiedervereinigten Berlin, die im Hoffmann und Campe Verlag als Hörbuch erschien. Nooteboom schrieb immer wieder auch Reiseerzählungen, von denen einige zum ersten Mal in MERIAN erschienen.

Oskar Pastior wurde 1927 im rumänischen Hermannstadt geboren und starb 2006 in Frankfurt am Main. Er wurde wie viele Rumäniendeutsche in ein sowjetisches Arbeitslager verschleppt und kehrte erst 1949 nach Rumänien zurück. Seine Erlebnisse verarbeitete die Literatur-Nobelpreisträgerin Herta Müller in ihrem Roman *Atemschakel*. Pastior entwickelte sich zu einem bedeutenden Lyriker und Sprachartisten. 1968 siedelte er in den Westen über und lebte in Berlin, wo er auch rumänische und russische Literatur übersetzte.

Rolf Schneider wurde 1932 in Chemnitz geboren und wuchs in Wernigerode im Harz auf. Er galt in der DDR zunächst als regimetreuer Autor und durfte in den Westen reisen, wo Schneider allerdings an Treffen der Gruppe 47 teilnahm. Er verfasste vor allem zahlreiche Theaterstücke und Hörspiele. 1976 gehörte Schneider zu den Erstunterzeichnern des Protests gegen die Ausbürgerung Wolf Biermanns. Er konnte kaum noch publizieren und wurde aus dem Schriftstellerverband ausgeschlossen. Mit einem Dauervisum der DDR ausgestattet, konnte er schließlich an Theatern im Westen Deutschlands arbeiten. Schneider erhielt 2004 das Bundesverdienstkreuz und lebt bei Berlin.

Wolfdietrich Schnurre wurde 1920 in Frankfurt am Main geboren. Nach dem Abitur in Berlin diente er von 1939 bis 1945 in der Wehrmacht. Von Ost-Berlin siedelte er 1946 in den Westteil der Stadt um. Dort war er Mitbegründer der Gruppe 47 und Mitglied des deutschen

PEN-Zentrums, das er jedoch wegen dessen Schweigen zum Mauerbau wieder verließ. Er gilt als einer der bedeutendsten Lyriker und Er-
zähler seiner Generation. Schnurre schrieb auch Kinderbücher. Mit
seinem Buch *Jenö war mein Freund* thematisierte er als erster Literat
den Völkermord an den Sinti und Roma durch die Nazis. Schnurre
starb 1989 in Kiel.

Wolf Jobst Siedler wurde 1926 in Berlin in eine großbürgerliche Familie geboren. Gegen Kriegsende wurde er mit seinen Mitschülern
als Flakhelfer auf Wangerooge eingesetzt, wegen »Wehrkraftzerset-
zung« zu »Frontbewährung« verurteilt und geriet in Italien in Kriegs-
gefangenschaft. Nach Kriegsende studierte er in Berlin und wurde
Feuilletonchef des *Tagesspiegel*, später Leiter der Verlage Ullstein,
Propyläen und Quadriga. 1980 gründete er den Siedler Verlag für
politische und historische Bücher und schrieb weiter Bücher und
Feuilletons für verschiedene Zeitungen, gerne auch für MERIAN. Der
vielfach preisgekrönte Verleger und Autor Siedler starb 2013 in Berlin.

Jens Sparschuh wurde 1955 in Karl-Marx-Stadt (heute Chemnitz)
geboren und wuchs in Berlin und Halle auf. Er studierte in Leningrad (heute St. Petersburg) Philosophie und promovierte 1983 an
der Humboldt-Universität. Seitdem lebt er als Schriftsteller, verfasst
Romane, Gedichte und Essays. Sparschuh war in der Bürgerrechts-
bewegung der DDR aktiv. Er ist auch Autor zahlreicher preisgekrönter
Hörspiele.

Helge Timmerberg wurde 1952 in einem Dorf bei Kassel geboren.
Er war Reporter des legendären Zeitgeist-Magazins TEMPO und gilt
als einer der wichtigsten Vertreter des New Journalism in Deutschland, bei dem objektive Tatsachen weniger zählen als die Erzählbar-
keit der Geschichte, sodass die Ereignisse mit literarischer Fiktion
verschwimmen. Timmerberg schreibt Reisereportagen und lebt als
reisender Reporter.

Richard Wagner wurde 1952 in der Banater Schwabensiedlung
Lowrin (Rumänien) geboren. Er studierte in Temeswar Germanistik
und Rumanistik und war zunächst Deutschlehrer und Journalist. Seine schriftstellerische Tätigkeit wurde zusehends vom rumänischen

Geheimdienst Securitate behindert, 1983 verlor er auch seinen Job als Journalist. 1987 konnte Wagner mit seiner damaligen Frau, der Literatur-Nobelpreisträgerin Herta Müller, in die Bundesrepublik ausreisen. Seitdem lebt er in Berlin als freier Schriftsteller und Essayist. Bei Hoffmann und Campe erscheint 2014 sein Buch *Habsburg. Bibliothek einer verlorenen Welt*.

Annemarie Weber wurde 1918 in Berlin geboren und starb dort 1991. Sie arbeitete zunächst als Buchhändlerin, dann als Journalistin bei RIAS. Als Schriftstellerin schrieb sie Kurzgeschichten und Romane, von denen besonders *Westend* bekannt wurde. Über vierzig Jahre erschienen ihre Feuilletons im Berliner *Tagesspiegel*.

Der Herausgeber

Andreas Hallaschka wurde 1962 in Frankfurt am Main geboren und wuchs in Kassel auf. Nach seiner Schulzeit arbeitete er als Reiseführer in Israel und den USA und begann mit 19 Jahren, in Marburg / Lahn und Göttingen Theologie und Philosophie zu studieren, um nach Familientradition Pfarrer zu werden. 1985 ging Hallaschka als Stipendiat des französischen Außenministeriums an die Journalistenschule CFJ in Paris und Ende desselben Jahres nach Hamburg an die Henri-Nannen-Journalistenschule. Nach Stationen in Bonn und wiederum Paris sammelte er erste Berufserfahrung in der Entwicklungsredaktion des Verlages Gruner+Jahr und als Redakteur des Monatsmagazins *Sports*. Ab 1992 war er als stellvertretender Ressortleiter für die Auslandsberichterstattung und Leiter des Hauptstadtbüros in Berlin für den *Stern* tätig. Ab 2000 Chefredakteur von *Fit for Fun* in der Verlagsgruppe Milchstrasse und seit 2002 zunächst Chefredakteur, dann seit 2014 Herausgeber von MERIAN.

Hallaschka hat mehrere Reisebücher, Bildbände und Anthologien veröffentlicht, aber auch ein Sushi-Kochbuch herausgegeben. Sein Interesse gilt der europäischen Geschichte, geistlicher Musik, franko-belgischen Comics und gut erzählter Literatur. Bevorzugte Landschaften sind die Nord- und Ostseeküste, Kurhessen und Waldeck, Israel und Frankreich. Hallaschka hat vier Kinder und ist mit der Wissenschaftsautorin und Dozentin Jutta von Campenhausen-Hallaschka verheiratet.

NACHWEISE

Mein Berlin – Liebes- und andere Erklärungen

Jakob Hein: Liebe Leser, in der Hoffnung, dass wir unter uns sind ...,
    in: MERIAN Berlin 3/2005.
Katharina Hacker: Neues Land gleich nebenan, in: MERIAN Berlin
    2/2013
Heinrich Jaenecke: Berlin, Berlin, in: MERIAN Berlin 7/1989
Günter de Bruyn: Es war immer leicht, Berliner zu werden, in: MERI-
    AN Extra Hauptstadt Berlin 1992

Geteilt – West-östliches Dasein

Wolfdietrich Schnurre: Der Zwiespalt, in: MERIAN Berlin 11/1959
Günter Grass / Günter de Bruyn: Heimat – das sind immer beide Teile,
    in: MERIAN Berlin 7/1989
Rolf Schneider: Berliner Augenblicke, in: MERIAN Sonderheft Berlin
    1981
Peter Härtling: Aufstieg zur Provinz, in: MERIAN Berlin 1/1970
Peter Bamm: Mister Antrobus vom Koppenplatz, in: MERIAN Berlin
    12/1949
Annemarie Weber: Nachtstücke, in: MERIAN Berlin 1/1970

Vereinigt – Ach, du neues Deutschland

Wladimir Kaminer: Kaminer, du musst putzen!, in: MERIAN Berlin
    2/2013
Lena Kugler: Das alte Haus in der Zionskirchstraße, in: MERIAN Ber-
    lin 9/2001

Florian Illies: Die Hauptstadt brummt, in: MERIAN Berlin 9/2001
Henryk M. Broder: Mittwoch ist immer Damentag, in: MERIAN Extra
　Hauptstadt Berlin 1992
Helge Timmerberg: Die Gegenwelt, in: MERIAN Extra Hauptstadt
　Berlin 1992
Horst Evers: Die Schrippenpredigt, in: MERIAN Berlin 9/2001
Alexa Hennig von Lange: Wer wie ich kurz nach dem Fall der Mau-
　er ..., in: MERIAN Berlin 3/2005
Egon Bahr: Mit Geld läßt sich Glanz nicht kaufen, in: MERIAN Berlin
　6/1998

Berlin viertelsweise – Stadtteilgeschichten

Sibylle Berg: Kreuzbergballade, in: MERIAN Berlin 6/1998
Judith Holofernes: Neulich bei mir in Kreuzberg, in: MERIAN Berlin
　2/2013
Ingeborg Drewitz: Meine Ortschaften, in: MERIAN Berlin 1/1970
Richard Wagner: Im bayerischen Viertel, in: MERIAN Berlin 6/1998
Henryk M. Broder: Onkel Gustavs Erben, in: MERIAN Berlin 9/2001

Berliner Historien – Begegnungen mit der Geschichte

Wolf Jobst Siedler: Das Schloß soll wieder her!, in: MERIAN Extra
　Hauptstadt Berlin 1992
Günter Kunert: Berliner Gemäuer, in: MERIAN Berlin 1/1970
Julia Franck: Im Dickicht der verwilderten Gräber, in: MERIAN Berlin
　9/2001
Gert Heidenreich: Arkadien an der Havel, in: MERIAN Extra Haupt-
　stadt Berlin 1992

Berliner Petitessen – Gedichte und Gedanken

Sarah Kirsch: Der Schnee liegt schwarz in meiner Stadt, in: MERIAN
　Berlin 1/1970
Durs Grünbein: Berliner Runde, in: MERIAN Berlin 6/1998
Oskar Pastior: Rotazismen, in: MERIAN Berlin 6/1998
Cees Nooteboom: Warten, in: MERIAN Extra Hauptstadt Berlin 1992

Jens Sparschuh: Dunkle Geschäfte, in: MERIAN Berlin 6/1998
Péter Esterházy: Der Ost-Westdieb, in: MERIAN Berlin 6/1998

Trotz aller Bemühungen ist es uns nicht in allen Fällen gelungen, die Rechteinhaber der Texte ausfindig zu machen. Wir bitten sie gegebenenfalls, sich mit dem Verlag in Verbindung zu setzen.

Das Reise- und Kulturmagazin MERIAN beschreibt seit 1948 jeden Monat eine andere Region, eine Stadt oder ein Land in exklusiven Texten und Bildern. Zu beziehen ist MERIAN im guten Buch- und Zeitschriftenhandel oder über den Jahreszeiten Verlag. Abonnements vermittelt der MERIAN-Leserservice telefonisch unter (040) 87 97 35 40 oder im Internet unter *www.abooffice.de*. Einzelhefte sind auch im Shop auf *www.merian.de* zu beziehen.